QUESTIONS
DE CARACTÈRE

Tom Hanks

QUESTIONS DE CARACTÈRE

NOUVELLES

Traduit de l'anglais (États-Unis)
par Charles Recoursé

Photos de Kevin Twomey

Éditions du Seuil

TEXTE INTÉGRAL

TITRE ORIGINAL
Uncommon Type
ÉDITEUR ORIGINAL
Alfred A. Knopf, a division of Penguin Random House LLC, New York

Les émojis de la page 23 proviennent de chez EmojiOne.

ISBN 978-2-7578-7188-1
(ISBN 978-2-02-137585-5, 1re publication)

Pour Rita et tous les enfants.

À cause de Nora.

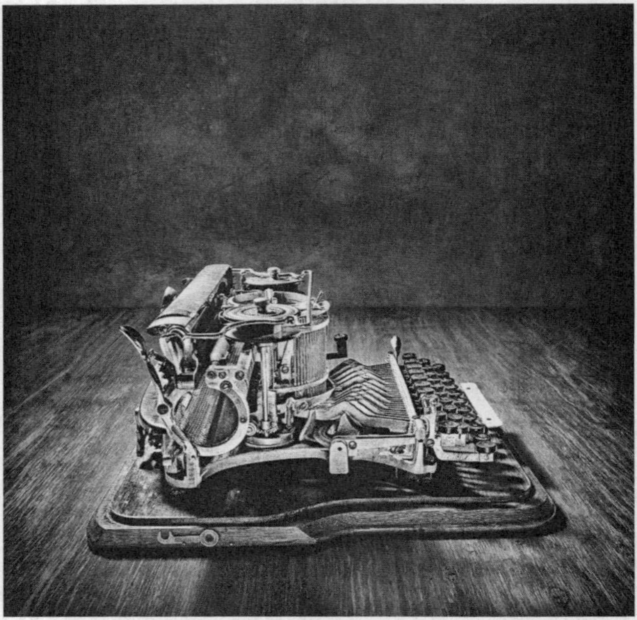

Trois semaines éreintantes

1er JOUR

À en croire Anna, il n'existait qu'un seul endroit où dénicher le cadeau approprié pour MDash : le Hangar aux antiquités, davantage brocante permanente que mine de vieux trésors, installé dans l'ancien cinéma Lux. Avant que HBO, Netflix et cent sept autres chaînes de divertissement ne mettent le Lux en faillite, j'ai passé un bon nombre d'heures devant les écrans de ce palace à la splendeur déchue. Aujourd'hui, ce n'est qu'une succession de stands de prétendues antiquités. Anna et moi les avons écumés jusqu'au dernier.

MDash allait obtenir sa naturalisation, événement aussi important pour lui que pour nous. Les grands-parents de Steve Wong ont été naturalisés dans les années quarante. Mon père a échappé aux vulgaires bandits qu'étaient les communistes d'Europe de l'Est dans les années soixante-dix, et, jadis, les ancêtres d'Anna ont traversé l'Atlantique nord à la rame, avec l'idée de piller tout ce qu'il y avait à piller dans le Nouveau Monde. La légende familiale voulait qu'ils aient découvert la fameuse île de Martha's Vineyard.

Mohammed Dayax-Abdo, à son tour, serait bientôt aussi américain que la tarte aux pommes, et nous voulions donc lui offrir un objet ancien, une relique patriotique, marquée par la tradition et l'humour de son nouveau pays. À mon avis, le vieux chariot Radio Flyer du deuxième stand était parfait. « Quand il aura des enfants américains, il le leur transmettra. »

Mais Anna n'entendait pas acheter la première antiquité venue. Alors nous avons continué à chiner. J'ai pris un drapeau américain à quarante-huit étoiles, datant des années quarante. Il rappellerait à MDash que sa nation d'adoption n'en a jamais fini de se construire – qu'il y a quelque part dans ses plaines fertiles une place pour les bons citoyens, comme pour de nouvelles étoiles dans le champ bleu qui couronne les bandes rouges et blanches. Anna était d'accord, mais elle a tout de même continué à chercher un cadeau bien plus spécial encore. Elle voulait tout simplement un objet unique en son genre. Trois heures plus tard, elle a décidé que, tout compte fait, le chariot Radio Flyer était une bonne idée.

La pluie s'est mise à tomber au moment où nous sortions du parking dans mon Combi Volkswagen. Nous avons dû rouler au pas pour rentrer chez moi car mes essuie-glaces sont si vieux qu'ils laissent des traînées sur le pare-brise. L'orage s'est prolongé tard dans la soirée, si bien qu'Anna est restée écouter les vieilles cassettes de ma mère (que j'avais gravées sur des CD) dont les goûts éclectiques la faisaient hurler de rire, enchaînant les Pretenders, The O'Jays et Taj Mahal.

« Tu n'as pas de musique des vingt dernières années ? » m'a-t-elle demandé au début de « Real Wild Child » d'Iggy Pop.

J'ai préparé des burritos au porc effiloché. Elle a bu du vin. J'ai bu de la bière. Elle a allumé un feu dans mon poêle à bois Franklin en disant qu'elle avait l'impression d'être une pionnière dans les plaines. Nous nous sommes installés sur mon canapé à la tombée de la nuit, avec pour seules lumières le feu et les niveaux de ma chaîne hi-fi qui bondissaient du vert à l'orange, parfois au rouge. Des nappes d'éclairs éclataient à des kilomètres et des kilomètres de nous.

« Tu sais quoi ? m'a-t-elle dit. On est dimanche.

– Je suis au courant, ai-je répondu. Je vis l'instant présent.

– C'est une chose que j'admire chez toi. Tu es intelligent. Attentionné. Décontracté, limite paresseux.

– D'abord les compliments, maintenant les insultes.

– Tu peux remplacer *paresseux* par *langoureux*, a-t-elle fait en buvant une gorgée de vin. L'essentiel, c'est que je t'aime bien.

– Moi aussi je t'aime bien. » Je me demandais où allait cette conversation. « Tu ne serais pas en train de flirter avec moi ?

– Non. Je te fais des avances. Rien à voir. Flirter, c'est aller à la pêche. On ne sait pas si l'autre va mordre. Faire des avances, c'est la première étape avant de conclure. »

Il faut savoir qu'Anna et moi nous connaissions depuis le lycée (St. Anthony ! Les voyages scolaires ! Allez les Crusaders !). Nous ne sommes jamais sortis ensemble, mais nous faisions partie de la même bande et on s'entendait bien. Après quelques années de fac, et quelques autres à m'occuper de ma mère, j'ai passé mon diplôme et fait semblant de bosser un moment dans l'immobilier. Un jour elle a débarqué, elle avait besoin d'un local pour son studio de graphisme et j'étais le seul agent à qui elle pouvait faire confiance parce que j'avais fréquenté autrefois une de ses amies et ne l'avais pas quittée comme un salaud.

Anna était toujours aussi jolie. Elle avait conservé son corps svelte et ferme, un corps d'ancienne triathlète. J'ai passé une journée à lui faire visiter les espaces disponibles, qu'elle a tous rejetés pour des raisons qui n'avaient guère de sens à mes yeux. Je sentais qu'elle était toujours aussi motivée, déterminée et irritable qu'à St. Anthony. Aucun détail ne lui échappait, elle retournait la moindre pierre, l'inspectait, la consignait et la remplaçait au besoin. Adulte, Anna était épuisante. Adulte, Anna n'était pas davantage mon genre qu'elle l'avait été ado.

Il est donc amusant que nous soyons devenus si amis, bien plus proches que lorsque nous étions gosses. Je suis de ces feignasses solitaires capables de laisser filer une journée sans jamais avoir l'impression d'en gâcher une seule seconde. À vrai dire, sitôt la maison de ma mère vendue et l'argent placé, j'ai arrêté de jouer à l'agent immobilier et me suis offert La Plus Belle Vie Qui Soit. Donnez-moi du linge à laver et du hockey à la télé et je suis peinard pour l'après-midi. Pendant que je bulle devant mon blanc et mes couleurs, Anna a le temps de poser du placoplâtre dans son grenier, remplir sa déclaration d'impôts, confectionner des pâtes fraîches et monter une bourse aux vêtements sur Internet. La nuit, elle dort par à-coups entre minuit et l'aube, mais ça ne l'empêche pas de garder le pied au plancher toute la journée. Moi, je dors à poings fermés aussi tard que possible et je fais une sieste tous les jours à 14 h 30.

« Et maintenant, je vais t'embrasser. » Anna faisait toujours ce qu'elle disait.

C'était la première fois, si l'on excepte les bisous sur la joue qui accompagnent les brèves accolades. Ce soir-là, elle m'offrait une version inédite d'elle-même et je me suis crispé, déconcerté.

« Détends-toi », a-t-elle chuchoté. Elle avait les bras autour de mon cou. Elle sentait divinement bon et ses lèvres avaient un goût de vin. « C'est shabbat aujourd'hui. On se repose. Ça ne va pas être du *boulot.* »

On s'est encore embrassés, et cette fois j'ai participé avec calme et sérieux. Je l'ai entourée de mes bras et attirée à moi. L'un contre l'autre, on s'est décontractés. Nos cous se sont trouvés, puis nos bouches. Il y avait près d'un an que je n'avais pas embrassé de femme, depuis Mona la Maléfique qui, non contente de m'avoir largué, avait pioché dans mon portefeuille (Mona avait quelques problèmes, mais elle embrassait comme personne).

« C'est bien, mon grand, a soupiré Anna.

– Shabbat shalom, j'ai soupiré à mon tour. Pourquoi on a attendu toutes ces années ?

– Je crois que ça ne nous ferait pas de mal de sentir nos peaux, a murmuré Anna. Déshabille-toi. »

Je me suis exécuté. Puis elle aussi s'est déshabillée, et j'étais fichu.

2e JOUR

Le lundi, mon petit déjeuner s'est composé de pancakes au blé noir, de chorizo, d'un énorme bol de fruits rouges et de café filtre. Anna a opté pour une infusion dénichée au fond de mon placard et un tout petit bol de noix qu'elle a broyées avec un hachoir. Pour parachever ce repas nutritif, elle a ajouté huit myrtilles, pas une de plus. Je ne devrais pas dire que nous avons mangé nus comme des vers car nous passerions pour des naturistes éhontés, mais le fait est que nous avons roulé du lit sans la moindre inhibition.

Tout en s'habillant pour aller travailler, elle m'a annoncé que nous allions nous inscrire à un cours de plongée.

« Ah ? ai-je fait.

– Oui. On va passer notre brevet. Et il te faut une tenue pour le sport. Des chaussures et un survêtement. Va au Footlocker du centre commercial. Et ensuite retrouve-moi à mon bureau pour le déjeuner. Apporte le chariot et le drapeau pour MDash, on va les emballer.

– D'accord, ai-je dit.

– Ce soir je cuisine, on va dîner chez moi, on va regarder un docu et après on va faire la même chose que cette nuit, mais dans mon lit.

– D'accord », ai-je répété.

3e JOUR

Pour finir, Anna m'a emmené au Footlocker, m'a fait essayer cinq paires de chaussures (on a choisi un modèle de cross-training) et quatre survêtements différents (Nike). Après ça nous avons acheté des victuailles pour la soirée qu'Anna voulait organiser en l'honneur de MDash. Elle estimait qu'une fête pareille devait obligatoirement avoir lieu chez moi.

Vers midi, MDash et mille six cents autres futurs Américains étaient rassemblés dans le stade, main droite levée en allégeance à l'Amérique – ces nouveaux citoyens préserveraient, protégeraient et défendraient une Constitution qu'ils partageraient avec le président des États-Unis. Dans les gradins, Steve Wong, Anna et moi assistions à la naturalisation d'une mer d'immigrés dont la peau se déclinait dans toutes les couleurs de la nature humaine. C'était un spectacle magnifique qui nous émouvait tous les trois – surtout Anna. Elle pleurait, le visage contre ma poitrine.

« C'est… trop… beau, sanglotait-elle. Bon sang… j'adore… ce pays. »

Ceux des collègues de MDash à Home Depot qui avaient pu prendre leur journée sont arrivés chez moi avec une quantité de drapeaux camelotes, achetés sur leur ristourne d'employés. Steve Wong a installé une machine à karaoké et on a fait chanter à MDash des chansons dont les paroles comportaient « America ». « American Woman ». « American Girl ». Certes, « Spirit of America » des Beach Boys parle en réalité d'une voiture, mais nous la lui avons quand même fait chanter. Le chariot Radio Flyer nous a servi de glacière et une équipe de six personnes a planté le drapeau à quarante-huit étoiles en imitant les Marines d'Iwo Jima, avec MDash en première ligne.

La fête a duré longtemps, et à la fin nous n'étions plus que quatre à regarder la Lune s'élever en écoutant les claquements de l'Old Glory sur son mât. Je venais de prendre une bière dans le chariot et de l'ouvrir quand Anna m'a arraché la canette des mains.

« Doucement, mon grand. Dès que ces deux-là seront partis, tu vas devoir être au top de ta forme. »

Une heure plus tard, Steve Wong et MDash prenaient la route, le nouvel Américain chantant « A Horse With No Name » (du groupe America). À l'instant où la voiture de Steve est sortie de l'allée, Anna m'a pris par la main et m'a emmené au fond du jardin. Elle a posé des coussins sur l'herbe tendre et nous nous sommes allongés et embrassés avant de, comment dire, enfin vous voyez, de mettre ma forme à l'épreuve.

4e JOUR

Dès qu'elle peut se libérer quarante minutes, Anna va courir quelques kilomètres, une habitude qu'elle comptait m'imposer. Elle m'a emmené sur un de ses parcours, une boucle à flanc de colline autour de Vista Point, et m'a dit de me lancer. Elle devait filer devant et me retrouver en redescendant, sachant que je ne tiendrais jamais la cadence.

Pour moi, le sport est absolument facultatif. De temps à autre, j'enfourche mon vieux vélo à trois vitesses pour aller au Starbucks ou disputer quelques rondes de disc golf (à une époque, j'ai été inscrit dans une fédération). Ce matin-là, je peinais sur le sentier, Anna si loin en tête que je ne la voyais plus, les pieds rompus dans mes chaussures neuves (note pour plus tard : prendre une demi-pointure de plus). Mon sang coulait dans mon corps avec une fureur inhabituelle, au point de tendre mes épaules et mon cou et de me faire palpiter la tête. Lorsque Anna est revenue à fond de train de Vista Point, elle battait des mains.

« C'est bien, mon grand ! a-t-elle lancé en me croisant. Bel effort pour un début ! »

J'ai fait demi-tour pour la suivre. « J'ai les cuisses en feu !

– Elles se rebellent, a-t-elle crié par-dessus son épaule. Elles vont finir par capituler ! »

Anna a réorganisé ma cuisine pendant que j'étais sous la douche. Elle trouvait que je rangeais mes casseroles et mes couvercles dans les mauvais placards et m'a demandé pourquoi mon tiroir à couverts était aussi loin du lave-vaisselle. Je n'avais rien à répondre. « En route. On va être en retard pour le cours de plongée. »

L'école de plongée sentait la combinaison en néoprène et l'eau chlorée. Nous avons rempli des papiers et reçu des livrets à potasser, ainsi que le calendrier des séances et diverses dates pour le brevet en mer. Anna a choisi un dimanche quatre semaines plus tard et réservé nos places sur le bateau.

Nous sommes allés au Viva Verde Salad Cafe pour déjeuner d'une salade composée de salade et accompagnée de salade, après quoi j'ai eu envie de rentrer faire la sieste. Mais Anna avait besoin que je l'aide à déplacer des trucs chez elle, une corvée qu'elle ne cessait de repousser. Ce n'était pas tout à fait la vérité, pratiquement un mensonge. En réalité, elle voulait que je l'aide à retapisser son couloir et son bureau, ce qui supposait de déplacer son ordinateur, son imprimante, ses scanners et tout son matériel, avant de rester à sa disposition tout l'après-midi.

Le soir, je n'ai pas réussi à rentrer chez moi. On a dîné – des lasagnes végétariennes accompagnées de légumes – et regardé sur Netflix un film parlant de femmes intelligentes et de leurs compagnons débiles.

« Regarde, mon grand, a dit Anna. C'est nous ! » Ensuite elle a gloussé et plongé la main dans mon pantalon sans même prendre la peine de m'embrasser. Soit j'étais l'homme le plus chanceux du monde, soit on me prenait pour une poire. Après qu'Anna m'eut laissé plonger moi aussi la main dans son pantalon, je n'étais toujours sûr de rien.

5e JOUR

Anna devait travailler à son bureau. Elle emploie quatre collaboratrices très sérieuses et une stagiaire, lycéenne à problèmes. L'année dernière, Anna a décroché la direction graphique d'un éditeur scolaire, un boulot stable mais aussi inintéressant que de passer sa vie à poser du papier peint. Je lui ai dit que je rentrais.

« Pourquoi ? Tu n'as rien à faire aujourd'hui.

– Je vais courir un peu, ai-je improvisé.

– C'est bien, mon grand. »

Je suis rentré, j'ai enfilé mes tennis et j'ai trottiné dans le quartier. M. Moore, un policier à la retraite dont le jardin donne sur le mien, m'a vu passer et m'a crié : « Qu'est-ce qui t'arrive ?

– Une femme ! » ai-je répondu, et non seulement c'était la vérité, mais ça me plaisait de le dire. Lorsqu'un homme pense à une femme et se réjouit de lui annoncer qu'il a couru quarante minutes, ça, mon pote, ça veut dire qu'il s'est installé dans le royaume du Couple.

Oui. J'avais une petite amie. Une petite amie, ça vous change un homme, depuis les chaussures qu'il met pour s'exercer jusqu'à sa coupe de cheveux (dont Anna s'est chargée le lendemain, au nez et à la barbe de mon coiffeur) – autant de transformations dont j'avais besoin. Dupé par l'adrénaline de mon idylle, j'ai couru plus que mon corps n'en pouvait supporter.

Anna a téléphoné alors que je venais d'abandonner l'idée d'une sieste parce que mes mollets étaient aussi durs que des canettes de bière. Elle m'a dit d'aller voir son acupuncteur ; elle allait l'appeler pour qu'il me prenne tout de suite.

L'East Valley Wellness Oasis est un mini-centre commercial avec parking souterrain. Manœuvrer mon Combi Volkswagen dans toutes ces rampes circulaires, alors qu'il est dépourvu de direction assistée, a requis un certain effort physique. Naviguer dans les multiples ascenseurs du complexe a été une épreuve mentale. Lorsque j'ai enfin trouvé le bureau 606-W, j'ai rempli les cinq pages d'un questionnaire de santé, assis près d'une fontaine dont la pompe électrique faisait plus de bruit que le ruissellement de l'eau.

Acceptez-vous la pratique de la visualisation ? Bien sûr, pourquoi pas ? *Êtes-vous opposé à la méditation accompagnée ?* Je ne vois pas quel mal ça pourrait me faire. *Expliquez les raisons de votre venue. Soyez précis.* Ma copine m'a dit de vous amener mes pauvres muscles fatigués et contractés qui ne demandent qu'à être libérés.

J'ai rendu ma copie et attendu. Au bout d'un moment, un type en blouse de laborantin m'a appelé et conduit dans une cabine. Pendant que je me débarrassais de mon caleçon, il a parcouru la paperasse.

« Anna m'a dit que ce sont vos jambes qui vous embêtent ? » Il s'occupait d'Anna depuis trois ans.

« Oui. Des muscles qui se révoltent, surtout dans les mollets.

– À ce que je vois, a-t-il dit en tapotant les papiers, vous fréquentez Anna.

– C'est tout récent.

– Bon courage. Allongez-vous sur le ventre. » Quand il a planté les aiguilles dans ma peau, tout mon corps m'a picoté et mes mollets ont été pris de convulsions incontrôlables. Avant de sortir, il a lancé un vieux lecteur CD pour m'accompagner dans ma méditation. Une voix de femme m'a dit de me vider l'esprit et de penser à une rivière. C'est ce que j'ai plus ou moins fait pendant une demi-heure, et j'aurais bien dormi mais c'était impossible parce que j'avais le corps couvert d'aiguilles.

Anna m'attendait chez moi, elle nous avait préparé un dîner à base de feuilles avec des graines et du riz couleur terre. Ensuite, elle m'a frictionné les jambes avec une vigueur qui m'a fait grimacer. Et après ça, elle a dit qu'elle n'avait plus fait l'amour cinq soirs d'affilée depuis la fac, mais qu'elle allait tenter le coup.

6e JOUR

Elle avait réglé l'alarme de son téléphone à 5 h 45 parce qu'elle avait du pain sur la planche. Elle m'a obligé à me lever, m'a autorisé une unique tasse de café, puis m'a fait enfiler ma tenue de course.

« J'ai encore mal aux mollets.

– C'est parce que tu te dis que tu as mal.

– J'ai pas envie de courir ce matin, me suis-je plaint.

– Pas de bol, mon grand. » Elle m'a jeté mon pantalon.

La matinée était froide et brumeuse. « Parfaite pour un footing », selon elle. Elle m'a forcé à imiter ses étirements pendant douze minutes au beau milieu de mon allée, au rythme de son téléphone qui bipait toutes les trente secondes. Il y avait vingt-quatre postures à adopter, chacune étirant un tendon ou un muscle différent, chacune m'arrachant des grimaces et des jurons et me donnant le vertige.

« C'est bien, mon grand. » Puis elle m'a exposé le parcours que nous allions suivre autour de mon quartier, elle deux fois et moi une. M. Moore ramassait son journal sur sa pelouse au moment où je suis passé.

« C'est ta copine que j'ai vue il y a une minute ? » m'a-t-il lancé. J'étais à bout de souffle et n'ai pu qu'opiner du chef. « Tu peux m'expliquer ce qu'elle te trouve ? »

Quelques minutes plus tard, Anna m'a doublé en me donnant une claque sur les fesses. « C'est bien, mon grand ! »

J'étais rentré et sous la douche lorsqu'elle m'a rejoint. On s'est beaucoup embrassés et touchés à des endroits merveilleux. Elle m'a appris à lui exfolier le dos et m'a dit de venir déjeuner à son bureau pour étudier nos livrets de plongée. Je n'avais pas encore fini l'introduction qu'elle en était déjà à la moitié. Je ne comprenais pas où elle avait pu trouver le temps.

J'ai passé l'après-midi à traîner dans son bureau, à répondre à un QCM sur l'équipement de plongée et son utilisation, à parcourir des annonces immobilières (je n'ai pas totalement décroché) et à tenter de distraire les femmes courbées sur leur travail. Peine perdue. Et pendant ce temps, Anna a eu un long rendez-vous téléphonique avec un client à Fort Worth, au Texas, créé de nouvelles pages de titre pour une gamme de manuels, corrigé trois projets, aidé sa stagiaire à faire ses devoirs de géométrie, réorganisé un placard à fournitures et bouclé la seconde moitié des exercices de plongée. Nous n'avions pas encore eu notre premier cours théorique.

Non que ledit cours ait eu une grande importance. Nous étions les seuls inscrits. Nous avons regardé des films sur le monde du silence puis nous sommes entrés dans la piscine. À l'extrémité la moins profonde du bassin, Vin, notre instructeur, nous a détaillé tous les éléments du scaphandre autonome. Ça a pris une éternité, notamment parce qu'Anna avait au moins cinq questions pour chaque pièce. Enfin, Vin nous a demandé de mettre le détendeur dans notre bouche, de nous agenouiller pour nous immerger, d'inspirer l'air pressurisé qui avait un goût de métal et de souffler des bulles. Le cours s'est achevé par un test d'aptitude consistant à nager dix longueurs. Anna s'est acquittée de la tâche en véritable athlète olympique et dix minutes plus tard elle se séchait au bord du bassin. J'ai effectué une brasse coulée apathique et fini largement deuxième sur deux.

Ensuite, nous sommes allés retrouver Steve Wong et MDash au centre commercial d'East Village Market pour boire des milkshakes au Ye Olde Sweet Shoppe. Anna a commandé un petit gobelet de yaourt sans sucre ni lait, saupoudré de cannelle. Tandis que nous dégustions nos douceurs, Anna a mis sa main dans la mienne, un geste d'affection qui n'est pas passé inaperçu.

Le soir, au lit, Anna lisait sur son iPad avant de s'endormir quand j'ai reçu un message de Steve Wong.

SWong : Tu couches avec A ???

J'ai répondu sèchement.

Moonwalker7 : Ça te regarde ?
SWong : Oui / non ?
Moonwalker7 : 😁
SWong : T ouf ??????
Moonwalker7 : 🛫🏌🚀🎯🏹‼🏁😏

Puis MDash s'est joint à la conversation.

FACEOFAMERICA : 😮
Moonwalker7 : Je me suis laissé séduire
FACEOFAMERICA : « quand les cuisiniers baisent ensemble la soupe crame »
Moonwalker7 : c de qui ? du chaman de ton village ?
FACEOFAMERICA : « quand les entraîneurs baisent ensemble l'équipe perd » Vince Lombardi

Et ainsi de suite. Pour Steve Wong et MDash, notre duo ne pourrait que mal finir. Tant pis pour eux. Cette nuit-là, Anna et moi l'avons jouée comme des cuistots de Green Bay, Wisconsin, assoiffés de plaisir.
😏

7e JOUR

« Tu crois qu'on devrait parler de notre relation ? »
C'est *moi* qui posais la question. J'étais dans la kitchenette d'Anna, enveloppé dans une serviette, je sortais de la douche et concoctais mon élixir matinal avec sa cafetière suisse. Debout depuis une heure et demie, elle était déjà en tenue et prête à courir. Coup de bol, mes chaussures étaient chez moi, pas d'entraînement au marathon pour bibi.

« Tu *veux* qu'on parle de notre relation ? a-t-elle demandé en ramassant les quelques grains de café qui détonnaient sur la propreté chirurgicale de son plan de travail.

– Est-ce qu'on est ensemble ?

– Qu'est-ce que t'en penses ?

– Est-ce que tu me considères comme ton mec ?

– Est-ce que tu me considères comme ta nana ?

– Est-ce qu'on va finir par faire une phrase affirmative ?

– Comment tu veux que je le sache ? »

Je me suis assis et j'ai bu une gorgée de mon café qui était trop fort.

« Est-ce que tu peux me passer du lait ?

– Tu crois que c'est bon pour toi, cette saleté ? »

Elle m'a tendu une petite bouteille de lait d'amande sans conservateurs, du genre qui se périme en quelques jours et qui est commercialisé sous le nom de « lait » mais n'est en réalité que de l'amande liquéfiée.

« Tu ne pourrais pas acheter du vrai lait pour que je puisse en mettre dans mon café ?

– Pourquoi tu es aussi exigeant ?

– Demander du lait, c'est être exigeant ? »

Elle a souri et pris mon visage entre ses mains. « Es-tu vraiment l'homme qu'il me faut ? »

Elle m'a embrassé. J'allais prononcer une phrase affirmative, mais elle s'est assise sur mes genoux et a dénoué ma serviette. Elle n'est pas allée courir.

DU 8e AU 14e JOUR

Être avec Anna, ça revient à subir un entraînement commando tout en bossant à temps plein dans un entrepôt Amazon en Oklahoma à la saison des tornades. Il se passe sans arrêt quelque chose. Mes siestes de 14 h 30 étaient de l'histoire ancienne.

Je faisais régulièrement du sport ; pas seulement des joggings matinaux mais de la natation aux cours de plongée, des étirements de yoga dont la durée était montée à trente minutes, et du vélo cardio dans un sauna avec Anna, ce dernier étant si éprouvant que j'en ai vomi. Nous faisions une quantité de commissions délirante, et sans jamais s'aider d'une liste ou d'une application, mais sur des coups de tête. Pas de répit. Quand elle ne travaillait pas, ne s'exerçait pas ou ne me malmenait pas au plumard, Anna bricolait des trucs, cherchait des trucs, demandait à voir ce que le magasin avait en réserve, assistait à une vente de succession à l'autre bout de la ville ou allait voir Steve Wong à Home Depot pour l'interroger sur les ponceuses à courroie car la table de pique-nique en séquoia de mon jardin avait besoin d'un coup de propre. Tous les jours – toute la journée – je suivais ses ordres, y compris sur la route.

« Prends la prochaine à gauche. Ne prends pas cette sortie. Prends Webster Avenue. Pourquoi tu tournes à droite *maintenant* ? Ne passe pas par l'école ! Il est presque trois heures, les enfants viennent de sortir ! »

Elle a organisé une démonstration de varappe pour Steve Wong, MDash et moi dans un nouveau grand magasin de sports extrêmes qui disposait d'un mur d'escalade ainsi que d'un torrent d'intérieur pour les démonstrations de canoë en eaux vives et d'une soufflerie – un énorme ventilateur qui soufflait dans un silo avec une force telle que des clients casqués pouvaient y simuler la chute libre. Est-il besoin de préciser que nous avons tout fait dans la même soirée ? Nous sommes restés jusqu'à la fermeture. Steve Wong et

MDash roulaient des mécaniques après leur journée à porter un tablier unisexe chez Home Depot. Moi, j'étais claqué, il y avait trop longtemps que j'endurais l'emploi du temps surchargé d'Anna. J'avais *vraiment* besoin d'une sieste.

On a eu le temps de manger une barre protéinée au stand Énergie à l'entrée du magasin pendant qu'Anna allait aux toilettes.

« Alors ? a demandé MDash.

– Alors quoi ? ai-je répondu.

– Anna et toi. Ça roucoule ?

– Tu tiens le coup ? a demandé Steve Wong. T'as l'air vanné.

– Ben, je viens de simuler un saut en parachute. »

MDash a jeté une moitié de sa barre à la poubelle. « Avant, quand je te regardais, je me disais : “Il a tout compris. Il a une chouette petite maison avec un joli jardin, il est son propre patron. Il n'a même pas besoin de montre, il n'a jamais aucun rendez-vous.” Pour moi, tu étais l'Amérique où je voulais vivre. Mais maintenant, tu t'écrases devant une patronne. Hélas.

– Vraiment ? ai-je dit. *Hélas* ?

– Répète-lui ce que tu m'as dit, a fait Steve.

– Encore un truc du chaman de ton village ? ai-je voulu savoir.

– Du prof d'anglais de mon village, figure-toi, a répliqué MDash. Pour faire le tour du globe, un bateau n'a besoin que d'une voile, d'un gouvernail, d'une boussole et d'une horloge.

– La sagesse des pays enclavés », ai-je répondu. MDash a grandi en Afrique subsaharienne.

« La boussole, c'est Anna, a expliqué MDash. Toi, tu es l'horloge, mais à force de suivre son rythme, ton ressort est à plat. Tes aiguilles ne donnent l'heure juste que deux fois par jour. On ne connaîtra jamais notre longitude.

– Tu es sûr qu'Anna n'est pas plutôt la voile ? ai-je dit. Pourquoi je ne pourrais pas être le gouvernail et Steve la boussole ? Je ne pige pas ton analogie.

– Je vais reformuler dans un langage que tu comprends, a dit Steve. On est comme dans une série télé avec un casting mélangé. Lui, c'est l'Africain. Moi, je suis l'Asiatique. Toi, tu es l'hybride de Caucasien. Et Anna, c'est la femme forte et déterminée qui ne se laissera jamais freiner par un homme. Elle et toi, vous êtes l'intrigue de la saison 11, quand la chaîne essaie d'éviter qu'on soit déprogrammés. »

J'ai regardé MDash. « C'est une référence à la pop culture, tu as capté ?

– En gros. J'ai le câble.

– Nous quatre, a poursuivi Steve, on forme un carré parfait. Si tu fais des galipettes avec Anna, tu chamboules notre géométrie.

– Comment ça ?

– C'est grâce à elle qu'il se passe des trucs dans nos vies. Regarde-nous. Il est presque minuit et on vient de grimper, de pagayer et de sauter en parachute en intérieur. J'ai jamais fait des trucs pareils un soir de semaine. Elle est notre catalyseur.

– Vous avez parlé de bateaux, de séries télé, de géométrie et de chimie pour m'expliquer que je devrais arrêter de voir Anna. Et je ne suis toujours pas convaincu.

– Ça va se finir dans les larmes, a dit MDash. Pour toi, pour Anna, pour nous tous. Dans les larmes qui vont jaillir de nos yeux.

– Écoutez, ai-je dit en refusant un brownie protéiné au vrai goût de brownie. Il va se produire une des choses suivantes entre ma copine et moi. Oui, ma *copine.* » J'ai jeté un coup d'œil en direction d'Anna. Elle était loin, en train de discuter avec un employé dans un stand signalé par un panneau INVESTISSEZ DANS L'AVENTURE ! « Option numéro un. On se marie, on a des gosses et vous êtes les parrains. Deux. On se quitte dans un feu d'artifice de chagrin et de récriminations. Tous les deux, vous devrez choisir un camp : rester potes avec moi ou bien enfreindre les règles du genre et rester amis avec la femme. Trois. Elle rencontre quelqu'un et me largue. Je deviens un tocard dépressif, et *ne me dites pas* que c'est déjà ce que je suis. Quatre. On se sépare en décidant de rester amis, comme à la télé. On garde des souvenirs de la pseudo-escalade etc. et des meilleures parties de jambes en l'air de notre vie. Dans tous les cas, le groupe survivra parce qu'on est tous des grands garçons. Et avouez – si Anna avait envie de faire avec vous ce qu'elle fait avec moi, vous ne diriez pas non.

– Et c'est *toi* qui prédirais que ça finira mal », a dit Steve Wong.

C'est alors qu'Anna est revenue en brandissant une épaisse brochure colorée, sourire aux lèvres. « Hé, les mecs ! Qui veut aller en *Antarctique* ? »

15e JOUR

« Il va nous falloir une tonne de matos. » Anna remuait un sachet de thé dans une tasse d'eau chaude. Elle était en tenue de course et j'enfilais mes chaussures.

« Caleçons longs. Parkas renforcées. Pulls en polaire. Bottes étanches. Cannes de randonnée.

– Gants, ai-je ajouté. Chapeaux. » Nous étions encore à trois mois, une quantité de fuseaux horaires et des milliers de kilomètres du voyage en Antarctique, mais Anna avait déjà activé le Mode Préparation. « Ce sera pas l'été au pôle Sud ?

– On n'ira pas jusqu'au pôle. Peut-être jusqu'au cercle antarctique, mais seulement si le temps et la mer sont favorables. N'empêche qu'il y aura du vent et de la glace. »

On est sortis faire quarante-cinq minutes d'étirements sur ma pelouse, et la rosée nous a mouillés pendant les postures du chien tête en bas et du cobra. *Ding*. La minuterie a sonné et je me suis baissé en essayant de toucher mes genoux avec mon front. Optimiste.

Anna était capable de se plier aussi bien qu'une table à jeux. « Tu te rends compte, a-t-elle dit, que les astronautes de la mission Apollo sont allés étudier les volcans en Antarctique ? » Anna savait que tout ce qui avait un lien avec l'espace était mon péché mignon. En revanche, elle ignorait à quel point je m'y connaissais.

« C'est en Islande qu'ils se sont entraînés, mademoiselle. Si des astronautes sont allés au pôle Sud, c'est longtemps après avoir arrêté de vouloir changer le cours de l'humanité en risquant leur vie dans les fusées de la NASA. » *Ding*. J'ai essayé d'attraper mes chevilles, ce qui a embrasé mes pauvres mollets.

« On va voir des manchots, des baleines et des stations scientifiques, a dit Anna. Et le B-15K.

– C'est quoi le B-15K ?

– Un iceberg grand comme Manhattan, tellement énorme qu'il est suivi par satellite. Il s'est détaché de la barrière de Ross en 2003 et il dérive autour de l'Antarctique dans le sens inverse des aiguilles d'une montre. Si la météo est bonne, on pourra réserver un hélicoptère et atterrir dessus ! »

Ding. C'était le dernier exercice. Elle a commencé à courir. J'ai essayé de tenir le rythme mais pas moyen, vu son excitation à la perspective de crapahuter sur le B-15K.

Quand je suis arrivé en trottinant devant chez M. Moore, il montait dans sa voiture, une thermos de café à la main. « Ta copine est passée y a une seconde. Elle se bougeait le train. »

Après la douche et un petit déjeuner composé d'avocat sur des toasts à la farine d'épeautre, Anna a pris la ponceuse qu'elle avait achetée à Steve Wong et s'est attaquée à ma table de pique-nique. Je l'ai rejointe, muni de papier de verre.

« Une fois que tu seras arrivé à la fibre du bois, il faudra repeindre. T'as de la peinture ? » J'en avais. « Tu devrais avoir terminé pour ce soir. Viens chez moi ensuite. On dînera et on baisera. » Moi, ça m'allait. « Maintenant je dois aller bosser. » Avant de partir, elle m'a montré d'autres objets qui avaient besoin d'être poncés et repeints – un banc, la porte de ma cuisine et la vieille remise où je rangeais les jeux d'extérieur et l'équipement sportif. Le reste de la journée s'est écoulé en travaux forcés.

Quand Anna m'a envoyé un message, j'étais suant, crasseux et couvert de peinture.

AnnaGraphicControl : dîner dans 1/4 d'h

J'étais chez elle une demi-heure plus tard, mais j'avais besoin d'une douche avant de passer à table. Nous avons mangé dans le salon – un *phô* gargantuesque – devant deux épisodes de *Terre de glace* sur Blu-ray. En trois heures, nous sommes devenus incollables sur les manchots à jugulaire et les phoques crabiers qui vivent exclusivement où à votre avis ?

Je suis tombé de sommeil avant qu'on n'enchaîne sur les galipettes.

16e JOUR

Anna avait calé un cours de plongée matinal sans me prévenir.

Vin nous a fait enfiler des combinaisons intégrales – bouteilles, ceinture de plomb, la totale – et agenouiller au fond de la piscine à l'endroit le plus profond. Nous avons dû ôter tous les éléments de notre équipement, y compris le masque, retenir notre respiration et les remettre. Ensuite, il m'a dit que j'étais en retard dans les exercices du livret et que j'avais intérêt à me bouger.

« Pourquoi tu n'as pas encore terminé le livret ? a voulu savoir Anna.

– J'étais occupé, j'avais rencard avec une ponceuse. »

Sur le chemin du retour, j'ai ressenti un gratouillement au fond de ma gorge.

« Ne me dis pas que tu t'enrhumes, a fait Anna. Si tu te racontes que tu as la crève, tu *t'autorises* à avoir la crève. »

Son téléphone a sonné et elle a pris l'appel sur haut-parleur ; c'était un de ses clients à Fort Worth. Un certain Ricardo dont les blagues sur les schémas de couleur ont fait rire Anna pendant qu'elle se garait dans mon allée. Elle est restée dans la voiture pour terminer son coup de fil. Je suis descendu.

« Faut qu'on aille à Fort Worth », a-t-elle annoncé quand elle m'a enfin rejoint dans la cuisine. Je préparais une soupe de nouilles au poulet en sachet.

« Pourquoi ? ai-je demandé.

– Je dois chaperonner Ricardo pendant une présentation. Au fait, c'est pas de la soupe, ça, c'est du sel en sachet.

– Je m'autorise à avoir la crève. La soupe me fera du bien.

– C'est une saleté et ça finira par te tuer.

– Il faut vraiment que j'aille à Fort Worth avec toi ?

– Pourquoi pas ? Tu n'as rien à faire. On y passera une nuit, on visitera.

– On visitera Fort Worth ?

– Ce sera l'aventure.

– J'ai le nez qui coule et ma tête se transforme en ruche.

– Arrête de dire ce genre de choses et ça s'arrêtera. »

Pour toute réponse j'ai éternué, toussé, et me suis mouché. Anna secouait la tête.

17e JOUR

Voici ce que j'ai visité à Fort Worth :

L'aéroport. Immense, grouillant de voyageurs, à croire que l'économie texane s'était effondrée et que la population s'enfuyait.

Le retrait des bagages. En travaux, et donc lieu de chaos et de bagarres désamorcées. Anna avait trois valises qui ont été parmi les dernières à descendre du toboggan.

Un bus. Sur toute la carrosserie, des lettres énormes annonçaient PONYCAR PONYCAR PONYCAR. PonyCar était un nouveau service, concurrent d'Uber et des loueurs de voitures. Anna avait un week-end offert en chèque-cadeau – j'ignore comment elle l'avait eu. Le bus nous a emmenés dans un parking plein de voitures minuscules arborant elles aussi le logo PonyCar. Je ne sais pas où sont fabriquées les PonyCar, mais il est évident qu'elles sont conçues pour des gens tout petits. Il a fallu caser nos deux corps et nos bagages dans un véhicule prévu pour nos deux corps et un tiers de nos bagages.

Le DFW Sun Garden Hotel. Pas tant un hôtel qu'une juxtaposition de studios et de distributeurs destinés aux voyageurs d'affaires près de leurs sous. Une fois dans notre petite chambre, je me suis allongé. Anna a enfilé une tenue professionnelle tout en téléphonant à Ricardo. Elle m'a dit au revoir de la main et a pris la porte, tirant derrière elle sa mallette à roulettes.

Dans le brouillard de mon état cotonneux, je n'ai pas réussi à faire fonctionner la télé. Je ne comprenais rien aux options du câble. Je ne suis parvenu à capter que la chaîne du Sun Garden Hotel qui étalait les splendeurs et merveilles des hôtels Sun Garden de par le monde. De nouvelles succursales ouvriraient bientôt à Evansville, Indiana ; Urbana, Illinois ; et Francfort, Allemagne. Je n'ai rien compris non plus au téléphone. Je retombais sans cesse sur le même menu préenregistré. Comme j'avais faim, je me suis traîné jusqu'aux distributeurs automatiques de la « réception ».

Ils étaient regroupés dans une petite pièce qu'ils partageaient avec un buffet proposant des saladiers de pommes et de grands bocaux de céréales. J'ai pris de tout. Dans un des distributeurs il y avait des parts de pizza, dans un autre des produits de toilette, y compris quelques médicaments contre le rhume. Au bout de quatre essais, la machine a accepté mon billet de vingt chiffonné et j'ai acheté des comprimés, des gélules, quelques dosettes de liquides divers et un petit flacon d'un truc baptisé *Boost-Blaster !* qui se vantait d'être plein d'antioxydants, d'enzymes et de tout ce que contiennent la betterave et le poisson.

Revenu dans la chambre, je me suis confectionné un cocktail avec deux de chaque, arrachant les films de sécurité, me dépatouillant des protections enfant, puis j'ai avalé mon *Boost-Blaster !* cul sec.

18e JOUR

À mon réveil je ne savais plus où j'étais. J'ai entendu couler la douche. J'ai vu un rai de lumière sous une porte et une pile de cahiers sur une table de nuit. La porte de la salle de bains s'est ouverte en grand dans une explosion de vapeur lumineuse.

« Il est vivant ! » Nue, Anna se séchait. Elle était déjà sortie courir.

« Ah bon ? » Mon rhume ne s'était pas arrangé. Du tout. Je ne sentais aucune évolution, à part que j'étais dans le cirage.

« T'as pris tous ces trucs ? » Elle a désigné le petit bureau que jonchaient les reliefs de mon automédication.

« Encore malade, ai-je tenté pour ma défense.

– Tu es encore malade parce que tu dis que tu es encore malade.

– Je suis tellement naze que ta logique me paraît sensée.

– T'as tout raté, mon chéri. Hier soir, on est allés dans un resto mexicain bio. C'était l'anniversaire de Ricardo. On devait être quarante et il y avait une piñata. Après on est allés faire du kart sur un circuit. Je t'ai appelé, je t'ai envoyé des textos, mais rien. »

J'ai attrapé mon téléphone. Entre 18 heures et 1 h 30 j'avais reçu trente-trois appels et messages d'Anna GraphicControl.

Elle a commencé à s'habiller. « Prépare tes affaires. On doit rendre les clés et aller au bureau de Ricardo pour un rendez-vous. Et de là à l'aéroport. »

Anna a piloté la PonyCar jusqu'à une zone industrielle de Fort Worth. Je me suis assis à l'accueil, j'étais dans un état abominable, je me mouchais sans arrêt tout en essayant de me concentrer sur un bouquin consacré à l'astronaute Walt Cunningham sur ma liseuse Kobo, mais j'étais trop dans le gaz. J'ai joué à un jeu sur mon téléphone, ça s'appelle 101 et ça consiste à répondre vrai ou faux à diverses questions. Vrai ou faux : à la Maison-Blanche, le président Woodrow Wilson se servait d'une machine à écrire. Vrai ! Il a tapé un discours à deux doigts sur une Hammond Type-o-Matic, qui visait à présenter sa guerre sous un jour favorable.

Au bout d'un long moment j'ai eu besoin d'air et je suis allé flâner dans la zone industrielle. Tous les bâtiments se ressemblaient et je me suis perdu. J'ai retrouvé mon chemin sur un coup de bol, en repérant une PonyCar qui s'est révélée être la nôtre.

Anna et ses clients faisaient le pied de grue, ils m'attendaient. « Qu'est-ce que tu fichais ?

– Je visitais. » Elle m'a présenté Ricardo et treize autres cadres quelconques. Je n'ai serré aucune main. Rapport à mon rhume, vous comprenez.

Rendre la PonyCar a été aussi simple que promis, mais la navette a mis des plombes à arriver. Pour ne pas rater notre vol, Anna et moi avons dû traverser l'aéroport comme des personnages de cinéma, des amoureux loufoques en vacances ou bien des agents fédéraux tentant de déjouer une attaque terroriste. Nous avons eu notre avion mais n'avons pas pu nous asseoir côte à côte. Anna s'est installée à l'avant, moi tout à l'arrière. Mes oreilles bouchées m'ont fait un mal de chien au décollage et pire encore à l'atterrissage quelques heures plus tard.

Avant de rentrer chez moi, elle s'est arrêtée pour acheter une petite bouteille de cognac. Elle m'en a fait boire un grand verre puis m'a mis au lit, m'a bordé et m'a embrassé sur le front.

19e ET 20e JOUR

J'étais malade, c'était évident, et seuls du repos et une nourriture liquide pouvaient me soulager, comme c'est le cas pour tous les rhumes depuis que le premier Neandertal est rentré à la maison avec la goutte au nez.

Mais Anna ne l'entendait pas de cette oreille. Pendant deux jours elle s'est acharnée à me guérir vite en brûlant les étapes. Elle m'a fait asseoir nu sur une chaise avec les pieds dans une bassine d'eau froide. Elle m'a relié à un appareil, une sorte d'électrocardiographe, m'a demandé d'ôter tout ce que je portais de métallique, c'est-à-dire rien, et a appuyé sur un interrupteur. Je n'ai rien senti.

Mais à force, l'eau autour de mes pieds s'est troublée, a viré au marron, puis a commencé à se solidifier jusqu'à ressembler à la gelée la plus immonde qui soit. C'était tellement épais que j'ai eu l'impression d'arracher mes pieds nus à un marécage. Et en plus ça puait.

« C'est le mauvais *ju-ju* qui sort de toi, a dit Anna en versant la mixture dans les toilettes.

– De mes pieds ?

– Oui. C'est prouvé. Tout ce que tu manges de mauvais, les poisons et les graisses. C'est extrait par tes pieds.

– Je peux me recoucher maintenant ?

– D'abord, tu passes à la cabine à vapeur.

– J'ai pas de cabine à vapeur.

– Tu vas voir. »

Anna a installé dans ma douche des rideaux en plastique et un générateur de vapeur réglé sur MAX. Je m'y suis assis sur un tabouret pour suer aussi longtemps que je n'aurais pas liquidé trois grandes bouteilles d'un genre de thé insipide. Ça a pris du temps, vu que le thé avait un goût d'eau de vaisselle et que la vessie ne peut contenir qu'une quantité limitée d'eau de vaisselle.

Un livreur a apporté un vélo d'appartement. Anna m'a obligé à pédaler exactement douze minutes toutes les heures et demie, jusqu'à ce que ma transpiration prouve que ma température corporelle avait grimpé.

« C'est pour brûler le mucus et tous ces trucs-là. »

Trois repas d'affilée, elle m'a servi un ragoût flotteux avec des morceaux de betterave et de céleri.

Elle m'a astreint à des séances d'une heure d'étirements au ralenti, sauf que je devais bouger *exactement* comme l'instructeur dans la vidéo sur son iPad.

Elle a branché un bidule électrique gros comme un savon qui bourdonnait et vibrait, un remède de grand-mère avec des lettres en cyrillique sur la boîte. Elle m'a fait allonger nu sur le sol et m'a frictionné le corps, pile et face, avec ce machin. L'engin communiste émettait des bruits différents selon les parties de mon corps.

« C'est bien, mon grand ! On progresse ! »

Sans rien lui dire, j'ai gobé du paracétamol et de la pseudoéphédrine juste avant de ramper jusqu'à mon lit pour m'envoler vers le pays des Songes.

21e JOUR

Au matin, je me sentais mieux. Mes sueurs nocturnes avaient si bien trempé mes draps que j'aurais pu les essorer comme une serpillière.

Anna m'avait laissé un mot scotché sur la cafetière.

Quand je suis partie tu dormais à poings fermés. J'aime bien quand tu es comme ça. Tu guériras si tu termines la soupe au frigo. Bois-la froide ce matin et chaude à midi. Fais du vélo deux fois avant midi et prends une heure pour les étirements que je t'ai envoyés par mail. Et retourne dans la cabine à vapeur, restes-y jusqu'à ce que tu aies descendu trois bouteilles d'eau ! Débarrasse-toi de ce sel ! A.

Seul et tranquille chez moi, j'ai radicalement ignoré les consignes d'Anna. J'ai mis du lait chaud dans mon café. J'ai lu le *Times* en édition papier – et non pas en ligne, ce que préférait Anna parce que les journaux imprimés étaient une offense à la terre, malgré le recyclage. Je me suis accordé un petit déjeuner consistant avec des œufs, des tranches de *linguica* frite (une saucisse portugaise), une banane, une Pop-Tart à la fraise, une brique de jus de papaye et un grand bol de céréales au chocolat.

Je ne suis pas monté sur le vélo d'appartement et je ne suis pas non plus entré dans la douche à vapeur. Je n'ai pas ouvert le lien dans son mail et ne me suis donc pas étiré. À la place, j'ai lavé du linge toute la matinée – quatre machines en tout, draps compris. J'ai écouté mes CD et chanté à l'unisson. J'ai pris un grand plaisir à ne pas obtempérer aux ordres d'Anna. La belle vie.

Tout cela répondait donc à la question qu'Anna m'avait posée deux semaines plus tôt : non, je n'étais pas l'homme qu'il lui fallait.

Lorsqu'elle a appelé pour prendre de mes nouvelles, j'ai tout avoué. J'ai ajouté que j'étais en forme, reposé, que je me sentais moi-même et que j'avais beau la trouver super et être un gros nul, *bla bla bla* etc.

Avant que je ne puisse trouver les mots, Anna les a prononcés pour moi.

« Tu n'es pas l'homme qu'il me faut, mon grand. »

Il n'y avait pas le moindre soupçon de rancœur dans sa voix, ni jugement ni déception. Elle a lâché ça comme ça lui venait, comme moi-même je n'aurais pas su le dire. « J'avais compris depuis un moment, a-t-elle gloussé. Je t'épuise. J'aurais fini par te détruire.

– Et donc, quand est-ce que tu comptais me lâcher la grappe ?

– Vendredi matin, si tu n'avais pas jeté l'éponge, on aurait eu une discussion.

– Pourquoi vendredi matin ?

– Parce que vendredi soir je repars à Fort Worth. Ricardo m'emmène faire de la montgolfière. »

Dans un accès d'orgueil masculin, j'ai espéré que ce Ricardo ne soit pas non plus l'homme qu'il fallait à Anna.

C'était le cas. Anna ne m'a jamais expliqué pourquoi.

Pour information, j'ai bien eu mon brevet de plongée. Anna et moi sommes allés, avec Vin et une douzaine d'autres, dans les bancs de varech au large. Nous avons respiré sous l'eau, nagé dans une forêt aquatique. Il y a une super photo où je suis avec Anna, dans le bateau, bras dessus bras dessous dans nos combinaisons, un grand sourire sur notre visage trempé et frigorifié.

Nous décollons pour l'Antarctique la semaine prochaine. Anna a organisé une grande session shopping et veillé à ce que nous ayons tout l'équipement nécessaire. Elle s'est assurée en particulier que MDash ait suffisamment de couches protectrices. Il n'est jamais allé dans un endroit qui soit assez froid pour les manchots et les crabiers.

« En route pour le cercle antarctique ! » ai-je lancé en essayant ma parka verte. Anna a ri.

Nous allons prendre un vol pour Lima, au Pérou, où nous changerons pour Punta Arenas, au Chili, et de là nous embarquerons sur un bateau qui nous mènera de l'Amérique du Sud à l'ancienne station scientifique de Port Lockroy, notre première étape. Les eaux du passage de Drake peuvent être assez mouvementées, à ce qu'il paraît. Mais avec une voile, un gouvernail, une boussole et une bonne horloge, notre navire tiendra bon, cap sur l'Antarctique, le B-15K, l'aventure.

REMINGTON

Noël 1953

Virgil Beuell attendit pour fermer boutique qu'il soit presque l'heure du dîner. La neige s'était mise à tomber et la route glissait de plus en plus, alors il conduisit lentement, un jeu d'enfant grâce à la transmission automatique Powerflite de sa Plymouth. Pas d'embrayage, pas de changements de rapports, une merveille de mécanique. Ce soir, déraper et rester bloqué sous la neige serait une catastrophe ; le coffre de la Plymouth recelait tous les trésors que le Père Noël aurait déposés au matin, bien cachés des enfants qui avaient annoncé leurs souhaits des semaines plus tôt. Il fallait que ces cadeaux soient sous l'arbre dans quelques heures, et les transférer du coffre d'une voiture paralysée par la neige à la cabine d'une remorqueuse chamboulerait effroyablement le réveillon.

Forcément, le retour dura plus longtemps qu'à l'accoutumée, mais cela ne dérangea pas Virgil. Ce qu'il détestait, c'était le froid. Powerflite ou non, il maudissait souvent Plymouth, infichu de fabriquer des voitures avec un chauffage potable. Lorsqu'il se rangea doucement près de la maison, que le pinceau jaune de ses phares balaya la moustiquaire du porche et qu'on entendit le crissement des pneus sur les graviers de l'allée, le froid le faisait un peu souffrir. Virgil veilla à ne pas glisser sur le chemin, comme cela lui était déjà arrivé si souvent, mais parvint néanmoins à la porte de chez lui aussi vite que le pouvait un honnête travailleur.

Le temps qu'il tape ses galoches pour en ôter la neige et suspende ses couches de vêtements chauds, son corps se détendit grâce à la chaleur émanant des grilles au plafond. Quand il avait acheté la maison, il avait installé lui-même une chaudière bien trop grande pour son modeste foyer. Il avait aussi fait l'acquisition d'un cumulus impressionnant, un modèle professionnel qui dispensait sans jamais faillir le précieux liquide nécessaire aux bains des enfants et à ses longues douches. Un confort qui justifiait le montant de ses factures de fioul, autant que le prix de deux cordes de bois chaque hiver.

Un feu ronflait dans le salon. Virgil avait appris à Davey à le préparer en empilant les bûches sur le même modèle que ses maisons de trappeur miniatures, pour construire une sorte de cabane carrée autour du petit bois, jamais une pyramide. Depuis, il se faisait un devoir de préparer le feu. Dès les premiers frimas de novembre, le foyer des Beuell était l'endroit le plus chaud à des kilomètres à la ronde.

« Papa ! » Davey sortit en courant de la cuisine. « Le plan marche à la perfection. Jill ne se doute de rien !

– C'est super, mon grand, dit Virgil en exécutant avec le garçon la poignée de main secrète qu'ils étaient les seuls au monde à connaître.

– Je lui ai dit qu'on allait écrire nos lettres au Père Noël après le dîner et qu'on lui laisserait un goûter, comme tu faisais avec moi quand j'étais petit. » Davey aurait onze ans en janvier.

Jill dressait la table dans la cuisine, c'était une spécialiste de la disposition des serviettes et de l'argenterie.

« Mon Papa est rentré, youpi, youpi, fit-elle du haut de ses six ans, en alignant les dernières cuillères.

– Voyez-vous ça. » Delores Gomez Beuell s'affairait devant la cuisinière, le bébé Connie à cheval sur le creux de son coude, calé contre sa hanche. Virgil embrassa les trois femmes de sa vie.

« Mais oui, il est rentré », fit Del en lui rendant son baiser, avant de verser des pommes de terre sautées aux oignons dans un plat qu'elle porta à la table. Davey sortit une bouteille de bière de l'imposant réfrigérateur Kelvinator flambant neuf et la décapsula pour son père, un autre de ses sacro-saints devoirs.

Chez les Beuell, le dîner était tout un spectacle. Davey n'arrêtait pas de se lever de table – cet enfant ne tenait pas en place. Connie gigotait sur les genoux de sa mère, ravie d'avoir une cuillère à mâchouiller ou à taper sur la table. Del coupait la nourriture des petits, essuyait les dégâts, donnait la becquée à Connie, et, à l'occasion, s'accordait une bouchée. Virgil mangeait lentement, jamais deux fourchetées identiques mais en cercles autour de son assiette, tout en écoutant le théâtre familial.

« Je te promets, ça lui suffit, trois gâteaux, au Père Noël. » Davey expliquait à Jill les détails de la venue du visiteur tant attendu. « Et il finit jamais le verre de lait. Il a trop de choses à faire. Pas vrai, Papa ?

– Il paraît, oui. » Virgil lui adressa un clin d'œil, et Davey tenta d'y répondre mais ne parvint qu'à chiffonner une moitié de sa figure en obligeant son œil à se fermer.

« Mais en tout cas, tout le monde lui laisse le même goûter.

– Tout le monde ? demanda Jill.

– Tout le monde.

– Je comprends pas quand il vient. À quelle heure il arrive ? voulait savoir Jill.

– Si tu ne manges pas, il ne viendra pas. » Del tapota l'assiette de Jill avec sa fourchette et sépara la viande et une partie de ses pommes de terre. « Plus tu manges, plus le Père Noël viendra de bonne heure.

– Juste quand on ira se coucher ? demanda Jill. Parce qu'il faut qu'on dorme, hein ?

– Ça peut être n'importe quand entre le moment où tu te couches et celui où tu te réveilles. » Davey avait réponse à toutes les questions de sa sœur. Depuis qu'il avait appris ce qu'il en était du Père Noël l'été précédent, il s'évertuait à ce que sa sœur continue à y croire.

« Mais ça peut durer des heures. Le lait risque de ne plus être bon.

– Il peut le refroidir rien qu'en le touchant ! Si le lait est trop chaud, il a qu'à mettre son doigt dedans, il fait *whoosh*, et hop, le lait est froid. »

Jill trouva cela fantastique. « Il doit boire beaucoup de lait. »

Après le dîner, Virgil et les enfants s'attelèrent à la vaisselle, Jill perchée sur une chaise essuyant fourchettes et cuillères une par une tandis que, à l'étage, Del couchait le bébé et s'offrait une courte sieste bien méritée. Davey ouvrit une dernière bière pour son père et la posa sur la console du téléphone, à côté de ce que l'on appelait le Fauteuil de Papa, dans le salon, près du feu. Une fois Virgil installé et désaltéré, Davey et Jill s'assirent devant le tourne-disque et passèrent des chants de Noël. Lumières éteintes dans la pièce, le sapin projetait sa magie colorée sur les murs. Jill trouva les genoux de Virgil tandis que son frère écoutait en boucle le disque de Rudolphe le renne jusqu'à ce qu'ils connaissent tous les paroles par cœur et commencent à ajouter les leurs.

Le p'tit renne au nez rouge.

« Comme un clown ! »

Chacun s'en moquait beaucoup.

« Hé, patate ! »

Tu conduiras dans le ciel.

« Et dans un tunnel ! »

Del descendit en riant. « Et ma "Douce nuit", alors, bande de sapajous ? » Elle but dans la bière de Virgil puis s'assit de son côté du canapé, préleva une cigarette dans son étui en cuir qui se fermait en claquant, et prit les allumettes posées auprès du cendrier et du téléphone.

« Davey, tu veux bien remuer la bûche ? » demanda Virgil.

Jill leva la tête. « C'est moi qui fais !

– Moi d'abord. Et t'inquiète pas, le Père Noël a des bottes qui résistent au feu.

– Je sais. Je sais. »

Après que Jill eut attisé le feu à son tour, Del envoya les deux enfants se mettre en pyjama.

Virgil termina sa bière puis alla chercher sa machine à écrire Remington portative dans le placard du couloir. Delores la lui avait offerte quand il était à l'hôpital militaire de Long Island. Il lui avait tapé des lettres avec sa bonne main jusqu'à ce que les médecins lui apprennent ce qu'il surnommait la technique à cinq doigts et demi.

Il posa la machine sur la table basse, la sortit de son boîtier et inséra deux feuilles de papier, l'une sur l'autre – toujours deux feuilles pour ne pas abîmer le rouleau.

« Laissez vos messages pour le Père Noël, ou pour saint Nicolas si vous voulez », dit-il lorsque les enfants redescendirent, sentant bon le dentifrice et la flanelle propre.

C'est Jill qui commença, un *clac* après l'autre, une lettre après l'autre, une touche après l'autre.

cher papa noel mersi detre venu et merssi de mofrir le degisemant dinfirmiere et la poupee que jai demander joyeu noel je taime JILL BEUELL

Davey insista pour avoir une feuille blanche. Il dit à Jill qu'il ne voulait pas que le Père Noël se trompe. Il dut s'y reprendre à plusieurs fois pour insérer et aligner les deux pages dans le mécanisme.

24/12/53

Cher Pére Noêl. Ma sœur Jill croit en toi et moi. aussi. Tu sais ce que je veux ce noel et je t'assure que tu ne m'as JAMAIS DESU..! c Voissi du lait froid et des « petits gateaux » qui s'apellent aussi des cookies. L'année prochaine il faudra aussi que tu apporte des cadeaux pour Connie parcequ'elle sera assé grande D'accor????? si le lait est trop chaud tu peu le reffroidire avec ton doigt.

David Amos Beuell

Davey laissa sa lettre dans la machine, qu'il tourna face à l'âtre où il était certain que le Père Noël la verrait.

« Vous devriez mettre vos cadeaux sous le sapin. Pour que ce soit plus simple demain matin », dit Virgil. Le Père Noël n'emballait jamais les cadeaux qui lui avaient été demandés, il les livrait prêts à l'emploi, ce qui laissait le temps à Virgil et Del de boire un café. Les cadeaux d'Oncle Gus et Tante Ethel, d'Oncle Andrew et Tante Marie, de Mémé et Papy, de Nana et Leo, venus du lointain Illinois aussi bien que de la porte à côté, étaient rassemblés sous le sapin depuis des jours, dans leur emballage étincelant, un monticule qui croissait à chaque passage ou presque à la poste du village.

Une fois que deux tas de paquets furent érigés, étiquetés DAVEY et JILL, les enfants rangèrent les disques dans leur pochette et les albums sur l'étagère. Del demanda à Jill de chercher sur le gros meuble radio les programmes du réveillon, de la musique de saison qui ne parle pas de rennes au nez rouge.

Les cookies avaient été cuits le 23 décembre. Jill les sortit du réfrigérateur et les disposa sur une assiette tandis que Davey remplissait un grand verre de lait, puis chacun porta sa charge jusqu'à la table basse et la laissa près de la machine à écrire. Il ne restait plus qu'à attendre. Davey ajouta une bûche dans le feu pendant que Jill renouait avec les genoux de son père et que la radio diffusait des chants de Noël célébrant les rois mages, les saintes nuits et la naissance de Jésus.

Peu après, Virgil coucha sa fille endormie, la glissa sous les couvertures et s'émerveilla de la douceur de ses paupières closes, de ses lèvres qui étaient de parfaites reproductions miniatures de celles de Del. Au salon, Davey était dans le canapé, collé contre sa mère qui lui passait les doigts dans les cheveux. « Ça a marché comme sur des roulettes, dit-il.

– Tu es un bon frère, lui dit Del.

– Ben, c'est normal. » Davey contemplait le feu. « La première fois que Jill m'a demandé si le Père Noël existait vraiment, on aurait dit qu'elle avait peur de vous demander et qu'elle voulait que ça soit notre secret, et j'ai pas su quoi répondre.

– Comment est-ce que tu t'en es sorti, mon chéri ?

– C'est là que j'ai eu l'idée du plan. De pouvoir répondre à toutes ses questions. Comment il fait pour aller dans toutes les maisons ? Il va super vite, et de toute façon y a pas tant de maisons que ça. Et si la maison a pas de cheminée ? Il passe par le four ou par la chaudière.

– Il touche le lait pour le refroidir, murmura Del à son fils en écartant une mèche tombée sur la peau tendre de son front. C'est très malin. Tu as été rapide.

– C'était du gâteau. Le Père Noël est magique.

– Bientôt tu devras faire la même chose pour Connie.

– Bien sûr. C'est mon travail. »

Virgil redescendit et reprit place dans le Fauteuil de Papa au moment où Bing Crosby entonnait un cantique en latin.

« Papa, comment ça marche la radio ? » s'enquit Davey.

À 10 heures et quart, Davey monta se coucher, annonçant que ce Noël était peut-être bien le meilleur de sa vie.

« Est-ce que tu veux du café ? demanda Delores.

– Et comment ! » dit Virgil en la suivant dans la cuisine, où il l'arrêta avant qu'elle n'attrape le bocal de café, l'enlaça et l'embrassa. Elle lui rendit son baiser, et ils sentirent tous deux que c'était grâce à ce genre de moment qu'ils étaient encore mariés. Le baiser dura plus longtemps qu'ils ne s'y attendaient, après quoi ils échangèrent un sourire. Del prépara le café, Virgil à son côté.

« L'année prochaine, on essaiera d'aller à la messe, dit Delores. Nos enfants vivent dans le péché.

– Seulement Davey », gloussa Virgil. Davey était né sept mois après leur mariage.

« C'est si beau, la messe de minuit.

– Trois enfants debout jusqu'à pas d'heure le soir de Noël ? Prendre la voiture pour aller à St. Mary's ? Imagine si on avait tenté le coup ce soir, avec toute cette neige ?

– Les McElheny y arrivent bien.

– Ruth McElheny a une araignée au plafond. Et Ed marche à la baguette.

– N'empêche. Les cierges. La musique. C'est si beau. » Elle savait que, tôt ou tard, ils iraient. Non parce que Virgil marchait à la baguette, mais parce qu'il aimait accéder à ses désirs. Cela dit, ce Noël-ci, il n'y avait que sa main sur celle de Delores, un café et la paix chaleureuse de leur maison prise sous la neige.

Virgil remit ses galoches et enfila son lourd manteau, entrebâilla la porte de devant juste assez pour s'y faufiler et s'enfonça dans la nuit. Sept ou huit centimètres de neige s'étaient amoncelés. Tête nue, il alla récupérer les présents du Père Noël dans le coffre de la Plymouth. Ne voulant pas risquer une chute sur le chemin verglacé, Virgil fit deux voyages au lieu de se surcharger. Quand il ferma le coffre, il marqua un temps pour réfléchir à la dernière heure de ce réveillon de Noël 1953. La nuit était froide, certes, mais Virgil avait connu pire.

Progressant avec précaution, il sentit le lancinement d'une douleur fantôme là où se trouvait autrefois son mollet gauche. Il gravit une à une les cinq marches du perron.

Del déposa la mallette d'infirmière près de la montagne de trésors de Jill. Honey Walker, la poupée « comme une vraie petite fille », marchait avec des piles. Le Père Noël en avait. Davey découvrirait bientôt sa base de lancement spatiale avec ses tours, ses soldats et ses lanceurs à ressorts qui, dès que Virgil en aurait assemblé les éléments, propulserait des fusées dans l'éther. Connie adorerait son nouveau tapis de jeu et ses blocs de construction en provenance du pôle Nord. Lorsque tout fut en place et que Honey Walker eut fait quelques pas d'essai, Virgil et Del s'assirent côte à côte dans le canapé et recommencèrent à se câliner.

Bras entrelacés à ceux de Virgil, quelque temps immobile et silencieuse, Del observa le feu puis se leva. « Je suis claquée, avoua-t-elle. Essaie de répondre à la première sonnerie, mon chéri. Et embrasse-le pour moi.

– Sans faute. » Virgil regarda sa montre. Il était presque 23 h 30. À minuit passé de sept minutes, le timbre perçant du téléphone rompit le silence. Obéissant, Virgil décrocha avant que la deuxième sonnerie ne succède à la première.

« Joyeux Noël », dit-il.

Une opératrice était au bout du fil. « Un appel longue distance pour Virginia Beuell, de la part d'Amos Boling.

– C'est moi. Merci, opératrice. » Comme d'habitude, l'opératrice avait mal compris son nom.

« Votre correspondant est en ligne, monsieur, dit l'opératrice en raccrochant.

– Merci, ma belle, dit le correspondant en question. Joyeux Noël, Virgin. »

Le surnom fit sourire Virgil. C'est Amos Boling qui l'avait inventé, et toute leur section l'avait adopté. « Alors, Bud, d'où est-ce que tu m'appelles ?

– De San Diego. Hier, j'étais à Mexico.

– Sans blague.

– Tu sais quoi, Virgin ? À Mexico, y a des *cantinas* et des claques à tous les coins de rue. En plus c'est joli et il fait chaud. Vous avez beaucoup de neige à Dogpatch ?

– On a vu pire. Mais je suis assis près d'un joli feu, je ne me plains pas.

– Delores te supporte encore ?

– Elle t'embrasse.

– T'as de la veine, mon salaud, et elle, elle aurait pu trouver mieux.

– Je sais bien, mais je ne dis rien. »

Les deux hommes pouffèrent. Amos Boling, *alias* Bud, disait toujours pour rire que, puisque Virgil Beuell, *alias* Virgin, avait mis le grappin sur Delores Gomez, il ne voyait plus aucun intérêt à se marier. Fut un temps, plus de treize ans auparavant, un autre membre de la section aurait pu conquérir Delores. Ernie, Clyde, ou même Bob Clay, voire l'un des deux Johnny Boy, tous auraient tenté leur chance si Virgil ne l'avait pas rencontrée le premier. Une soirée dansante à la Croix-Rouge, fourmillant de soldats, marins et pilotes, au point que Virgil avait eu besoin de prendre l'air à l'écart de la cohue. Sorti fumer, il avait allumé la cigarette d'une fille aux yeux marron, une certaine Delores Gomez. À midi le lendemain, Virgil et elle avaient dansé, ri, mangé des pancakes, bu beaucoup de café, et s'étaient embrassés. Deux vies avaient changé à jamais.

Les années avaient passé, Bud ne s'était pas marié et Virgil savait qu'il ne le ferait jamais. Et cela n'avait rien à voir avec le fait que Delores lui ait échappé. Virgil avait compris depuis longtemps que Bud était ce genre d'homme, comme le frère cadet de son père, l'oncle Russell. Virgil n'avait pas souvent vu son oncle, la dernière fois remontant à la longue journée de funérailles de sa grand-mère. L'oncle Russell était venu de New York avec un ami, un certain Carl, qui l'appelait « Rusty ». Le soir, après la cérémonie, la mise en terre et un dîner à la maison qui s'était achevé par de la tarte et du café, Carl et Rusty avaient repris la route, s'en étaient retournés à New York sans avoir ôté leur costume d'enterrement. Virgil se souvenait de son père disant plus tard, à mots couverts, que « les femmes n'étaient ni la faiblesse ni la passion » de son petit frère. Bud Boling avait maintes faiblesses et quelques passions mais, à l'image de l'oncle Russell, les femmes n'en faisaient pas partie. « Alors, dit Virgil. Comment va la vie ?

– La routine, la routine, répondit Bud. Je suis ici depuis trois mois, et avant ça j'étais plus au nord, vers Sacramento. Tu sais que c'est la capitale de l'État. J'ai acheté une Buick d'occase et je suis descendu. C'est une jolie ville. Une ville de marins. Tous les chauffeurs de taxi te racontent qu'ils étaient à Pearl Harbor.

– Tu bosses ?

– Uniquement si on m'y force.

– Je sais que je me répète chaque année, mais il y a de la place pour toi au magasin. En fait, j'aurais même bien besoin de toi.

– Les affaires marchent pour toi, hein ?

– J'ai tellement de commandes que je travaille six jours sur sept.

– Quel enfer.

– Bud, je suis sérieux. Si tu venais bosser avec moi, tu serais tranquille pour des années.

– Je suis déjà tranquille pour des années.

– Je te paierais plus que ce que tu vaux.

– Je vaux pas un clou rouillé, Virgin. Et tu le sais. »

Virgil éclata de rire. « Dans ce cas, passe juste nous rendre visite. Cet été. Saute dans ta Buick et viens pêcher.

– C'est quelque chose, la pêche, pour vous les gars de la campagne.

– Ça me ferait plaisir de te voir, Bud. À Del aussi. Et Davey serait fou de joie de te rencontrer.

– Peut-être l'année prochaine.

– Tu dis ça tous les ans. » Virgil s'entêtait. « Viens nous voir, Bud. On ira à la messe de minuit. On priera pour tous les copains.

– J'ai déjà prié pour tous les copains pour qui je voulais prier.

– Allez. L'année prochaine ça fera dix ans.

– Dix ans ? » Bud laissa passer des craquements de friture sur la ligne. « Dix ans pour *qui* ? Dix ans pour *quoi* ? »

Virgil se sentit bête.

Bob Clay avait été tué en Normandie le jour où Ernie, blessé à la cuisse droite, s'était vidé de son sang. Personne ne s'était rendu compte que l'artère avait été touchée parce que la flaque de sang ne grandissait pas, elle était absorbée par le sol humide. Personne n'avait rien vu. On n'y avait pas prêté toute l'attention requise car les Allemands les visaient depuis l'autre côté d'une épaisse haie du bocage français. Les obus de mortier tirés par l'ennemi invisible avaient cloué l'unité au sol pendant près d'une heure. Bud et Virgil faisaient partie de deux escouades chargées de leur ouvrir un passage dans les racines et les arbres – ce qui n'aurait pas été possible sans grenades. Ils avaient encerclé la position allemande et les avaient tous tués, mais à quel prix. Le caporal Emery, chef de l'escouade de Bud, avait été coupé en deux par une rafale de mitrailleuse. Virgil n'avait pas réussi à secourir le sergent Castle, touché à la poitrine par trois balles qui lui avaient brisé la colonne vertébrale. La blessure à la tête de Burke avait été fatale et Corcoran avait perdu un bras, tranché net à l'épaule, et avait été ramené à un poste de secours. Personne ne savait s'il s'en était tiré.

Une semaine plus tard, un Johnny Boy disparut, l'autre craqua, et, petit à petit, des membres de l'unité perdirent les pédales comme les soldats perdent les pédales. Pendant cinquante-huit jours, entre le 7 juin et le début du mois d'août, quand l'unité ne se battait pas, elle marchait vers les combats. Bud fut promu caporal et les dents de Virgil commencèrent à pourrir à force de ne manger que des rations de survie.

Le cinquante-neuvième jour, l'unité se reposa dans un camp en France, pourvu de lits avec des couvertures et de douches à peu près tièdes, de repas chauds et de tout le café que les GIs pouvaient supporter. Une grande tente fut convertie en cinéma où l'on projeta des films. Clyde fut transféré aux Renseignements parce qu'il parlait un français correct. Dans le ciel, tous les avions appartenaient soit à la RAF, soit à l'USAAF, et on racontait que les Allemands étaient en déroute, que le pire des combats était passé et que l'on serait rentrés pour Noël. Des réservistes arrivaient qui devaient être formés et entraînés. Bud leur mena la vie dure et Virgil refusa d'apprendre leur nom.

Mi-septembre, la section reçut des armes et de nouveaux uniformes, et embarqua dans des véhicules de transport pour une offensive en Hollande. Quatre camions se carambolèrent dans la nuit noire. Cinq soldats furent tués et trois blessés si gravement qu'ils n'étaient plus bons pour la guerre. Les camions furent réparés et au matin ils repartirent. Trois jours plus tard, l'unité fut surprise par une attaque allemande juste avant l'aube. Le poste de commandement fut pulvérisé et il s'ensuivit une bataille confuse et chaotique où Bud et Virgil affrontèrent l'ennemi au corps à corps. Par chance, trois chars qui se trouvaient dans les parages, des Cromwell anglais, déboulèrent pour contenir la poussée allemande. Une grande partie des nouveaux périrent lors de ce premier affrontement et une foule de choses se produisirent qui n'avaient pas le moindre sens.

Virgil cessa de compter les jours qui précédèrent son retour en France, que Bud et lui passèrent à dormir. Ils se baladèrent autour d'immenses cathédrales et jouèrent au football. Des stars de cinéma vinrent donner des spectacles. Il y avait un bordel pas très loin des baraquements, baptisé Madame Sophia. Tandis que nombre d'officiers partaient trois jours en permission à Paris, Bud, Virgil et les hommes de troupe formaient et entraînaient la bleusaille, même sous la pluie. Chaque soir il y avait un film différent. Puis vint le mois de décembre le plus froid jamais enregistré, et les Allemands firent une percée en Belgique. La section grimpa dans les camions, fut conduite à tombeau ouvert dans la nuit et lâchée sur une route quelque part entre Berlin et Paris. Virgil apprécia l'état d'esprit d'un chauffeur – un gars de couleur – qui lui donna un paquet de Lucky Strike et le confia à la garde de Dieu.

La section progressa sur des routes et dans des champs raides de glace, le long de pistes exhumées de la neige, ployant sous les munitions et le ravitaillement pour elle-même comme pour ceux qui étaient déjà au front, front que Virgil distinguait au loin, semblable aux feux d'artifice du 4 Juillet. Ils se battirent aux côtés des paras qui avaient subi de lourdes pertes, une démonstration de force censée faire croire aux Allemands qu'une division tout entière s'apprêtait à leur tomber dessus. La ruse fonctionna. Mais des vies furent prises.

Ils essuyèrent des tirs d'artillerie dans les forêts belges qui désintégrèrent, vaporisèrent plusieurs gars. Puis Virgil, Bud et la section furent renvoyés dans l'autre sens, *via* Bastogne. Ils passèrent devant des soldats morts disposés en un tas bien ordonné juste devant l'église, des chars hors d'usage aux chenilles brisées, et un couple de vaches qui ruminaient les réserves de paille d'un fermier. L'homme semblait aussi indifférent que ses bêtes aux Allemands, qui tentaient de reprendre le port d'Anvers, ou au bazar ambiant. Le froid les transperçait jusqu'aux os. Impossible d'y échapper. Quelques membres de la section y restèrent. Le manque de sommeil était tel qu'il en rendit certains fous, il fallut les renvoyer à Bastogne. On espérait qu'ils y retrouvent leurs esprits et puissent rejoindre le froid et le front.

Un petit nouveau – Machin Truc Jr. – était de garde. Virgil était dans le trou, sous le toit de branchages, allongé sur le tapis d'aiguilles de pin, emmitouflé dans une maigre couverture de GI. Le sommeil était une vaste blague. Il avait encore quelques bonbons aux fruits dans un rouleau et s'en jeta deux dans la bouche. Quant au dernier, Virgil quitta le sol gelé du trou pour le fourrer dans la paume du nouveau.

« Joyeux Noël, grommela Virgil.

– Merci, Virgin.

– Junior, tu m'appelles encore une seule fois Virgin et je t'en colle une.

– Tu t'appelles pas Virgin ?

– Pas pour les bleu-bites. »

Le campement se situait à l'extrémité gauche d'un bois, à deux arbres du sommet d'un tertre, d'où la vue portait, le jour, sur le champ désolé d'un paysan belge et, juste derrière, une série de maisons bordant une étroite route qui se perdait au nord-est. La nuit, il n'y avait que le néant. Les Allemands étaient censément quelque part en contrebas. Le reste de la section attendait dans d'autres trous et abris, à quelque distance sur la droite. Ils formaient, en théorie, la principale ligne de défense. En réalité, la notion de ligne de défense était aussi risible que l'idée de sieste. Cette ligne était si mince qu'elle n'avait pas de poste d'écoute en avant des arbres. Et à l'arrière, l'artillerie manquait. Les gros calibres seraient bientôt à cours de munitions. Il n'y avait pas de cuisine et donc pas de nourriture chaude avant des kilomètres.

Ce trou était le septième que Virgil avait bêché dans le sol gelé et recouvert de branchages depuis qu'ils avaient traversé Bastogne. Il en avait sa claque. Bouger vers une autre position signifierait se coltiner les armes et le matériel, les trimbaler on ne savait combien de temps ni jusqu'où, creuser un nouveau trou et construire un nouvel abri, se coller une suée qui, par ces températures, vous gelait l'uniforme sur le dos. Les engelures avaient emporté davantage d'hommes que le feu ennemi. Certains avaient réussi à se barrer avant l'encerclement.

Les autres avaient déjà perdu des orteils ou des doigts, quand ce n'était pas un pied ou une main.

Virgil ne voulait pas faire partie de ces gars-là. Les deux chaussettes qu'il avait en rab étaient en permanence nouées ensemble et glissées derrière son cou sous son uniforme de façon à pendre sous les aisselles. Sa chaleur corporelle, ou ce qu'il en restait, les séchait un petit peu. Il espérait que ces chaussettes à demi sèches lui éviteraient les engelures. Il espérait aussi que Hitler apparaîtrait dans le champ en agitant un mouchoir blanc pour capituler devant le soldat de première classe Virgil Beuell. Mais juste après une petite pipe offerte par Rita Hayworth.

« Un café me ferait pas de mal, murmura Junior.

– Tu sais quoi, répondit Virgil sur le même ton, je vais lancer un bon feu et nous en faire deux bonnes tasses. J'ai aussi de quoi préparer des gâteaux, on va en faire pour toute la section et aussi ferme ta putain de gueule espèce de putain de connard.

– *Butterfly. Butterfly !* » Un chuchotement vif s'éleva dans le noir sur la gauche du trou, le mot de passe du jour.

« *McQueen !* » répondit Virgil.

Une seconde plus tard, le sergent Bud Boling entrait dans l'abri, chancelant et désarmé. Il avait essayé de dormir pendant la journée, caché dans son trou. À la nuit tombée, il avait rôdé en silence sur la ligne de front, seul, et revenait au matin pour rapporter ce qu'il avait vu au poste de commandement avant de retourner se blottir dans son trou.

« Des Boches. Vingt-cinq. T'es qui, toi ? » Cela s'adressait au nouveau, Junior. Sans attendre de réponse, Bud dit « Rien à foutre » et ordonna : « File-moi ton fusil et va dire au PC qu'une patrouille de renseignement arrive par la gauche. »

Junior écarquilla les yeux. Il n'avait pas encore été exposé au feu. Pendant qu'il s'extirpait du trou, Bud lui répéta : « Patrouille boche sur la gauche. » Et le gamin disparut. Bud prépara la carabine M-1 et glissa des chargeurs supplémentaires dans sa veste.

Virgil souleva la mitrailleuse, trépied compris, et la braqua sur les tranchées à 9 heures. « J'étais juste devant eux, Virgin.

– Ils t'ont vu ?

– Les choucroutes me voient jamais. » Les hommes chuchotaient avec la confiance des soldats aguerris qu'ils étaient, et non comme les gosses de vingt-deux ans qu'ils étaient également.

Dans l'obscurité, des pas fendirent la couche de glace. « Allume-les », souffla Bud.

Le première classe Virgil Beuell pressa la détente et sa mitrailleuse cracha le feu sur une colonne de soldats ennemis à moins de trois mètres devant. Les flammes du canon et les balles traçantes illuminèrent les corps et les troncs d'arbre pendant que les autres Américains se jetaient sur leurs armes. Un combat furieux embrasa les bois et la mince ligne de défense se changea en muraille impénétrable. Dans un éclair aussi net que le flash d'un photographe au premier rang d'un combat de boxe, Virgil vit le casque d'un soldat ennemi exploser en fine brume rouge et gros morceaux dégoulinants. Les Allemands se déployèrent rapidement et distribuèrent la mort à leur tour. Bud se haussa juste assez pour viser et tirer un chargeur entier sur leurs assaillants – une série de huit *BLAM* –, répartissant ses balles avec une précision géométrique jusqu'à ce que le *cling* du chargeur vide sautant hors de son logement lui indique qu'il était à sec. Bud rechargea sans réfléchir, et il se redressait lorsqu'un corps traversa les branches du toit et vint s'écraser dans l'abri.

L'Allemand tirait dans sa chute et toucha Virgil au genou sans que celui-ci sente rien. Une autre balle, et les doigts de sa main droite lui lancèrent comme après une piqûre de frelon.

« Dégage ! » hurla Bud en envoyant la crosse de sa M-1 dans la mâchoire de l'Allemand. Puis il cria « Enculé ! » et lui mit deux autres coups. Quelqu'un lança des fusées éclairantes qui jetèrent une lumière crue sur les bois et Bud vit qu'il avait cassé le nez et fracassé la mâchoire de l'Allemand qui gisait immobile, les yeux vitreux. Il retourna sa carabine, en braqua la gueule sur le bouton central de la veste du soldat, et tira deux balles à bout portant pour l'achever. « Un enfoiré de moins », dit-il au soldat mort.

La petite force de réserve américaine avançait à présent ; pour l'ennemi, cette mission de reconnaissance virait au désastre. Les Allemands qui battaient en retraite étaient poursuivis. Virgil cessa le feu et cassait son arme pour se joindre au mouvement quand il s'aperçut qu'il y avait un problème. Sa main était poisseuse et sa jambe insensible.

« Ma jambe s'est endormie ! » cria-t-il. Il essaya de se relever et tomba en arrière sur l'Allemand sans visage et sans vie. Il essaya encore, mais sa jambe gauche se plia dans le mauvais sens et Virgil n'y comprenait plus rien. Heureusement, Bud Boling était là pour l'aider. Mais au lieu de le remettre debout, Bud s'accroupit, hissa Virgil sur ses épaules et le souleva.

Et voilà le dernier souvenir de Virgil en ce soir de Noël 1944. Quelque part entre la tranchée et le poste de secours à l'arrière, il avait sombré dans l'inconscience.

———

Virgil se sentait *sacrément* bête.

L'année prochaine, on fêterait les dix ans du jour où la guerre avait pris fin, mais uniquement pour le première classe Beuell. Il s'était réveillé dans un poste de secours à Bastogne, après que les chars américains étaient arrivés pour écraser la progression allemande. Quelques jours plus tard, il se réveillait dans un hôpital de campagne en France. Des semaines plus tard, il était un blessé parmi les milliers qu'hébergeaient les hôpitaux anglais. Lorsque l'Allemagne capitula et que la guerre s'acheva en Europe, Virgil commença à se rendre compte de sa chance. Sa jambe avait disparu, amputée au-dessus du genou, et trois doigts de sa main gauche étaient réduits à des moignons, si bien pansés qu'on aurait cru qu'il portait un gant de base-ball en gaze. Mais il avait encore deux pouces, une jambe valide, sa vue et sa virilité. Comparé à tant d'autres gars dans ces hôpitaux et sur le bateau du retour, Virgin avait l'impression d'avoir gagné au loto. Il aurait seulement aimé retrouver son alliance, perdue dans ce bois belge.

Amos Boling, « Bud », resta en Allemagne jusqu'à la fin de son engagement, à savoir six mois après la fin de la guerre. Tandis qu'on soignait les blessures de Virgil et les infections qui allaient avec, Bud attaquait la ligne Siegfried et traversait l'Allemagne nazie dans le sang jusqu'au cou. Puis il franchit le Rhin et ensuite l'Elbe, et mit le cap au sud vers des poches de territoire ennemi qui n'avaient vu aucun signe de la guerre depuis les cinq années et demie où elle faisait rage autour de Bud.

Il n'avait jamais été blessé mais en avait vu trop d'autres qui l'avaient été, et trop de morts. Il avait aussi tué nombre d'hommes et de gamins. Il avait pris la vie de soldats allemands qui auraient voulu se rendre et survivre mais avaient, au lieu de cela, croisé le regard sans pitié du sergent Bud Boling. Il avait abattu de sa main dix-huit officiers, parfois deux ou trois en même temps, à l'écart des routes et sous le couvert des arbres, derrière les murs d'une ferme ou au milieu d'un champ. Avec son arme de poing calibre .45, Bud arrachait à la guerre une justice qui n'avait de sens que pour lui. Il tua son dernier Allemand en août 1945. Il avait eu vent d'un ancien fonctionnaire du parti nazi qui avait pris le nom de Wolfe. Il le trouva dans une file de réfugiés espérant regagner leur ville dans l'une ou l'autre région de ce qui avait été le Troisième Reich. Quand Wolfe montra ses papiers, Bud ordonna qu'on le sorte de la file. Derrière un muret de brique, Bud dégaina son arme, tira une balle dans le cou de Wolfe et resta calmement campé devant l'ancien dignitaire nazi qui se débattait pendant que la vie le fuyait. Bud Boling ne parla jamais de tout cela. De même qu'il ne parla jamais des camps qu'il avait vus. Virgil ne sut jamais les détails. Mais il se douta. Il vit le vide, le changement chez son ami.

« Tu penses rester combien de temps à San Diego, Bud ?

– Une semaine, ou bien un an. J'irai peut-être à Los Angeles pour le Nouvel An, histoire de voir le grand défilé.

– La parade des roses ?

– Ouais. Paraît que c'est superbe. Je te demanderais bien où tu vas, toi, mais je sais déjà. Au magasin, six jours par semaine.

– J'aime mon travail, Bud. Je crois pas que je serais capable de vadrouiller comme toi.

– Je préfère encore pointer une arme que pointer à l'usine, Virgin. »

Les deux hommes rirent.

« Joyeux Noël. Et tu seras le bienvenu si tu viens vadrouiller par chez nous.

– C'est toujours bon de parler avec toi, Virgin. Je suis content de savoir que tu es heureux. Tu le mérites.

– Merci, Bud.

– Bientôt 1954. C'est fou, non ? Et toi tu as Del, Davey, Jill et, euh, Connie ? J'ai bon sur le nom de la nouvelle ?

– Connie, c'est ça.

– Virgin père de trois enfants. Sur le plan biologique, je pige, mais la réalité c'est un putain de mystère… »

Virgil et Bud échangèrent des vœux de bonne année, répétèrent leur au revoir et raccrochèrent. Ils se reparleraient dans un an.

En silence, Virgil regarda le feu jusqu'à 1 heure du matin. Puis il quitta le Fauteuil de Papa et couvrit les flammes afin que Davey ait des braises pour faire prendre la bûche du lendemain. Il trouva la prise de la guirlande lumineuse et la débrancha d'un coup sec au moyen du pouce, de l'index et des moignons de sa main gauche. Manquant d'oublier, il s'arrêta devant l'assiette de cookies du Père Noël et en mangea trois. Après hésitation, il croqua dans le quatrième, le remit dans l'assiette, et but quelques gorgées de lait tiède.

Dans le noir, il tâtonna jusqu'à l'escalier et grimpa une marche à la fois, sa chaussure gauche rejoignant son pied droit. Il jeta un œil aux deux enfants endormis et à Connie dans son berceau près du lit, du côté de Del. Sa femme lui préparait toujours son pyjama, qu'il enfila après avoir enlevé son pantalon, défait les sangles et boucles de sa jambe artificielle et remisé l'objet près de la chaise.

D'un petit saut malaisé, il se mit au lit. Comme chaque soir, il trouva les lèvres de Del et les embrassa doucement, ce qui la fit ronronner dans son sommeil. Virgil rabattit sur lui le drap, les deux lourdes couvertures et l'épaisse courtepointe. Au terme de cette longue journée, il posa la tête sur l'oreiller et, enfin, ferma les yeux.

Comme chaque soir ou presque, il vit comme dans un éclair l'image du casque d'un soldat qui explosait en fine brume rouge. Il vit les gros morceaux dégoulinants de ce qui avait été la tête de l'homme un instant avant. Virgil se força à penser à autre chose, n'importe quoi d'autre. Il chercha une image dans son esprit et se fixa sur une vision de Bud Boling en jeune homme, vingt-deux ans, sous le chaud soleil d'une rue californienne, au milieu d'une foule de gens qui souriaient et acclamaient un défilé de chars couverts de roses.

Bamboche dans la Ville Lumière

Portez... quoi déjà ? ce vieux whisky au juge blond qui fume ?

Eh mais oui, ça marche !

Qu'est-ce qui s'est passé ? Qui suis-je aujourd'hui ? Toujours Rory Thorpe, enfin je crois, mais c'est qui ?

La nuit dernière – il y a tout juste quelques heures –, j'étais le type qui joue dans un gros film dont tout le monde parle, le type qui roulait des pelles à une femme sublime, un type avec un joli cul. Dans les capitales européennes – et américaines –, on me trimbalait comme un politicien, dans des voitures et des salles de bal remplies de journalistes armés de caméras qui me beuglaient des questions. J'ai salué des flots de gens, et la plupart m'ont salué aussi, même si personne ne savait qui je suis, même si, en fait, je ne suis personne. Et pourtant, j'ai en ma possession... certains documents... qui révèlent le NOM DE CODE TOP SECRET de Willa Sax (c'est « Eleanor Flintstone » !).

J'en étais au deuxième jour de ma conquête de Paris, il m'en restait un, et ce troisième jour s'annonçait SPECTACULAIRE ! Toutes mes dépenses étaient payées. J'étais habillé à l'œil. Je pouvais demander un sandwich quand je voulais, même si on me filait tellement de boulot que je n'avais pas le temps d'avaler grand-chose.

Mais ce matin, tout ça, c'est fini. Je dois débarrasser ma chambre. Dommage. J'aime bien cet hôtel. Les nazis l'ont occupé un moment.

Un truc à savoir si vous voyagez en Europe : prenez des hôtels qui ont un passé nazi. À Rome, c'était l'ancien quartier général de la Gestapo. Grandes chambres. Hauts plafonds. Beau jardin. À Berlin, l'hôtel avait été rasé quand les Russes avaient savaté les nazis qui s'y planquaient. Pour bien faire comprendre que c'étaient eux qui avaient gagné, les Russkofs ne s'étaient jamais embêtés à le reconstruire, ni lui ni le reste de ce coin de Berlin-Est. Quand le Mur a été abattu, ceux de l'hôtel ont été remontés et aujourd'hui il y a une salle prévue exprès pour fumer le cigare. Quant à mon vénérable hôtel londonien, il a été bombardé par la Luftwaffe à un moment entre le triomphe nazi de Rome et la rouste que les cocos leur ont collée quelques années plus tard. La reine y a dîné deux fois depuis 1973.

Et pour finir, cet hôtel parisien a servi de QG à l'armée d'occupation allemande. Il paraît que Hitler a bu le café sur un des balcons avant de sortir se promener en voiture dans sa Ville Lumière conquise.

Et tout ça, pour moi, c'était aux frais de la princesse, tout comme les hôtels à Los Angeles, Chicago et New York, tout payé par le studio parce que je suis « Caleb Jackson » dans *Cassandra Rampart 3 : Destiny*. (Cassandra Rampart jouée par Willa Sax, c'est-à-dire "Eleanor Flintstone" !)

Le jour 3 de ma bamboche – pardon, de ma tournée promo – aurait dû être une nouvelle cavalcade. Au lieu de ça, je dois boucler ma valise et partir avant 1 heure – pardon, ici on dit 13 heures...

À : RORY THORPE
CC : IRENE BURTON, etc.
DE : ANNETTE LABOUD
OBJET : PLANNING PRESSE PARIS

Bienvenue à Paris !

Nous savons que vous êtes sûrement épuisé, mais nous voulions vous dire à quel point nous sommes heureux de travailler sur la sortie française de CASSANDRA RAMPART 3 : DESTINY. Nos collègues de Rome, Berlin et Londres nous ont raconté que le film a reçu un accueil formidable, grâce à vous ! Les chiffres sont solides, seulement 3 points en dessous de CASSANDRA RAMPART 2 : AGENT OF CHANGE et seulement 10 en dessous de CASSANDRA RAMPART : THE BEGINNING. Pour un troisième volet, c'est excellent ! Le public semble bien réagir à la tension sexuelle entre Cassandra et Caleb.

Nous sommes persuadés que la France est un bon territoire pour le film, et l'univers Cassandra Rampart est extrêmement suivi sur tous les réseaux sociaux.

Comme Irene Burton et le service Marketing vous l'ont expliqué, en France il est interdit de faire de la publicité pour un film à la télé – c'est pourquoi vous remarquerez peut-être que les interviews filmées seront plus nombreuses durant votre séjour chez nous. Ces interviews sont très importantes pour le marché français. Vu vos performances pendant votre tournée américaine et à Rome / Berlin / Londres, nous sommes convaincus que vous êtes chaud !

Alors amusez-vous bien !

Vous trouverez ci-dessous le planning des trois prochains jours. (Programme distinct pour Eleanor Flintstone.)

JOUR 1

01 h 10 (env.) – Arrivée à l'aéroport Charles-de-Gaulle depuis Londres – Transport jusqu'à l'hôtel.
07 h 10 : Préparation (chambre 4114).
07 h 40-8 h 00 : Direct dans « ¡Nosotros Cacahuates ! » C'est la matinale pour adolescents la plus regardée en Espagne avec une forte présence en ligne (4,1 millions de vues). Ils viennent à Paris spécialement pour CR3.
08 h 05 : Descente à l'Espace Presse (2e étage).
08 h 15-8 h 45 : Table ronde Presse papier n° 1 (env. 16 supports. Liste sur demande)
08 h 50-9 h 20 : Table ronde Presse papier n° 2 (env. 16 supports. Liste sur demande)
09 h 25-9 h 55 : Table ronde Presse papier n° 3 (env. 16 supports. Liste sur demande)
10 h 00-10 h 30 : Table ronde Presse papier n° 4 (env. 16 supports. Liste sur demande)
10 h 35-11 h 05 : Table ronde Presse papier n° 5 (env. 16 supports. Liste sur demande)
11 h 10-11 h 40 : Table ronde Presse papier n° 6 (env. 16 supports. Liste sur demande)
11 h 45-11 h 50 : Session SnapChat (pour les US)
PAUSE
12 h 00-13 h 00 : Mini-interviews avec des influenceurs (3 à 5 min. chacune). Ils ont au moins 1,5 million d'abonnés

sur les réseaux sociaux. Chacun aura une demande précise pour le contenu qu'il postera. Certaines itw seront très rapides ; les autres seront limitées à 5 minutes.

13 h 05-14 h 00 : Shooting photo sur le toit de l'hôtel. (Note : Eleanor Flintstone vous rejoindra pour les dix dernières minutes.)

14 h 05-14 h 45 : Déjeuner/ Interview avec PARIS MATCH. (Note : Un photographe sera présent.)

14 h 50-15 h 00 : Interview radio avec TSR-1

15 h 05-15 h 15 : Interview radio avec RTF-3

15 h 20-15 h 30 : Interview radio avec FRT-2

15 h 40-16 h 00 : Café informel avec des médias sociaux sélectionnés (env. 20) ayant au moins 3,5 millions d'abonnés. (Liste sur demande)

16 h 05-16 h 10 : Retouches maquillage.

16 h 15-16 h 45 : Direct en duplex depuis le balcon pour la télévision belge « PM TODAY ». (Note : Eleanor Flintstone vous rejoindra à 16 h 30.)

17 h 00 : Trajet en voiture jusqu'au Studio du Roi pour tournage publicité Air France. Ce spot sera diffusé sur tous les vols Air France internationaux pour soutenir la sortie de CR3. Le tournage durera 3 heures env.

20 h 00 (env.) : Trajet en voiture jusqu'au restaurant Le Chat. Le dîner sera organisé par l'UPIC. (Note : Un photographe sera présent.)

Après le dîner, vous pouvez rester ou rentrer à l'hôtel.

Rory Thorpe remercia le ciel de lui avoir donné Irene Burton, un ciel qui n'était pas avare de bienfaits depuis deux ans. Il avait tourné avec Willa Sax en personne

– Cassandra Rampart, s'il vous plaît ! Il avait un compte en banque rempli pour la première fois de sa vie ! Et pour couronner le tout, on lui offrait un voyage en Europe ! Tout ce qu'il avait à faire, c'était répondre à quelques interviews ! Face à tant d'enthousiasme, Irene Burton se marrait doucement.

Irene avait soixante-six ans, elle avait travaillé au marketing des six plus grands studios cinématographiques et jouissait aujourd'hui d'une semi-retraite dans sa maison sur la plage à Oxnard – assez loin d'Hollywood pour s'épargner le stress quotidien du show-business, mais assez près pour débouler dès qu'on avait besoin d'elle pour désamorcer un bad buzz. Huit ans auparavant, elle avait escorté une belle, jeune et talentueuse actrice pendant la tournée promotionnelle d'une daube intitulée *Dementia 40*, qui avait fait un flop mais était devenue culte car elle avait présenté au public la belle, jeune et talentueuse Willa Sax. Pendant quelques années, la presse l'avait appelée *Willa Sex* – un surnom qui lui allait bien –, mais aujourd'hui Willa était Cassandra Rampart, une industrie unipersonnelle qui comprenait une ligne de vêtements de sport, un foyer pour animaux abandonnés et une fondation au profit de l'alphabétisation dans les pays du tiers-monde. Les deux premiers *Cassandra Rampart* avaient rapporté 1,75 milliard de dollars à l'international. Willa Sax ne suscitait pas seulement des cachets de 21 millions par film (plus les avantages), elle suscitait le respect.

« Irene, lui dit Willa au bout de la ligne. J'ai besoin d'aide.

– Qu'est-ce qui se passe, mon chat ? » Irene appelait tous ses jeunes acteurs « mon chat ».

« Rory Thorpe est bête à manger du foin.

– C'est qui, Rory Thorpe ?

– Le mec dans mon dernier film. Je viens de voir son EPK. » Un kit de presse électronique, ou EPK, est une interview préenregistrée et distribuée à la presse pour promouvoir un film. « Il commence presque toutes ses réponses par "Ben, euh. En fait, vous voyez…" La tournée arrive bientôt et je peux pas faire le tour du monde avec Débilos Ier comme partenaire. Il a besoin d'apprendre ce qu'il faut pas faire.

– Je m'en charge. »

Et Irene s'en chargea. Elle emmena Rory faire du shopping chez Fred Segal et Tom Ford – des tenues décontractées pour les interviews et des smokings pour les galas de premières. Cadeau. Elle l'emmena acheter des malles et des valises chez T. Anthony – payées par le studio, avec une ristourne confortable –, de façon à lui permettre de changer de tenue en un instant. Il serait photographié avec une des plus belles femmes du monde et devrait avoir l'air de le mériter. Comme il allait répondre mille fois aux mêmes questions, elle lui enfonça dans le crâne les éléments de langage fournis par le studio : *CR3 est le film le plus captivant & le plus approfondi de l'univers C Rampart, parce que ce n'est pas seulement une héroïne de notre époque, c'est* ***une femme qui restera dans les annales****. Merci de dire* ***une femme qui restera dans les annales*** *chaque fois que vous décrirez Cassandra.*

Irene était experte dans l'art de garder son rire pour elle quand ses clients disaient des choses très stupides ou naïves – dans le cas de Rory, sa croyance que son tout premier voyage en Europe allait être gratuit.

« Oh, mon chat, lui dit-elle. Ça va être un calvaire. »

La promo débutait à Los Angeles : trois jours bourrés d'interviews, de séances photo, de vidéoconférences, de questions-réponses, de rencontres avec les fans, et d'un maximum de passages dans des talk-shows, exigeant chacun une heure de pré-interview avec les producteurs de la séquence. Irene veilla à ce que Rory soit bien nippé, bien coiffé et bien au courant des conneries à éviter. Ensuite il y eut le voyage à San Diego pour la Comic-Con Convention. Willa Sax avait besoin d'une escouade de gardes du corps pour repousser ses fans, souvent déguisés en Cassandra, l'ancienne espionne aux puces informatiques implantées dans le cerveau, à la force augmentée artificiellement, qui pouvait communiquer subconsciemment avec les Sept, des extraterrestres qui vivaient parmi nous et pouvaient être gentils, ou bien méchants, et qui etc., etc., etc., vous avez l'idée. À la Comic-Con il y avait beaucoup de costumes des Sept. Personne n'était en « Caleb Jackson, surfeur pro et surdoué de l'informatique », car personne n'avait encore vu le film. Les fans semblaient avoir hâte de visionner un extrait de vingt minutes et en firent un des *trending topics* du jour sur Twitter comme sur Poppit !

Deux jours plus tard, à Chicago, l'extrait fut diffusé sur le campus de la Northwestern University, l'*alma mater* de Willa Sax. Son ancienne résidence universitaire fut rebaptisée en son honneur. Irene cornaqua Rory pendant deux journées d'interviews, un défilé, un match de volley-ball caritatif, l'engagement d'un match de hockey des Blackhawks, et une projection du film au profit de l'alphabétisation en Afrique qui eut lieu dans le cinéma où le gangster John Dillinger avait été abattu.

À New York, la promo dura quatre jours et démarra par une conférence de presse dans la salle de bal du

Waldorf Astoria, devant cent cinquante-deux supports médiatiques. Rory reçut sa première question alors que Willa avait déjà parlé une demi-heure, principalement des défis posés par le nouveau procédé numérique FLIT-cam et le nouveau système SPFX nommé DIGI-MAX. C'est qu'elle était aussi productrice du film, ayant acquis les droits d'adaptation du roman graphique *Cassandra Rampart* en 2007 pour 10 000 petits dollars.

Elle esquiva en riant les questions sur son mari, ses investissements habiles et ses supposées prouesses au lit. « Vous plaisantez ? protesta Willa. Bobby est banquier ! » Son mari, Bobby, pesait 1,2 milliard de dollars. Willa dit à la presse que c'était un homme comme les autres à qui il fallait rappeler de sortir les poubelles.

Suite à quoi on demanda à Rory : « Qu'est-ce que ça fait à un homme comme vous d'embrasser la plus belle femme du monde ?

– C'est un baiser qui restera dans les annales », répondit-il. Irene sourit, elle savait qu'elle avait bien travaillé. Dans la salle bondée, le silence se fit, seulement brisé par le crépitement des appareils photo. À l'issue de la conférence de presse, on emmena rapidement Willa pendant que la meute lui criait de nouvelles questions. Irene escorta Rory dans une salle plus petite où étaient disséminées quantité de petites tables rondes, toutes cernées de journalistes et de micros. Rory passa vingt minutes à chaque table, l'une après l'autre, sans répit, à répondre à des variations autour des trois mêmes questions.

Qu'est-ce que ça fait de travailler avec Willa Sax ?
Qu'est-ce que ça fait d'embrasser Willa Sax ?
C'est vraiment vos fesses qu'on voit dans la scène de la tempête ?

Irene l'emmena à l'Espace Presse du septième étage, où il enchaîna cinquante-sept interviews télévisées, d'un maximum de six minutes chacune, toutes dans la même pièce, pour lesquelles il resta assis dans le même fauteuil avec l'affiche du film dans le dos. Sur l'affiche, Willa regardait dans l'espace, un air de concentration féroce sur son beau visage, le torse ceint d'un pull moulant déchiré pour révéler son épaule et l'arrondi de son sein gauche. Derrière elle, une mosaïque d'images – une explosion, des silhouettes courant dans un tunnel, une lame de fond prête à se briser, et Rory avec un casque sur les oreilles qui fixait un écran, sérieux comme un pape. WILLA SAX REVIENT DANS LE RÔLE DE CASSANDRA RAMPART était imprimé en grosses lettres. Le nom de Rory se retrouvait avec le reste de la distribution dans le bloc au pied de l'affiche, pas plus gros que celui du monteur. Irene le ravitaillait en thé vert, barres protéinées et ramequins de myrtilles.

Toute la semaine, la matinale de CBS fit la retape du film. Chaque matin, à 7 h 40 et 8 h 10, Rory présentait la météo nationale devant un écran vert. Willa Sax coanimait *Live With Kelly* avec Kelly Ripa. Les deux femmes firent du Pilates à l'antenne.

La première du film devait se tenir sur une des jetées de l'Hudson – des gradins avaient été construits pour accueillir cinq mille personnes –, mais l'annonce d'un orage y mit le holà. À la place, des salles de cinéma furent réservées dans toute la ville pour des projections numériques simultanées. Rory et Irene furent trimbalés de l'une à l'autre en 4 × 4 – soit vingt-neuf apparitions en tout. Willa Sax n'assista qu'à la projection caritative organisée au Muséum d'histoire naturelle en soutien au programme Jeunes Scientifiques du musée.

Au terme de ces neuf jours de promotion, Rory était épuisé, physiquement comme vocalement ; il n'avait guère vu que des voitures, des chambres et des caméras. Pire encore, on lui avait posé plus de quatre cents fois les mêmes questions.

Qu'est-ce que ça fait de travailler avec Willa Sax ?
Qu'est-ce que ça fait d'embrasser Willa Sax ?
C'est vraiment vos fesses dans la scène de la tempête ?

Maintenant, pour Rory, travailler avec Willa Sax, c'était comme manger un sandwich au beurre de cacahouètes sur une moto, embrasser Willa Sax, c'était Noël en juillet, et les fesses dans la tempête étaient celles d'un cheval parlant nommé Britches.

« Bienvenue en première division, mon chat, lui dit Irene. Demain, Rome. »

Willa Sax s'envola pour l'Italie dans un avion privé avec son équipe, son entourage et ses bagagistes. L'avion du studio achemina les cinq autres producteurs, tous les cadres et la direction marketing. Faute de place pour Rory et Irene, ils prirent une « business » sur TraxJet Airways, avec escale à Francfort.

Il y eut trois jours de promo à Rome, tout aussi trépidants qu'aux États-Unis. Le dernier soir, l'extrait fut diffusé à l'extérieur du Circo Máximo, où se déroulaient jadis les courses de char. Rory, lui, trouvait que ça ressemblait juste à un grand champ. Pour la projection, on utilisa un gigantesque écran gonflable, mais avant cela une équipe de football du coin vint présenter le trophée qu'elle avait remporté dans un championnat quelconque.

On estimait l'assistance à vingt et un mille personnes. Lorsque Rory apparut sur scène pour saluer, rien ne se passa. Lorsque Willa apparut, en revanche, des bagarres éclatèrent à cause d'un tsunami de fans en maillot de foot qui se ruèrent sur les barrières pour l'approcher. Pendant que les *carabinieri* leur rentraient dans le lard, Willa était évacuée dans une voiture blindée et conduite à l'aéroport pied au plancher. Le lendemain matin, Rory et Irene embarquèrent sur un vol commercial – Air Flugplatz – à destination de Berlin, où les attendaient trois nouvelles journées de promo.

À Berlin, souffrant du décalage horaire, Rory débordait d'une telle énergie à 3 heures du matin qu'il sortit courir. Il passa les portes de l'hôtel sous le regard indifférent des dizaines de fans enamourés qui patienteraient toute la nuit et continueraient au matin, dans l'espoir d'apercevoir Cassandra Rampart. Il trottina le long des chemins enténébrés du Tiergarten, s'arrêtant pour faire des pompes sur les marches d'un monument en l'honneur de l'Armée rouge qui avait rasé Berlin en 1945. À midi le lendemain, la fatigue l'avait changé en somnambule. Et c'est en somnambule qu'il raconta à toute la rédaction de *Bild*, le quotidien national, que, de son point de vue de fan comme de partenaire de Willa Sex à l'écran (oui, il dit « Sex » et non « Sax »), il trouvait que « *Sandra Caspart* était le film le plus factivant et approfondiste du monde, parce que Willa Sex est une héroïne de notre époque, et *une femme qui reste banale* ». Puis ce fut l'heure des questions.

Qu'est-ce que ça fait de travailler avec Willa Sex ?
Qu'est-ce que ça fait d'embrasser Willa Sex ?
C'est vraiment vos fesses dans la scène de la tempête ?

« Évite de l'appeler Willa Sex, lui demanda Irene dans la voiture qui les ramenait à l'hôtel.

– Quand est-ce que j'ai fait ça ?

– À l'instant. Devant le plus grand journal du pays.

– Désolé, dit Rory. Je ne sais plus trop ce qui sort de ma bouche. »

Le soir, l'extrait fut projeté sur la porte de Brandebourg devant cinq mille fans. Lorsque Willa apparut au balcon de l'hôtel pour les saluer, elle fut déçue qu'il n'y ait pas de bagarres.

« Apparemment, ce soir, je ne suis pas Willa *Sex* », dit-elle ensuite au dîner de gala, organisé dans le musée où est exposé le buste de Néfertiti.

Quand Rory et Irene atterrirent à Londres (CompuAir, arrivée à Gatwick), la tournée promo internationale avait fait de Rory un moulin à inepties.

JOUR 2

7 h 30 : Préparation dans la chambre.

8 h 00 : Transport en voiture jusqu'à la gare de l'Est.

8 h 10-9 h 00 : Interviews sur le tapis rouge avant de monter dans le CASSANDRA EXPRESS.

9 h 05-13 h 00 : Voyage en train jusqu'à Aix-en-Provence. Pendant le trajet, interviews de 15 minutes dans la Voiture média. Liste des supports sur demande.

13 h 00-14 h 00 : Arrivée au théâtre antique et interviews sur le tapis rouge.

14 h 30-16 h 00 : Théâtre antique. Reconstitution de la scène de la tempête pour la presse. (Note : Diffusion en direct sur la chaîne RAI-Due TV.)

16 h 30 : CASSANDRA EXPRESS. Passage en direct dans l'émission « Midi & Madi » depuis la Voiture panoramique.

17 h 15-21 h 45 : Retour à Paris dans le CASSANDRA EXPRESS. Pendant le trajet, interviews de 15 minutes pour des médias non français dans la Voiture média. Liste des supports sur demande.

22 h 00 : Transport en voiture jusqu'à un cocktail / dîner à l'hôtel Meurice, organisé par Facebook France.

Après le dîner, vous pouvez rester ou rentrer à l'hôtel.

Irene recevra le PLANNING PROVISOIRE ASIE avant l'arrivée à Singapour / Tokyo.

Choper ce rôle avait été un coup de veine, un billet de loterie gagnant. Rory avait plaqué Los Angeles après six mois à faire le mannequin / barman / comédien avec les maigres crédits de sa carte de membre du syndicat des acteurs. Il avait tourné une pub pour un yaourt, où il jouait au football sur une plage. Il avait passé trois jours à courir torse nu sous les nuages de San Diego – Rory était canon torse nu – avec un groupe de « potes » d'origines diverses, après quoi ils dégustaient des yaourts tous ensemble. On leur avait appris à plonger la cuillère dans le mini-pot et à en déposer le contenu dans leur bouche. Il y avait une astuce.

Neuf semaines plus tard, il décrochait un rôle dans un épisode de la nouvelle version de *Kojak* sur CBS. Il y jouait un dealer de crystal meth au crâne rasé et tatoué qui faisait *semblant* d'être un vétéran blessé en Irak, et devait donc *forcément* mourir. Rory trépassa avec style : torse nu (bien entendu), il était propulsé du toit d'un immeuble par son fauteuil roulant trafiqué. Le nouveau Kojak, lui, en réchappait *in extremis*.

N'ayant pour s'occuper qu'un crédit auto à payer et des exercices à la salle de sport, Rory se lassa de la Californie du Sud et partit grâce à l'argent du yaourt et de *Kojak* en Utah pour la saison de ski. Lorsque l'épisode fut enfin diffusé, un des producteurs de *Cassandra* qui se trouvait devant son poste écrivit à Willa Sax : *Je crois que je viens de repérer le nouveau beau gosse de CR.* Quelques jours plus tard, Rory reçut un coup de fil de son agent lui demandant de revenir en ville parce qu'il y avait un truc *énorme* dans les tuyaux, sur le feu, bref que ça chauffait.

Quand Rory rencontra Willa Sax – qui était belle à tomber, d'une beauté surnaturelle –, ce fut autour d'une tasse de thé vert dans l'un de ses bureaux au sein de l'immeuble de Capitol Records, dans Vine Street, à Hollywood. La maison qu'elle partageait avec son banquier de mari était quelque part dans les collines environnantes. Elle n'aurait pu être plus aimable, papota avec Rory d'art et d'élevage de chevaux, deux sujets que Rory maîtrisait mal. Willa embraya donc sur Fidji. Elle s'y était rendue pour les repérages du film. Elle parla à Rory de la beauté du ciel nocturne, de la clarté des eaux et du sourire des habitants, surtout pendant les traditionnelles cérémonies du kava où l'on souhaitait la bienvenue aux visiteurs. Là-bas elle avait appris à surfer. Il y aurait au moins deux semaines de tournage à Fidji.

L'entretien avait duré à peine plus d'une heure, mais avant que Rory n'ait eu le temps d'arriver dans les bouchons sur l'autoroute d'Hollywood, son téléphone était saturé de SMS : *WSaX t'a Adoré ! $$$$*. Deux semaines plus tard il était officiellement Caleb, pour un cachet délirant frôlant le demi-million de dollars, à répartir sur trois films qui pouvaient ou non faire partie de l'univers

Cassandra Rampart. La deuxième fois qu'il rencontra Willa, ce fut au studio pour des essais filmés. Un assistant de production conduisit Rory dans la loge de la star. Quand il monta les marches dans sa combinaison de surf de Caleb Jackson, Willa jaugea son anonyme mais sublime partenaire à l'écran et dit : « Hé, salut beau gosse ! »

Le début du tournage fut reporté de quelques mois, le temps de réécrire le scénario, puis repoussé après le Nouvel An afin que Willa puisse profiter des fêtes avec son mari ; ils passèrent Noël dans un château en Écosse. La première fois que Rory se glissa dans la peau de Caleb Jackson, ce fut fin mars en studio à Budapest. Willa tournait déjà depuis trois mois et avait sa loge maquillage personnelle, ils ne se virent donc pas avant d'arriver sur le plateau. Dans cette scène, ils devaient s'embrasser sous la douche, mais l'eau n'était pas assez chaude pour soulever quelque vapeur que ce soit, obligeant l'équipe effets spéciaux hongroise à installer une machine à fumée dans la cabine. Lorsque Willa arriva en peignoir, ses trois gardes du corps encerclèrent son fauteuil. Elle demanda à Rory si l'hôtel lui convenait, puis lui expliqua que, maintenant qu'elle était mariée, elle n'ouvrait plus la bouche pour les baisers à l'écran.

Durant les sept mois qui suivirent, Rory ne tourna que quelques jours par semaine – à Budapest, Majorque, encore à Budapest, dans un coin de désert marocain, puis à Rio pour une scène où Willa et lui devaient courir dans les rues en plein carnaval, une scène qui demanda quatre jours de préparation pour seize minutes de prise de vue. Rory travailla une semaine seul à Shreveport, en Louisiane, pendant que Willa se reposait avec son mari aux Seychelles. Ils se retrouvèrent pour une nouvelle journée de traversée d'un carnaval au galop, mais cette fois à La Nouvelle-Orléans. Une partie du financement venant d'Allemagne, la loi obligeait à ce qu'une scène se déroule à Düsseldorf. Ils s'enfuirent d'un immeuble et sautèrent dans un taxi – fin du tournage allemand. Après dix jours de raccords à Budapest, il ne restait plus que les scènes de surf. Ils n'allèrent jamais à Fidji. À la place, Rory et Willa se plantèrent devant un fond vert dans un réservoir d'eau à Malte et firent semblant de surfer sur des cardans d'effets spéciaux tandis que des machinistes leur jetaient des seaux d'eau très froide.

JOUR 3

7 h 30 : Préparation dans la chambre.

8 h 00-9 h 00 : Restaurant de l'hôtel. Petit déjeuner avec les gagnants d'un concours. (Note : Eleanor Flintstone vous rejoindra pour le café à 8 h 50.)

9 h 05-12 h 55 : Interviews avec les principales chaînes TV. (12 minutes chacune.)

13 h 00 : Déjeuner dans la chambre. Le menu du room service vous sera fourni.

13 h 20 : Retouches.

13 h 25-16 h 25 : Suite des interviews avec les principales chaînes TV.

PAUSE

16 h 30-16 h 55 : Interview TV « Le Showcase » (présenté par René Ladoux, icône française de la critique ciné).

17 h 00-17 h 30 : Interview TV avec « Petit Shoopi » (Petit Shoopi est une marionnette qui vous demandera de chanter avec elle. Chanson à définir).

17 h 35-18 h 25 : Vous retrouvez Eleanor Flintstone dans la salle de bal pour une interview TV avec Claire Brule pour FTV 1 (l'émission féminine la plus regardée en France).

18 h 30-19 h 00 : Séance photo avec Eleanor Flintstone pour « Le Figaro ».

19 h 05-19 h 55 : Séance photo pour la Société protectrice des animaux. (Note : Il y aura des chats, des chiens, des oiseaux et des reptiles.)

20 h 00 : Transport vers le Défilé.

20 h 30 : Arrivée au jardin des Tuileries.

20 h 30-21 h 00 : Rencontre avec la presse sur le tapis rouge, interviews, photocall.

21 h 05-22 h 00 : Concert d'un chanteur français (nom à venir).

22 h 05-22 h 30 : Commentaires en direct devant le public. (Note : Vous introduirez Eleanor Flintstone. Cf. commentaires suggérés avec Irene.)

22 h 35-22 h 45 : Feu d'artifice.

22 h 50-23 h 00 : Les parachutistes de l'armée française rejouent la descente de Cassandra / Caleb dans le cratère du volcan.

23 h 05 : Démonstration de l'armée de l'air française.

23 h 10-23 h 30 : Dévoilement de l'écran holographique. (Note : L'assistance recevra des lunettes holographiques en arrivant.)

23 h 35-00 h 15 : Showcase d'une pop star française (nom à venir). Eleanor Flintstone est emmenée à l'aéroport. La scène est vidée.

00 h 20 (env.) : Début de la projection.

Vous pouvez rester pour la projection ou rentrer à l'hôtel.

NOTE : DEMAIN VOUS PARTEZ À SINGAPOUR

Les téléphones français ne sonnent pas. Ils font *bêêê-bêêê, bêêê-bêêê, bêêê-bêêê*. À 6 h 22, ça donne l'impression qu'on a un animal de ferme dans la chambre. Rory dut faire taire ce bruit.

« Ouais ? » Le combiné ressemblait à un jouet contre son oreille.

« Changement de programme, mon chat. Tu peux faire la grasse matinée.

– Tu rigoles ? » Rory était encore un peu ensuqué, ayant quitté le bar de l'hôtel cinq petites heures plus tôt.

« Ton schedule n'arrête pas de bouger. Recouche-toi.

– Compte sur moi. » Rory posa le combiné sur son support, se retourna et sombra en une seconde.

Il se réveilla trois heures plus tard et tituba jusqu'au salon de sa suite – qui avait jadis convenu aux nazis et ne déplaisait pas au fils unique de Mme Thorpe. Le programme de son Jour 3 à Paris était sur le bureau à côté de la carte du room service et d'un kit presse de *CASSANDRA RAMPART 3 : DESTINY*. À 9 h 46, Rory aurait dû être en train de donner des interviews TV de 12 minutes chacune, mais ni Irene ni personne d'autre n'était venu le chercher. Demain il embarquerait pour Singapour en « business » sur IndoAirWays, alors il commanda quelques cafés au lait et une corbeille de viennoiseries au room service.

Il n'avait pu passer que très peu de temps dans ses diverses chambres d'hôtel, hormis pour un sommeil éreinté et la préparation, toujours par deux femmes, une pour le maquillage et l'autre pour la coiffure, amenées par Irene pendant que Rory était sous la douche. Seul, en caleçon, sirotant son café au lait, Rory détailla les lieux.

L'hôtel avait récemment été rénové dans un style branché, ce qui aurait fichu un choc aux envahisseurs nazis d'autrefois. La télé était un grand écran noir. La télécommande était longue, mince, lourde, et incompréhensible pour un Américain. Les lampes étaient tactiles – encore fallait-il savoir où appuyer. Sur la table basse carrée, quatre bouteilles d'Orangina, ironiquement disposées à côté de quatre fausses oranges en porcelaine. Comme système son, une platine disque rétro avec une collection d'albums de l'Elvis français, Johnny Hallyday, dont un qui datait des années cinquante. Il n'y avait pas de livres dans la bibliothèque, mais trois machines à écrire anciennes – un clavier russe, un autre français, le dernier américain.

Bêêê-bêêê. Bêêê-bêêê. Bêêê-bêêê.

« Je suis réveillé !

– T'es bien assis, mon chat ?

– Laisse-moi une seconde. » Rory se laissa tomber dans un fauteuil à bascule en cuir et se servit le reste de lait chaud et une dernière tasse de café, en veillant à ne pas renverser la tasse et la soucoupe. « Je suis installé.

– Le voyage de presse est annulé. » Irene était vieux jeu. Une *promo*, c'était ce que les entreprises organisaient pour vendre leurs produits. Un *voyage de presse*, c'était ce que faisaient les stars du cinéma pour vanter leurs films.

Rory recracha son café au lait sur ses jambes nues et sur le cuir du fauteuil. « Hein ? Quoi ?

– Va sur Internet, tu vas comprendre.

– Je n'ai pas le mot de passe du wi-fi.

– Willa demande le divorce.

– Pourquoi ?

– Son mari va en prison.

– Il a monté une arnaque qui n'a pas plu aux Fédéraux ?

– C'est pas les Fédéraux. Une histoire de prostituées. Dans sa voiture sur le boulevard de Santa Monica. Et apparemment il n'avait pas que son cannabis médical sur lui.

– Oh là là, pauvre Willa.

– Elle s'en sortira. Plains plutôt le studio. *Cassandra Ramputе 3* va le sentir passer au box-office.

– J'appelle Willa, tu crois ?

– Tu peux essayer, mais elle est avec son équipe dans son avion quelque part au-dessus du Groenland. Elle va se planquer quelques semaines dans son ranch au Kansas.

– Elle a un ranch au Kansas ?

– Elle est née à Salina.

– Et les gros trucs prévus pour aujourd'hui ? Le feu d'artifice, l'armée française et les animaux abandonnés ?

– Annulés.

– Quand est-ce qu'on va à Singapour, à Séoul, à Tokyo et à Pékin ?

– On n'y va pas, dit Irene sans un gramme de regret dans la voix. La presse ne veut qu'une chose, c'est Willa Sax. Sans vouloir te vexer, toi, tu n'es que le mec dans son film. Rory Personne. Tu te rappelles l'affiche dans mon bureau qui dit "Un jour on organisera une conférence de presse et personne ne viendra" ? Ah mais non. Tu n'es jamais venu dans mon bureau.

– Et donc, il se passe quoi maintenant ?

– Je prends l'avion du studio dans une heure. Je vais l'entendre se plaindre pendant douze heures, autant te dire que je suis ravie. Le film sort dans quatre jours aux États-Unis et toutes les critiques vont commencer par un paragraphe sur les putes, l'Oxycontin et l'homme qui payait pour baiser alors qu'il était marié avec Willa Sax. On dirait le scénario de *Cassandra Rampart 4 : Libération conditionnelle.*

– Et moi, comment je rentre ?

– C'est Annette du bureau parisien qui va s'en occuper.

– C'est qui Annette ? » Rory avait rencontré tant de gens pendant ce voyage que leurs noms et visages auraient aussi bien pu appartenir à des Martiens.

Irene l'appela encore « mon chat » plusieurs fois, lui dit qu'il était un champion, un vrai *Mensch*, et qu'elle était sûre qu'il allait avoir une carrière formidable à condition que *CR3* ne perde pas d'argent. D'ailleurs elle avait bien aimé le film. Elle le trouvait charmant.

Je ne parle pas russe. En français il y a trop de lettres et de signes de ponctuation, je pige rien. Heureusement que la troisième machine est en anglais.

Willa Sax – *alias* Eleanor Flintstone – est une chouette nana qui ne mérite pas ça. Elle mérite mieux qu'un mec qui aime les michetonneuses et l'héroïne pour bouseux. (Un mec comme moi ? En mille interviews, je n'ai jamais avoué que j'ai un énorme coup de foudre pour cette femme. Irene m'a conseillé de ne pas être aussi honnête que ça avec la presse. « Ne leur dis pas toute la vérité, mais ne mens jamais. »)

J'ai de l'argent plein les poches. Pour mes frais. Dans chaque ville Irene m'a donné une enveloppe de billets ! Mais bon, je n'ai jamais eu l'occasion de les dépenser. Ni à Rome. Ni à Berlin. À Londres je n'ai pas eu une seconde à moi. Je vais peut-être aller voir les plaisirs que Paris peut m'offrir pour quelques euros...

À PLUS !

Je suis sorti seul d'un hôtel pour la première fois depuis Berlin.

C'est pas si mal, Paris ! Je m'attendais à tomber sur les hordes habituelles de fans qui espèrent apercevoir Willa devant l'hôtel. Des centaines, surtout des hommes évidemment, qui poireautaient dehors, des photographes, des chasseurs d'autographes, etc. Willa les appelait les livreurs de journaux. Mais ils ne sont plus là, ils ont dû entendre dire que Willa Sax avait quitté la Ville Lumière.

D'après Annette LeBoogieDoogie, ce n'est pas parce que la tournée est annulée que je suis obligé de rentrer tout de suite. Je suis libre de passer un moment à Paris, ou de faire le tour de l'Europe si ça me chante, mais à mes frais.

D'ailleurs, là, je rentre de balade. J'ai traversé le fleuve sur un pont célèbre et ensuite je suis passé tout près de Notre-Dame. J'ai esquivé les scooters, les vélos et les touristes. J'ai vu la pyramide de verre du musée du Louvre mais je ne suis pas entré. Personne ne m'a reconnu. Ça ne me dérange pas. C'est normal. Je suis Rory Personne.

J'ai marché dans les jardins – là où il devait y avoir un énorme truc avec des groupes de rock et des avions de chasse et des feux d'artifice et des milliers de gens avec des lunettes 3D gratuites. Mais il n'y avait que des techniciens qui démontaient la scène et les écrans. Les barrières étaient encore debout mais elles ne servaient plus à rien. Elles n'avaient personne à retenir.

Après les jardins, il y avait un gros rond-point qui s'appelle la place de la Concorde – des millions de voitures et de vespas, des files interminables dans les deux sens et autour du monument au milieu. Il y a aussi une grande roue qui est là depuis 1999. Plus haute que celle de Budapest – c'était quand ? Quand est-ce que j'ai tourné là-bas ? Au collège ? Celle de Paris est beaucoup plus petite que celle de Londres, celle qui ne fait qu'un seul tour, très lentement. On a donné une énorme conférence de presse juste devant, avec une chorale d'enfants et la cavalerie légère écossaise et un des membres les moins connus de la famille royale. Mais quand ? Ah, oui. Mardi dernier.

J'ai acheté un ticket et je n'ai pas eu besoin d'attendre longtemps pour monter dans la grande roue. Il n'y avait presque personne et j'ai eu la cabine pour moi tout seul.

J'ai fait un paquet de tours. Depuis le sommet j'ai vu la ville qui s'étirait jusqu'à l'horizon, le fleuve qui serpentait vers le nord et vers le sud, avec plein de longs et beaux bateaux qui glissaient sous tous les ponts célèbres. J'ai vu ce que les Parisiens appellent la Rive gauche. Et la tour Eiffel. Et les églises sur les collines. Et tous les musées le long des avenues. Et tout le reste de Paris.

J'avais devant moi la Ville Lumière tout entière.

La Gazette de Notre Ville avec Hank Fiset

UN ÉLÉPHANT DANS LA SALLE DE PRESSE

LES RUMEURS VONT BON TRAIN dans la salle de presse ! D'après l'éléphant mâle dominant de la pièce, le *Daily News / Herald* du Tri-Cities et de la région de Washington abandonne sa version imprimée qui est un gouffre financier pour notre grand journal. Si cette décision est actée, vous ne pourrez plus lire ma rubrique ni tout ce que vous tenez en ce moment entre vos mains autrement que sur l'un de vos multiples appareils électroniques – votre téléphone, peut-être, ou une montre qui doit être rechargée tous les soirs.

* * *

AINSI VA LE PROGRÈS, mais cela me fait penser à Al Simmonds, un secrétaire de rédaction de la vénérable Associated Press. J'ai travaillé un peu moins de quatre ans chez AP, mais sans Al Simmonds j'aurais été viré bien plus tôt, s'il n'avait pas transformé en véritables articles la prose clapoteuse et la syntaxe immature de mon carnet de reporter. Ce cher Al nous a quittés depuis longtemps, il n'a donc pu voir l'avènement de la lecture sur ordinateur ou tablette. Quand il est mort, cette idée paraissait aussi irréaliste que l'*Enterprise* de Star Trek.

Je ne suis même pas sûr qu'il ait eu la télévision, car il se plaignait de ne plus rien trouver à la radio depuis la fin de l'âge d'or, quand Fred Allen avait quitté les ondes (anecdote qui trahit mon âge aussi fidèlement que le carbone 14 !)…

* * *

AL ÉCRIVAIT SUR UNE CONTINENTAL – un mastodonte presque aussi gros qu'un fauteuil. Elle était fixée à son bureau, mais pas pour empêcher qu'on la vole. Il aurait fallu être simplet pour essayer de la soulever. Le bureau d'Al était un petit autel étroit dédié à la réécriture. Il tapait sa version de mon papier – plus courte, plus précise, tout simplement meilleure – puis faisait basculer la machine sur ses charnières et, sur la surface libérée, attaquait ses propres articles au stylo bleu. Il bossait bruyamment – le claquement des touches, suivi d'un tintement et du raclement du chariot, du bruissement de la feuille sortant de la machine, puis du choc lorsqu'il renversait son imposant outil de travail pour passer à un mode d'écriture encore plus primitif. Al vivait en symbiose avec sa machine à écrire et ne se trouvait jamais à plus d'un mètre d'elle et de son bureau. Il m'a souvent envoyé lui chercher un café ou à manger, et à mon retour il était en train de tailler dans un article et je devais déposer sa commande sur un tabouret le temps qu'il relève la Continental et fasse de la place pour son déjeuner. Si Al Simmonds ressemble à un cliché, à une caricature des habitants des salles de rédaction, il n'en était pourtant rien : il ne fumait pas et détestait tous les crétins qui fumaient dans les bureaux.

* * *

PAS BESOIN DE PANNEAU « Silence ! Ça bosse » au *Daily News / Herald* actuel. Depuis les années quatre-vingt nous travaillons sur ordinateur, dont les premières générations s'appelaient des traitements de texte – et nous en traitions, du texte. Toujours est-il qu'Al Simmonds ne comprendrait pas notre manière de lire la presse, une presse toujours plus pléthorique, depuis cinq ans – courbés sur nos miraculeuses machines portatives. De même, il ne reconnaîtrait pas notre façon de fabriquer le journal depuis trois décennies. « Où sont passés le bruit et la fureur des bouclages ? » me crierait-il.

* * *

EN L'HONNEUR D'AL, je vous propose une expérience : si vous lisez ceci sur votre téléphone, je vais en écrire une partie sur le mien. Pas de réécriture, pas de correction, pas d'Al Simmonds, rien qu'une écriture et un correcteur automatiques. Tout d'abord, je voudrais dire…

* * *

« JE VAIS REGRETTER les exemplaires physiques des journaux, imprimés, livrés devant ma porte tous les jours de la semaine par un certain Carl qui arrivait à fond de train et me les jetait presque sans ralentir par la fenêtre de sa voiture, ou bien le journal que je lisais de temps en temps au Pearl Avenue Café (dans Pearl Avenue). Je vais regretter la sensation d'avoir un article en *une* et au-dessus du pli, et la honte d'un papier relégué en page 6. J'avoue prendre plaisir à voir mon visage et mon nom – ma rubrique – en dernière page – immanquable –, et saviez-vous que la lecture de cette rubrique dure exactement le temps qu'il faut pour cuire un œuf à la coque ? Le jour où le *Daily News / Herald* de la région de Washington délaissera le papier au profit du tout-numérique, je serai aussi triste que résigné à l'avènement de ce qu'il faut appeler la Réalité. Et Al Simmons, au paradis des secrétaires de rédaction, en restera baba, sa machine à écrire renversée pour l'éternité… » Et maintenant, la version tout-numérique, sur mon téléphone…

* * *

JE VAIS REGRETTER *les exemplaires physiques des journaux, imprimés, livres devant ma porte tous les jours de la semaine par un certain Carl qui arrivait à fond de train et mêlés j'étais presque dans ralentir mon journal par la fenêtre de sa voiture, ou bien le journal que je lisais de temps e temps Ah Pearl Avenue Café (sans Pral Avenue). Je vais regretter la sensation d'avoir un article en une et au-dessus du plu, et la honte d'un papier relégué en Page 6. J'ajoute prendre plaisir à voir mon visage et mon nom – ma rubrique – en dernière par – immanquable –, et saviez-vous que la lecture de être rubrique dire exactement le temps qu'il fait pour cuire un œuf à la coque ? Le jour où le Daily News / Herald de la région de Whasknhtln délaissera le papier au profit du tout-numérique, je serai aussi triste que désigne à l'avènement de ce qu'il faut appeler La Réalité . Et Al Simmonds, au paradis des secretaries de rédaction, en restera baba, sa machine à écrire renversée pour* l'éternité…

* * *

IL FAUT QUE JE FILE, je dois porter mon papier en salle de presse…

Une matinée sur Mars

Dans son lit, Kirk Ullen dormait encore, sous une couette et une vieille couverture de l'armée. Depuis 2003 et ses cinq ans, sa chambre servait aussi de débarras et il la partageait avec le lave-linge et le sèche-linge Maytag, une antique épinette désaccordée à la peinture écaillée, la machine à coudre que sa mère délaissait depuis la présidence de Bush fils, et une machine à écrire électrique Olivetti-Underwood qui ne fonctionnait plus depuis que Kirk avait renversé un milk-shake dans le mécanisme. La pièce n'était pas chauffée et on y gelait constamment, même en ce matin de la fin juin. Les yeux révulsés sous les paupières, Kirk rêvait qu'il était toujours au lycée, dans les vestiaires du gymnase, et ne parvenait pas à ouvrir son casier. Il en était à sa septième tentative, tournait le bouton vers la droite, puis deux tours vers la gauche et encore un vers la droite, lorsqu'une lumière d'un blanc aveuglant inonda le vestiaire. Puis, tout aussi soudainement, lui succéda une obscurité qui engloutit tout son univers.

Il y eut de nouveaux flashs, semblables à des éclairs, et de nouveau le noir – le blanc se changeait en noir impénétrable qui se changeait en blanc, et ainsi de suite. Mais il n'y avait aucun grondement de tonnerre, aucun écho des applaudissements de Thor rebondissant au loin dans les canyons.

« Kirk ? Kirkwood ? » C'était son père. Frank Ullen avait fait clignoter le plafonnier – l'image qu'il se faisait d'un réveil amusant. « Tu étais sérieux hier soir, fiston ? » Frank se mit à chanter. « *Kirkwood, Kirkwood. Dis-moi ce que t'as dans la tête.* »

« À propos de quoi ? maugréa Kirk.

– De Mars. Si tu dis non, je disparais. Si tu dis oui, on attaque ton anniversaire à la mode Ullen, braves et libres. »

Mars ? Kirk commençait à reprendre ses esprits et se souvint. Aujourd'hui il avait dix-neuf ans. La veille, après le dîner, il avait demandé à son père d'aller surfer au petit matin, comme pour ses dixième et treizième anniversaires. « Un peu, oui ! » avait répondu son père. Les conditions seraient bonnes à Mars Beach. Une houle de sud-ouest approchait.

Frank Ullen avait été surpris. Voilà longtemps que son fils ne l'avait pas accompagné à l'eau. Depuis qu'il était à la fac, Kirk était moins pressé de braver les éléments qu'à l'époque du lycée. Frank essaya de se rappeler à quand remontait leur dernière session de surf ensemble. Deux ans ? Trois ?

Kirk eut besoin de réfléchir à son emploi du temps de la journée, ce qui n'était pas chose aisée au sortir du brouillard de ses rêves. Anniversaire ou non, il devait pointer à 10 heures à son job d'été, responsable du mini-golf Magic-Putt. Quelle heure était-il ? 6 heures et quart ? Bien, ça pouvait coller. Il savait que son père n'avait qu'un chantier en cours, le nouveau grand magasin de Bluff Boulevard. Oui, c'était jouable. Ils pouvaient lacérer les vagues ensemble pendant deux bonnes heures. Ou jusqu'à ce qu'ils se déboîtent une épaule.

Ça leur ferait du bien de retourner à l'eau, de redevenir les Deux Submersibles, *Princes de la Mer.* Dans l'eau, aux aurores, sur sa paddleboard, les soucis du père de Kirk s'envolaient. Ses galères de boulot et les crises familiales restaient sur le sable – tous ces moments compliqués qui éclataient et s'éteignaient avec l'imprévisibilité des feux de broussaille. Kirk tenait à sa mère et à ses sœurs comme à la prunelle de ses yeux, mais il avait admis depuis bien longtemps que la vie avec elles n'était pas une promenade de santé. Son père, patriarche de la troupe, devait jongler entre deux boulots à plein temps – assurer le pain et la paix – sans un seul jour de congé. Rien d'étonnant à ce que le surf lui serve à se fortifier physiquement autant qu'à soigner son plan astral. Une sortie entre père et fils serait un vote de confiance, une démonstration de solidarité masculine, une accolade d'anniversaire avec tape dans le dos, un serrage de coudes. Tous les pères et les fils en ont besoin.

« Ok, dit Kirk en bâillant et s'étirant. J'arrive.

– Y a rien qui t'interdit de faire la grasse matinée.

– On y va.

– Tu es sûr ?

– T'essaies de te défiler ?

– Sûrement pas, gros malin.

– Alors je suis ton homme.

– Super. Je t'ai fait un vrai petit déjeuner de camionneur, ce sera prêt dans douze minutes. » Frank disparut, abandonnant son fils qui clignait des yeux dans la lumière agressive.

Le petit déjeuner fut un enchantement pour les papilles, comme chaque fois. Frank le maîtrisait à la perfection grâce à un timing impeccable. Tout juste sortie de la poêle, la saucisse arrivait fumante, les petits pains étaient moelleux et beurrables à souhait, la vieille cafetière à filtre contenait huit tasses de breuvage, et les œufs n'étaient jamais secs, leur jaune d'un or liquide. Le dîner excédait ses compétences, Frank n'avait pas la patience d'attendre que le jarret rôtisse ou que les patates bouillent. Impossible. Il préférait l'instantanéité fulgurante du petit déjeuner – cuire, servir, manger – dont il faisait un moment de joie à l'époque où les enfants étaient petits et la famille réglée comme une horloge, où les conversations étaient denses et brûlantes (parfois trop), à l'image du chocolat coupé au café que Frank leur servait dès leurs neuf ans. Mais désormais Maman dormait tard et séchait toujours le petit déjeuner, Kris s'était enfuie à San Diego où elle vivait avec son petit ami, et Dora avait décrété depuis longtemps qu'elle irait et viendrait à sa guise et à son rythme. Il ne restait donc plus que les hommes au petit déjeuner, en sweat-shirt ample de surfeur et pas douchés ; pourquoi s'embêter puisqu'ils allaient à l'eau ?

« Je vais avoir des coups de fil à passer vers 8 heures et demie, des conneries de boulot, dit Frank en déposant des biscuits sur une assiette. Ce sera vite fait. Tu auras les vagues pour toi tout seul pendant une petite heure.

– Fais ce que t'as à faire », répondit Kirk. Comme d'habitude, il s'était attablé avec un livre qui l'avait déjà absorbé. Son père tendit le bras et le lui subtilisa.

« L'architecture des années 1920 ? demanda-t-il. Pourquoi tu lis ça ?

– Pour les scènes de sexe, dit Kirk en sauçant la graisse de saucisse et le jaune d'œuf avec un bout de pain. L'ère du jazz était l'âge d'or du bâtiment, jusqu'à la Grande Dépression. Les techniques et les matériaux d'après la Première Guerre ont changé la face de toutes les villes du monde. Je trouve ça fascinant.

– Ces structures à murs porteurs extérieurs, on aurait dit des gâteaux de mariage. Plus elles montaient, plus elles rétrécissaient. Tu es déjà allé en haut du Chrysler Building ?

– À New York ?

– Non, à Dime Box, au Texas.

– Papa, c'est toi qui m'as élevé, tu te rappelles ? Quand est-ce que tu m'as emmené visiter le Chrysler Building à New York ? »

Frank attrapa deux thermos sur une étagère. « Le sommet du Chrysler Building, c'est un terrier de lapin. »

La fin du café alla dans les thermos, que Frank cala sur le tableau de bord du camping-car pendant que Kirk allait chercher sa planche – un beau bébé de deux mètres – dans la remise. Il la jeta à l'arrière, presque intégralement occupé par la paddleboard de Frank et ses trois mètres cinquante – surnommée la *Buick*.

Six étés plus tôt, le camping-car était flambant neuf, ils venaient de l'acheter pour un voyage mémorable : une boucle de plus de trois mille kilomètres qui les verrait longer la côte jusqu'au Canada, puis emprunter les routes à deux voies de la Colombie-Britannique, de l'Alberta et de la Saskatchewan jusqu'à sa capitale, Regina. Cette expédition était une retraite familiale soigneusement préparée et qui tint ses promesses, du moins pendant les premières centaines de kilomètres. Ensuite, Maman avait commencé à leur faire part de ses opinions et à insister sur le règlement. Elle voulait que l'on voyage selon ses règles et se mit à tout régenter. Ainsi avait débuté une longue série de manches éprouvantes. Les joutes verbales devinrent de profonds désaccords qui dégénérèrent en disputes mesquines et assourdissantes dont la matriarche *devait* sortir gagnante. Kris, fidèle à elle-même, poussa encore son insoumission quelques crans plus haut. La rectitude de Dora se mua en un gouffre de silence ponctué d'explosions si soudaines, bruyantes et venimeuses qu'elles en étaient presque shakespeariennes. Au volant, Frank sirotait un vieux café ou un Coca tiède et jouait le rôle d'arbitre, thérapeute, flic et redresseur de torts, en fonction des arguments et des vexations. Kirk, en position défensive, lisait des livres à la chaîne, pareil à un gros fumeur enquillant les menthols. Pour lui, le psychodrame n'était qu'un bruit de fond pas si différent du frottement des roues sur des milliers de kilomètres d'asphalte.

Ils se disputèrent jusqu'au Canada et continuèrent en redescendant dans les Grandes Plaines américaines, un espace si ouvert et infini qu'il avait, selon la légende, rendu fous les premiers pionniers. La famille Ullen perdit officiellement les pédales dans le Nebraska, lorsque Kris acheta de l'herbe à un type qui vivait dans sa voiture sur un terrain de camping. Maman voulut appeler la police pour balancer le dealer en même temps que sa propre fille. Ses plombs finirent de fondre quand Papa l'en empêcha en remballant leurs affaires et reprenant la route, fuyant la scène du crime. Dans le camping-car, l'ambiance devint glaciale, un Noël amer en plein juillet ; personne ne parlait plus à personne, et pendant ce temps Kirk terminait les trois volumes que William Manchester avait consacrés à Winston Churchill. Quand ils mirent cap plein ouest vers Tucumcari, Nouveau-Mexique, tous en avaient marre de rouler, marre de ce camping-car et marre des autres. Kris demanda à prendre un bus Greyhound pour rentrer. Mais Papa insista pour qu'ils campent dans le désert, ce qu'ils firent de mauvaise grâce. Kris fuma sous les étoiles, Dora se promena en solo dans la nuit, et Papa dormit seul sous la tente. Maman resta dans le camping-car et s'assura qu'elle aurait *enfin* la paix en verrouillant la porte. Cela présentait l'inconvénient d'interdire l'accès aux toilettes. Et c'est ainsi que s'achevèrent leurs dernières vacances en famille. Et même leur dernier *moment* en famille. Le camping-car demeura fixé au pick-up, converti en bureau mobile et voiturette de surf pour Frank, et ne vit pas l'ombre d'un aspirateur ou d'un lave-auto en quarante mille kilomètres.

Dans sa jeunesse, Frank avait été un authentique surfeur glandeur échevelé. Puis il avait grandi, s'était marié, avait eu des enfants et monté une boîte d'électricité qui marchait bien. Ce n'est que l'année précédente qu'il avait recommencé à mettre les voiles avant que la famille n'émerge, direction le *point break* de Mars Beach, une droite rapide qui fonctionnait à la marée montante. Quand Kirk était gamin et traînait à la plage la moitié du temps, père et fils se garaient au bord de la route et descendaient avec leurs planches le sentier de Mars. Aux yeux du petit Kirk, portant le bodyboard de ses débuts, la plage était aussi rocailleuse et lointaine que le fond des Valles Marineris de la planète rouge. Des années de faste économique avaient altéré l'endroit – dans les terres, des résidences avaient été érigées sur d'anciens marais, et cinq années plus tôt l'État avait bétonné un carré de terre et de mauvaises herbes pour en faire un vrai parking à trois dollars par véhicule. Mars n'était plus vierge, mais elle était commode d'accès ; une fois sur le sable, les surfeurs allaient vers la gauche, les plagistes ordinaires vers la droite, et les sauveteurs veillaient à ce que les uns ne se mélangent pas aux autres.

« Tu viens de rater quelque chose. » Frank prenait la sortie Deukmejian State Recreation Area. Kirk leva le nez de son livre. Un ancien champ avait été aplani et borné ; de petits drapeaux y étaient déjà plantés, ainsi qu'un panneau annonçant un futur supermarché Big-Box. « Tu te rappelles l'époque où il n'y avait rien avant le stand de tacos de Canyon Avenue ? Depuis, c'est devenu un resto à viande.

– Je me rappelle, j'avais chié dans les buissons.

– Pas de gros mots devant ton paternel. »

Frank s'arrêta dans le parking, près de l'entrée. « Mais bon, qu'est-ce qu'on y peut ? dit-il comme à son habitude. Bienvenue sur Mars ! »

Une rangée de boutiques avait poussé de l'autre côté de la route, avec des toitures basses cherchant à imiter les maisons mexicaines. Il y avait un magasin de surf, un énième Starbucks tout neuf, un Subway, une supérette Circle W, et le bureau d'un certain Saltonstall, assureur solitaire ayant élu résidence ici de manière à pouvoir surfer entre deux coups de fil. À l'extrémité sud du centre commercial se construisait un AutoZone, pneus et vidange express.

« Faire la vidange pendant qu'on va surfer, nota Kirk. Ça c'est de l'éco-consommation.

– Tiens, tes affaires. Bon courage », dit Frank.

Le parking accueillait une collection de véhicules âgés et cabossés – Ford Ranchero et breaks bourrés d'outils, appartenant à des ouvriers venus grappiller quelques vagues avant d'aller bosser. Il y avait de vieilles camionnettes et des Combis Volkswagen repeints à la main dans lesquels dormaient les surfeurs malgré les décrets proclamant CAMPING INTERDIT. Les shérifs du comté venaient les virer de temps à autre, et il s'ensuivait alors des débats interminables sur la différence entre « camper pour la nuit » et « attendre le jour ». À Mars Beach surfaient aussi des avocats, des orthodontistes et des pilotes d'avion, dont les Audi et les BMW étaient équipées de galeries pour fixer les planches sur le toit. Autrefois les bagarres étaient fréquentes, quand les vagues attiraient tous les branquignoles de la région, mais aujourd'hui on était en semaine et les vacances scolaires n'avaient pas encore commencé, Kirk savait donc que la population serait détendue et l'affluence raisonnable. Et les Martiens, ainsi qu'ils se surnommaient, avaient vieilli et s'étaient assagis. À l'exception de quelques sales cons d'avocats.

« Ça déroule bien, ce matin », dit Frank en examinant le plan d'eau depuis le parking. Il compta une grosse douzaine de surfeurs à l'eau et vit que de hautes vagues se formaient au pic à intervalle régulier. Il déverrouilla la porte du camping-car. Ils en sortirent chacun leur planche, ainsi que la pagaie de Frank, et les appuyèrent au camion le temps d'enfiler leur combinaison d'été à jambes courtes et protection anti-irritation intégrée.

« T'as de la wax ? demanda Kirk.

– Dans un tiroir quelque part par là », lui répondit Frank. Même si le revêtement de sa paddleboard le dispensait d'appliquer de la wax, il en avait toujours, au cas où quelqu'un en aurait besoin. Kirk en dégota un pain dans un tiroir plein de bazar – des fins de rouleaux de scotch, de vieilles tapettes à souris, un pistolet à colle mais pas de colle, des boîtes d'agrafes et un jeu de pinces multiples qui allaient rouiller dans l'air salé.

« Hé, fit son père. Tu veux bien mettre mon téléphone dans le frigo ? » Il lui tendit son portable.

« Pourquoi dans le frigo ? » demanda Kirk. L'appareil ne marchait plus depuis des années.

« Si tu forçais la porte pour voler des objets de valeur, tu chercherais dans un freezer pété ?

– Un point pour toi. » Kirk ouvrit la porte, sentit une odeur de renfermé due à des années d'inactivité, mais il vit aussi une petite boîte dans un paquet cadeau.

« Joyeux anniversaire, fiston, dit Frank. Rappelle-moi quel âge ça te fait ?

– Dix-neuf, mais à t'entendre on dirait que j'en ai trente. » Son cadeau était une montre étanche, un modèle plus récent que celle de Frank, intégralement en métal noir, un chronomètre militaire à toute épreuve déjà réglé à la bonne heure. En la passant à son poignet, Kirk eut l'impression qu'il s'apprêtait à embarquer dans un hélicoptère de l'armée pour aller tuer Ben Laden. « Merci Papa. Avec ça j'ai l'air encore plus cool qu'au naturel. Je pensais pas que c'était possible.

– Content qu'elle te plaise, Junior. »

Tandis qu'ils descendaient le sentier avec leur planche sous le bras, Frank répéta : « Tu te souviens que je vais devoir passer des coups de fil vers 8 heures et demie. Je te préviendrai avant de sortir de l'eau.

– Je ferai le signe réglementaire, chef. »

Sur le sable de Mars, ils regardèrent une série de vagues se briser tout en attachant leur leash à leur cheville. Kirk en laissa déferler une dizaine avant de profiter d'une accalmie pour courir à l'eau, bondir sur sa planche et se mettre à pagayer, plongeant au travers des vagues plus petites qui se brisaient sur lui. Il allait rejoindre les plus jeunes surfeurs au pic, ceux qui déchiraient tous les murs que leur envoyait Poséidon.

Sur sa paddleboard, Frank alla chercher les vagues les plus imposantes, loin au large, en eau profonde, où il attendit en compagnie d'autres surfeurs ces ondes nées des tempêtes du Pacifique sud qui enflaient et se musclaient au fil des kilomètres. Bientôt, il se lança sans effort sur l'épaule d'une vague, une face d'au moins deux mètres sur laquelle il traça des courbes amples et gracieuses. C'est lui qui était positionné le plus en amont, cette vague lui appartenait donc de plein droit et les autres Martiens s'écartèrent pour la lui laisser. Lorsqu'elle se referma, il sauta de sa planche et fit du surplace près du bord le temps que déferle le reste de la série. Ensuite il remonta en selle, les pieds bien écartés, plongea sa pagaie dans l'océan et franchit crête après crête jusqu'à regagner le large.

L'air et l'eau étaient froids, mais Kirk était heureux de s'être tiré du lit. Il reconnaissait de vénérables Martiens, Bert l'Ancien, Manny Peck, Schultzie, et une femme qu'il appelait Mme Potts – les vétérans en longboard. Il y avait aussi des jeunes de son âge, de vieux potes qui, comme lui, étaient aujourd'hui à la fac ou sur le marché du travail. Hal Stein écrivait sa thèse à l'université de Californie, Benjamin Wu était assistant d'un conseiller municipal, « Stats » Magee bossait sa licence d'expert-comptable et Buckwheat Rob Robertson était, de même que Kirk, en première année et vivait toujours chez ses parents.

« Hé, Spock ! cria Hal Stein. Je te croyais mort ! »

Tous les cinq se mirent en cercle pour attendre les vagues, échangeant les souvenirs qu'ils accumulaient depuis l'adolescence. Cela rappela à Kirk tout le bien que lui avait fait Mars. Le fait d'habiter à deux pas de ses vagues lui avait ouvert un nouveau monde. Mars lui avait appris à être aussi à l'aise avec lui-même que dans les houles puissantes. Mars était l'endroit où, seul, Kirk se mettait à l'épreuve et excellait. À terre il était une statistique, un point au milieu d'une courbe, ni bon ni mauvais élève, ni un as ni un deux. À part deux profs d'anglais, Mme Takimashi de la bibliothèque et Aurora Burke, folle et sublime avec sa chevelure de miel (avant que son nouveau beau-père ne l'expédie dans une nouvelle famille à Kansas City), personne n'avait jamais vu en Kirk Ullen quelqu'un de *spécial*. Mais dans les eaux martiennes, Kirk était maître de tout ce qu'embrassait son regard. Il était heureux de connaître cet endroit depuis des années et de s'y retrouver en ce dix-neuvième anniversaire.

Après avoir surfé tant de vagues qu'il en perdit le compte, Kirk était vanné et se reposa un peu derrière le pic. Lorsque le soleil se montra, il aperçut le toit des camionnettes et le camping-car de son père sur le parking, les tuiles des magasins de l'autre côté de la route et, derrière, les broussailles et les roches des collines. Avec son eau bleue sous un ciel qui s'éclairait, Mars prit l'aspect d'une vieille photo sépia d'un spot légendaire à Hawaï ou aux Fidji, une image depuis longtemps décolorée qui avait viré à l'ambre, transformant les montagnes vertes en buttes jaunes et brunes. S'il plissait les yeux, les boutiques vaguement mexicaines devenaient des *bures* sur une langue de sable, des huttes traditionnelles sur un atoll en plein Pacifique. Cette fois encore, Mars était un autre monde dont Kirk était le roi.

Un peu plus tard, il entendit son père qui l'appelait depuis la plage. Frank avait posé sa planche sur le sable, planté sa pagaie tel un drapeau, et faisait le geste qui se traduit dans le monde entier par « je vais téléphoner ».

Kirk lui répondit par un salut militaire juste au moment où Mme Potts criait : « Ça arrive ! » Et en effet, une série se profilait au loin, des dizaines de vagues aussi nettes que les stries d'une planche à laver commençaient à se dresser une cinquantaine de mètres trop tôt, offrant des faces longues et agressives. Tous se mirent à pagayer furieusement. Malgré sa fatigue, Kirk ne comptait pas laisser passer une si belle série. Après quelques mouvements puissants et réguliers, l'expérience lui conseilla de faire demi-tour et de pagayer vers la plage. Il prit la troisième vague de la série.

Au sommet du mur, il bondit d'instinct sur ses pieds avant de tomber dans le creux de la vague. Elle était magnifique, lisse et bien formée. Et énorme. Un monstre. Depuis le creux, Kirk remonta sur la face et sous la lèvre, juste devant la boule d'écume, avec dans son dos le grondement de l'air compressé. Une impulsion vers la gauche, et il descendit tout droit, vira en bas et remonta sur la face. Arrivé à la crête, il glissa sur la lèvre puis replongea et freina pour que la vague le rattrape. Il s'accroupit aussi bas qu'il était physiquement possible jusqu'à ce que l'eau se courbe au-dessus de sa tête et le laisse prendre place dans la chambre verte en son creux. À sa gauche l'écume furieuse, à sa droite la paroi de verre. Il laissa traîner les doigts de sa main libre dans le mur émeraude, semblables à l'aileron d'un dauphin, une lame dans l'eau.

Comme chaque fois, le tube se referma sur lui, s'écrasa sur sa tête et il tomba, rien de grave. Ballotté dans l'écume, il se détendit comme il avait appris à le faire des années plus tôt, afin que la vague continue sans lui et qu'il puisse retrouver la surface et remplir ses poumons avant la suivante. Mais l'océan est une maîtresse capricieuse, et Mars indifférente à la volonté des hommes. Kirk sentit que son leash lui tirait la cheville. Dans la mousse et le chaos, sa planche revint brutalement et se planta dans la chair de son mollet. Le choc eut la même force que le coup de maillet de croquet que lui avait un jour asséné Kris dans le jardin, après quoi il avait dû filer chez le médecin et elle dans sa chambre. Kirk savait que c'était terminé pour aujourd'hui, mais d'abord il fallait qu'il sorte de l'eau.

Du pied, il chercha le sable du fond, conscient que le monstre suivant allait s'abattre sur lui. Il remonta pour respirer, avala une goulée d'air et vit deux gros mètres d'écume qui fondaient sur lui. Il plongea, trouva à tâtons le velcro de son leash et l'arracha pour que sa planche soit poussée vers la plage sans l'emporter.

En suspension, il ne paniquait pas malgré sa jambe douloureuse. Quand il toucha de nouveau le fond, il était plus près du bord et put prendre appui sur un pied pour sortir la tête de l'eau. La vague suivante le rapprocha encore, puis la suivante, puis encore quelques autres. Il rampa sur la plage.

« Fait chier », dit-il pour lui-même. Il s'assit sur le sable, la jambe entaillée si profondément que des tissus blancs se voyaient au milieu de la chair déchiquetée et du sang qui jaillissait. Pas de doute, il était bon pour des points de suture. Kirk se souvint du jour, à treize ans, où un gamin nommé Blake avait pris sa planche en pleine tête et perdu connaissance. Blake avait été touché à la mâchoire et avait dû subir des mois de soins dentaires. La blessure de Kirk n'était pas aussi grave, et il n'en était pas à sa première bosse, mais ce bout de jambe arraché valait bien une médaille.

« Ça va ? » Ben Wu était sorti de l'eau après avoir récupéré la planche égarée de Kirk. « Oh putain ! T'as besoin qu'on t'emmène à l'hosto ?

– Non. Mon père est par là. Il va m'emmener.

– T'es sûr ? »

Kirk se releva. « Ouais. » Il avait mal, et le sang dégoulinait le long de sa jambe, éclaboussant de rouge le sable de Mars, mais il fit signe à Ben de s'en aller et dit : « C'est bon. Merci. »

Il ramassa sa planche et boitilla jusqu'au parking.

« Il va bien te falloir quarante points », lança Ben avant de repartir dans les vagues.

Le mollet de Kirk palpitait au rythme de son cœur. Il remonta tant bien que mal son leash traînant sur le sentier ensablé. Avec l'arrivée de nouveaux plagistes, le parking était rempli aux deux tiers, mais Frank ne s'était pas garé loin. Kirk s'attendait à trouver son père à la table du camping-car, parlant affaires au téléphone avec des papiers étalés devant lui. Mais lorsqu'il atteignit l'arrière du camion, la porte était fermée et il n'y avait pas trace de son père.

Kirk appuya sa planche contre la porte et s'assit sur le pare-choc pour examiner sa jambe, qui ressemblait maintenant à une saucisse qui aurait explosé. Si la planche l'avait touché un peu plus haut, elle aurait pu lui briser la rotule. Kirk était conscient de sa chance, mais mieux valait aller aux urgences sans traîner.

Son père devait être de l'autre côté de la route, en train d'acheter quelque chose à boire ou une barre protéinée dans une boutique, avec la clé du camping-car dans la poche de sa combinaison. Kirk n'avait pas envie de clopiner jusque-là en portant sa planche, ni de l'abandonner sur le parking à la merci des voleurs. Il vérifia qu'on ne l'observait pas puis se percha sur le pare-choc avec sa jambe indemne et hissa la planche sur le toit, là où on ne la verrait pas depuis le sol. Le leash pendouillait, alors il en fit une grosse boule qu'il jeta à son tour. Mesure de précaution, tu parles, pensa-t-il en se dirigeant vers la route.

À l'ombre d'un buisson sauvage, il attendit une brèche dans la circulation matinale. Quand une ouverture se présenta, il se mit en mouvement et traversa les quatre files à cloche-pied. Il chercha au Subway et au Circle W, regarda par les fenêtres mais ne vit pas son père. Le magasin de surf serait plus logique. Peut-être qu'il achetait de la crème solaire. Du heavy metal braillait à l'intérieur mais la boutique était déserte.

Sa dernière chance, et le plus plausible, était le Starbucks à l'extrémité nord. Sur les tables et les bancs de la terrasse, des buveurs de café lisaient le journal et bossaient sur des ordinateurs. Frank n'en faisait pas partie, et si quelqu'un prit la peine de jeter un œil à Kirk et à sa blessure, personne ne pipa mot. Il entra, persuadé qu'il y trouverait son père, qu'il le décollerait de son téléphone et qu'ils iraient chercher l'aide médicale qui s'imposait. Mais pas l'ombre d'un Frank au Starbucks.

« Oh la vache ! » La barista aperçut Kirk, planté là, la jambe en sang. « Monsieur ? Ça va ?

– C'est pas si grave », dit Kirk. Quelques clients amorphes levèrent le nez de leur gobelet et de leur ordinateur.

« Vous voulez que j'appelle les secours ? demanda la barista.

– Quelqu'un va m'emmener à l'hôpital. Mon père, répondit Kirk. Est-ce que vous avez vu passer un Frank qui aurait commandé un grand americano avec un shot de mocha ?

– Un Frank ? » La femme réfléchit un instant. « Une dame a commandé un grand americano avec un shot de mocha il y a un moment, et aussi un soy latte décaféiné. Mais pas de Frank. » Kirk fit demi-tour et alla pour ressortir. « On a une trousse de secours. »

Kirk scruta une nouvelle fois le parking et la rangée de boutiques, mais son père demeurait introuvable. Au cas improbable où il y aurait eu une terrasse de l'autre côté du Starbucks, Kirk le contourna mais ne vit ni tables, ni Frank, rien que des places de parking à l'ombre des eucalyptus.

Une voiture isolée, une Mercedes, était garée derrière le large tronc d'un des arbres. Kirk n'en distinguait que l'avant et une partie du pare-brise. Deux gobelets Starbucks étaient posés sur le tableau de bord. Sur le siège passager, une main d'homme se saisit de ce que Kirk sut être un grand americano avec un shot de mocha parce qu'il reconnut le bracelet noir du chronomètre militaire de son père, pareil à celui que Kirk portait à présent au poignet. Les vitres de la Mercedes étaient baissées, laissant entendre à Kirk le trille d'un rire de femme en même temps qu'un gloussement amusé de son père.

Kirk ne sentait plus sa jambe, toute douleur envolée, tandis qu'il progressait vers l'arbre, discernant mieux la voiture et aussi le visage d'une femme aux longs cheveux noirs et au sourire braqué sur son père. Frank était tourné vers la femme, de sorte que Kirk ne voyait que sa nuque. Kirk l'entendit dire « Faut que j'y aille », mais il ne bougea pas. Aux intonations calmes et décontractées de son père, il comprit que ce dernier en avait encore pour un moment.

Lentement, Kirk recula jusqu'au coin du bâtiment et retourna dans le Starbucks.

Sur le mur du fond, des fenêtres surplombant trois petites tables donnaient sur les places de parking vides et les eucalyptus.

Kirk s'en approcha et tendit le cou. Il vit que la femme aux longs cheveux noirs avait posé un bras sur l'épaule de Frank, ses doigts jouant avec les mèches salées par la mer. Son père faisait tourner son café dans le gobelet. Il était assis sur une serviette de plage qui protégeait le siège comme si sa combinaison était encore humide. La femme aux longs cheveux noirs dit quelque chose et rit à nouveau. Son père rit aussi, d'une manière que Kirk lui avait rarement vue, révélant ses dents, jetant la tête en arrière et plissant les yeux, un film muet, un dialogue étouffé par la fenêtre du Starbucks. Kirk n'entendait que le martèlement des doigts sur les claviers et le commerce de boissons caféinées de premier choix.

« Vous ne voulez pas vous asseoir ? » La barista revenait à la charge. Celia, à en croire son badge. Elle tenait une trousse de secours en métal. « Je vais au moins vous faire une espèce de pansement. »

Kirk s'assit donc. Celia lui banda la jambe avec une gaze blanche que le sang imprégna immédiatement. Un coup d'œil vers l'ombre de l'eucalyptus et il vit que la femme aux longs cheveux noirs se penchait en avant, bouche ouverte et tête inclinée, ce qui dans le langage corporel universel indiquait le prélude à un baiser attendu. Son père se pencha vers elle.

Kirk retraversa la route dans le brouillard, en pensant tout de même à récupérer sa planche sur le toit du camping-car. Il redescendit vers Mars. Il y avait toujours du monde à l'eau et la marée haute allait entamer son lent recul. Kirk s'assit dans le sable près de la planche et de la pagaie de son père, la bouche sèche, les yeux dans le vide, les oreilles sourdes au grondement des vagues. Il regarda le pansement ensanglanté à son mollet et se souvint que sa planche l'avait salement entaillé, mais cela remontait à quoi ? Des semaines.

Il décolla lentement le sparadrap puis ôta la gaze écarlate et malaxa la boule poisseuse dans son poing. Il creusa un trou dans le sable, un trou profond, y enfouit le déchet et le recouvrit. La plaie se remit tout de suite à saigner mais Kirk n'y prêta pas attention, pas plus qu'au gonflement ou à la douleur. Il ne bougeait plus, perdu, soudain nauséeux, avec la sensation qu'il allait fondre en larmes. Mais non. En revenant, son père trouverait son fils en train de se remettre d'un accident de surf, attendant qu'il ait fini ses coups de fil pour aller se faire poser quarante points de suture, minimum.

Personne ne vint le voir, ni en sortant de l'eau ni en descendant du parking. Kirk resta seul, à ratisser le sable du bout des doigts pendant un temps indéterminé. Il aurait aimé avoir quelque chose à lire.

« Oh merde ! » Frank arrivait à grands pas, les yeux écarquillés en voyant la blessure de son fils. « Qu'est-ce qui t'est arrivé ?

– Ma planche, répondit Kirk.

– Eh ben ! » Frank s'agenouilla dans le sable pour inspecter l'entaille. « T'as dû le sentir passer.

– Je l'ai senti passer, confirma Kirk.

– Une blessure de guerre.

– Sacré cadeau d'anniversaire. »

Frank éclata de rire, comme tout père dont l'enfant a pris un coup et fait face avec humour et stoïcisme. « On va t'emmener à l'hôpital, histoire de nettoyer et de recoudre tout ça. » Frank ramassa sa planche et sa pagaie. « Tu vas gagner une cicatrice sexy.

– Carrément sexy », répondit Kirk.

Il suivit son père le long du chemin, quittant Mars pour la toute dernière fois de sa vie.

MANUFACTURED BY
The Oliver Typewriter Co.
No.
9

Un mois dans Greene Street

Le 1er août n'a généralement rien de spécial – c'est le début du huitième mois, le milieu de l'été, éventuellement le jour le plus chaud de l'année. Mais bon sang, cette année-là, il s'en passa des choses.

La petite Sharri Monk sentait qu'elle allait perdre une nouvelle dent de lait, une éclipse lunaire partielle était annoncée pour 21 h 15, et Bette Monk (la mère de Sharri, de sa grande sœur Dale et de son petit frère Eddie) emménageait avec toute la famille dans une maison de quatre pièces dans Greene Street. Une maison si pittoresque que Bette avait su qu'elle y vivrait dès l'instant où elle avait vu l'annonce. Tout de suite – *pan* – Bette s'était vue avec les petits dans la cuisine pendant un petit déjeuner animé. Elle retournait des pancakes dans la poêle pendant que les enfants habillés pour l'école terminaient leurs devoirs et se disputaient la fin du jus d'orange. Après une image mentale si nette, si exacte, la maison de Greene Street s'imposait – oh oui, l'immense sycomore du jardin serait à elle. À eux.

Bette avait des visions, comment le formuler autrement ? Pas tous les jours, et jamais teintées de spirituel, mais elle sentait un éclair, voyait un flash, semblable à une vieille photo de vacances contenant le souvenir complet de tout ce qui l'avait précédée et suivie. Un jour, quand son mari, Bob Monk, était rentré du travail – *pan* –, Bette avait vu un cliché en couleurs de Bob et Lorraine Conner-Smythe main dans la main au restaurant du Marriott Hotel de Mission Bell. Lorraine était consultante et travaillait pour la boîte de Bob, ils ne manquaient donc pas d'occasions de se tourner autour. En cette nanoseconde, Bette sut que son mariage avec Bob était terminé. *Pan*.

Si Bette avait dû raconter toutes les visions qu'elle avait eues depuis sa petite enfance, et comment celles-ci s'étaient vérifiées, elle aurait pu tenir tout un dîner et une soirée : la bourse qu'elle décrocherait quatre ans après en avoir appris l'existence, la chambre qu'elle occuperait à la cité U d'Iowa City, le premier homme avec qui elle coucherait (pas Bob Monk), la robe de mariage qu'elle porterait devant l'autel (face à Bob Monk), la rivière Chicago qu'elle apercevrait en sortant d'un entretien d'embauche réussi pour le *Sun-Times*, le coup de fil qu'elle vit arriver la nuit où ses parents furent renversés par un conducteur ivre. Elle connut le sexe de ses enfants à l'instant où elle vit le résultat des tests de grossesse dans la salle de bains. La liste était longue. Pourtant Bette n'en faisait pas tout un plat et ne se targuait ni d'une clairvoyance particulière ni d'un mentalisme omniscient. Elle était convaincue que la plupart des gens avaient eux aussi des visions mais ne s'en rendaient pas compte. En outre, toutes ne se réalisèrent pas. Un jour elle se vit sur le plateau de *Jeopardy !*, mais cela n'arriva jamais. N'empêche, son taux de fiabilité était bougrement impressionnant.

Bob voulut épouser Lorraine dès que leur relation fut découverte, alors il s'offrit ce privilège en assurant la sécurité financière de Bette jusqu'à ce que les enfants aient l'âge d'aller à la fac et que cesse la pension alimentaire. L'achat de la maison de Greene Street exigea des courbettes auprès de la banque, une série de contrôles à surmonter et six mois d'entiercement, mais l'acte fut enfin signé. La pelouse, le sycomore, le porche, toutes ces chambres et le mini-bureau attenant au garage faisaient figure de Terre promise, surtout après le duplex exigu dans lequel Bette avait d'abord mis son argent et où ils vivaient à quatre comme des chatons dans une boîte, les uns sur les autres. À présent ils avaient un jardin, un long et large jardin. Avec un grenadier ! Bette vit ses enfants – *pan* – et leurs tee-shirts maculés de violet quand viendrait octobre.

La rue était isolée, presque personne n'y circulait hormis ses riverains, et les petits pouvaient donc y jouer en sécurité. Le 1er août, les enfants supplièrent les déménageurs de sortir en priorité leurs vélos et le tricycle d'Eddie pour qu'ils puissent explorer leur nouveau territoire. Les hommes, de jeunes Mexicains qui étaient eux aussi parents, se firent un plaisir de s'exécuter et ils les regardèrent jouer, insouciants, tout en déchargeant et transportant les affaires du foyer.

Bette passa la matinée à décrasser l'espagnol qu'elle avait appris au lycée, dirigeant les cartons vers les différentes pièces et disposant les meubles selon son intuition – le canapé face à la fenêtre, des bibliothèques près de la cheminée. Vers 11 heures, Dale arriva en courant avec une paire de garçons potelés, d'une dizaine d'années, probablement jumeaux, affublés du même air timide et de fossettes assorties.

« Maman ! Je te présente Keyshawn et Trennelle. Ils habitent à deux maisons de chez nous.

– Bonjour Keyshawn. Bonjour Trennelle, les salua Bette. Comment ça va ?

– Ils ont dit que je pouvais aller chez eux pour midi. »

Bette dévisagea les deux garçons. « C'est vrai ?

– Oui madame, répondit Keyshawn ou bien Trennelle.

– Tu viens bien de m'appeler *madame* ?

– Oui madame.

– Tu es très bien élevé, Keyshawn. À moins que tu ne sois Trennelle ? »

Chacun des garçons se pointa du doigt et donna son prénom. Ils ne s'habillaient pas à l'identique, contrairement aux jumeaux dans les films, ainsi Bette pourrait les différencier. En plus, Keyshawn avait des tresses impeccables tandis que Trennelle avait la boule presque à zéro.

« Qu'est-ce qu'il y a au menu ? demanda Bette.

– Aujourd'hui on mange des saucisses et des haricots, madame.

– Et qui est-ce qui cuisine ça, au juste ?

– Notre Mamie Alice, lui dit Trennelle. Notre mère travaille à la banque AmCoFederal. Notre père travaille chez Coca-Cola, mais on a le droit d'en boire que le dimanche. Notre Mamie Diane habite à Memphis. On n'a pas de papys. Notre mère viendra vous voir quand elle rentrera et elle vous apportera des fleurs du jardin pour vous souhaiter la bienvenue. Notre père viendra aussi, avec du Coca-Cola si c'est autorisé, ou bien du Fanta si vous préférez. On n'a pas demandé à Mamie Alice s'il y aura assez pour Eddie et Sharri, du coup ils ne peuvent pas venir.

– Maman ! C'est oui ? » Dale était à deux doigts d'exploser.

« Je suis d'accord, mais à condition que tu manges des légumes verts en plus des haricots.

– Des pommes, est-ce que ça irait, madame ? C'est vert. On a des pommes vertes.

– Ça fera l'affaire, Trennelle. »

Les trois enfants détalèrent et enfilèrent le porche, le perron et la pelouse en passant sous les branches basses du sycomore. Bette les suivit du regard jusqu'à ce qu'ils s'engouffrent dans une maison à quatre numéros de là. Puis elle cria à Eddie et Sharri de ranger leurs vélos sur la pelouse et de venir manger les sandwichs qu'elle préparerait dès qu'elle aurait trouvé quelque chose à mettre dedans.

À 15 heures, les déménageurs avaient terminé et étaient repartis, laissant à Bette le plaisir de transférer sa batterie de cuisine des cartons aux tiroirs et placards. Elle s'était délestée de l'électroménager fantaisiste de Bob, des inventions à usage unique qu'il collectionnait pour sa prétendue passion culinaire. Bette n'avait jamais aimé cuisiner, mais depuis la séparation elle avait ajouté quelques fioritures à ses repas spartiates. Les enfants redemandaient même des épinards à la crème. Ses burritos à la dinde hachée étaient garnis de haricots et de fromage, mais ils ne se désintégraient pas lorsqu'on les mangeait avec les doigts. L'instauration du « mardi burritos » avait été un succès et les enfants l'attendaient chaque semaine. Lorsque les cartons furent vides et chaque chose à peu près à sa place, Bette alluma le seul appareil qui lui importait, la machine à expresso. De fabrication allemande, ce monstre en acier inoxydable avait coûté mille dollars, occupait pratiquement un mètre carré du plan de travail et disposait d'autant de soupapes et de cadrans que le sous-marin du film *Das Boot*. Elle l'aimait si fort qu'elle le saluait souvent le matin d'un « Salut beau gosse ».

Enfin, elle s'assit dans le canapé du salon avec un énorme mug de café à la mousse de lait demi-écrémé. La grande fenêtre ressemblait à un écran de cinéma diffusant un film intitulé *À présent j'habite ici*. Des enfants passèrent à toutes jambes dans le champ, une bande qui vivait dans Greene Street ou y avait installé son quartier général. Une blondinette examinait la bouche de Sharri telle une envoyée de la petite souris évaluant la situation. Un groupe de garçons improvisèrent une partie de base-ball, frappant chacun leur tour avec une batte en plastique pendant que les autres récupéraient les tirs. Dale et une fille se balançaient aux branches du sycomore. Keyshawn et Trennelle devaient avoir une sœur, une fillette à fossette et à tresses, qui aidait Ed à tenir sur son vélo rose sans petites roues, courant à côté de lui sur la pelouse de la maison d'en face.

Cette pelouse appartenait à la famille Patel – c'était bien ce qu'avait dit l'agent immobilier ? Patel ? Un nom indien, en tout cas. La famille Patel devait s'agrandir tous les onze mois, à en juger par cinq des gamins qui jouaient dehors, les cheveux noirs et la peau brune, tous de parfaites répliques les uns des autres, à une tête près. Les aînées Patel avaient des iPhone ou des Samsung, qu'elles regardaient toutes les quarante-cinq secondes. Elles prirent des dizaines de photos d'Eddie sur le vélo rose.

Bette essaya de tous les compter, mais, pareils à un banc de poissons dans un aquarium trop grand, leur agitation lui rendit la tâche impossible. Disons donc qu'il y avait là une douzaine d'enfants de diverses couleurs qui chahutaient, riaient, couraient dans tous les sens.

« J'ai emménagé à l'ONU », se dit-elle. Elle eut envie de le raconter à Maggie, sa plus vieille amie, la femme qui l'avait accompagnée dans toutes les étapes de la dislocation de son mariage – depuis le premier *pan* jusqu'à la réalité de son malheur, au point de non-retour, à la recherche d'un avocat et durant les trois années et des poussières de charabia juridique et de nuits au vin très rouge. Son téléphone était dans son sac à main, par terre au milieu du salon. Elle allait le ramasser quand elle vit Paul Legaris approcher dans l'allée.

Il portait un bermuda de treillis et un tee-shirt rouge délavé marqué du logo défraîchi des Red Wings de Detroit. Ses lunettes étaient un brin trop anguleuses et branchées pour un homme de son âge, huit ans de plus qu'elle selon les estimations de Bette. Aux pieds, il avait des tongs ; d'accord, c'était l'été, mais puisqu'on était en pleine semaine, Bette en déduisit qu'il était au chômage. Cela dit, il pouvait travailler de nuit. Ou peut-être avait-il gagné au loto. Comment savoir ?

Paul lui apportait un jambon au miel Honey Baked – ce n'était pas un nouveau *pan* de Bette, la marque était inscrite sur le sac. Bien que la porte d'entrée fût grande ouverte – elle l'était depuis le matin, à cause des déménageurs et des enfants qui entraient et sortaient comme dans un moulin –, il donna un coup de sonnette qu'il se dispensa de compléter d'un *Y a quelqu'un ?*

« Bonjour, l'accueillit Bette sur le pas de la porte.

– Paul Legaris. Je suis votre voisin.

– Bette Monk.

– Je ne suis pas le représentant officiel du quartier, dit-il en lui tendant le sac, mais bienvenue. »

Bette jeta un coup d'œil au jambon. « Vous savez, avec un nom comme Monk… » Elle ne termina pas sa phrase. Paul eut l'air décontenancé, un air d'acteur qui a sauté une réplique. « Je pourrais être juive, dit Bette. Et le jambon serait…

– *Treif*, répondit Paul qui connaissait finalement son texte. Interdit.

– Mais je ne suis pas juive.

– Alors tout va bien. » Paul lui tendit le sac, elle le prit. « Quand je suis arrivé, quelqu'un m'en a laissé un sur le paillasson, ça m'a tenu des semaines.

– Merci beaucoup. Je peux vous offrir un café ? » Bette n'avait pas franchement envie de s'éterniser avec son voisin, un célibataire (il ne lui avait pas échappé que Paul ne portait pas d'alliance) qui, par sa simple présence dans la maison d'à côté, était la seule réalité imprévue et indésirable de sa nouvelle vie dans Greene Street. Il lui fallait pourtant être polie.

« C'est gentil, répondit-il sans bouger du porche, de l'autre côté du plan formé par la porte ouverte. Mais vous devez avoir mille choses à faire. »

Bette apprécia qu'il décline. Elle avait en effet mille corvées en souffrance. De la tête, elle désigna la meute d'enfants dans la rue. « Il y en a à vous, là-dedans ?

– Les miens vivent chez leur mère. Vous les verrez quand ce sera mon week-end.

– D'accord. Merci encore, dit-elle en baissant les yeux vers le jambon. Je mettrai peut-être l'os dans une soupe en fin de semaine.

– Bon appétit, dit Paul en commençant à battre en retraite. Vous serez bien ici. Moi, j'y suis bien. Oh… »

Il pivota, revint sur ses pas. « Vous faites quelque chose ce soir ? »

Vous faites quelque chose ce soir ?

Des mots que Bette avait bien trop souvent entendus ces dernières années. *Vous faites quelque chose ce soir ?* Prononcés par des hommes divorcés, célibataires, sans attaches, seuls – des types dont les enfants vivaient chez leur ex-femme, des types qui habitaient dans des appartements, écumaient les sites de rencontre en quête d'une relation intellectuelle, amoureuse ou sexuelle. Des types qui, à la seconde où ils la voyaient, se demandaient si elle faisait quelque chose ce soir.

Pan !

La vision : Paul, en embuscade derrière sa fenêtre, attendant que Bette Monk, divorcée, encore séduisante, se gare dans l'allée d'à côté. Alors, l'air de rien, il débarque avec une bonne excuse pour lui prendre un peu de temps – il aurait reçu par erreur une lettre qui lui était adressée, un chien du quartier aurait disparu, il voudrait savoir si l'entorse d'Eddie allait mieux. Il lui tiendrait la jambe, papoterait de manière trop désinvolte avec une mine trahissant un besoin d'attention.

Bette digéra la vision, le premier accroc dans le tissu de sa nouvelle vie – le voisin qui cherchait à se caser.

« J'ai du pain sur la planche, ici, dit-elle. Énormément. » Elle but une gorgée de café.

« Je vais installer mon télescope vers neuf heures, dit Paul. Il y a une éclipse lunaire partielle qui devrait culminer un quart d'heure plus tard. La Terre va projeter une belle ombre rouge qui va masquer presque la moitié de la Lune. Ça ne durera pas longtemps, mais vous pourriez jeter un coup d'œil.

– Ah », se contenta de répondre Bette.

Paul et ses tongs descendirent les marches du porche et traversèrent la pelouse, juste au moment où Sharri arrivait à toute allure avec quelque chose dans la main, un petit gravier d'un blanc immaculé.

« Maman ! Regarde ! » Elle avait du sang plein les doigts. « Ma dent ! »

Dans la lumière déclinante de cette première après-midi, la rue s'apaisa à mesure que l'on rentrait chez soi pour le dîner. Bette servit aux enfants des tranches de jambon, de la salade et des tomates qui venaient de l'ancien appartement. Un peu avant, Darlene Pitts, la mère de Keyshawn et Trennelle, avait apporté un panier de fleurs cueillies dans son jardin ainsi qu'une carte demandant *Tu veux bien être ma voisine ?* Pendant qu'elles discutaient sous le porche, son mari Harlan les rejoignit avec deux grandes bouteilles de Sprite et de Sprite Light. Les Pitts lui firent le topo sur les habitants du quartier.

« Je n'arrive pas à prononcer le prénom des Patel sans me faire mal à la langue, blagua Harlan. Je les appelle juste M. et Mme Patel.

– Irrfan et Priyanka. » Darlene lança un regard noir à son mari. « Et ce serait trop te demander d'apprendre le prénom de leurs enfants ?

– Eh bien figure-toi que oui. »

Bette aimait les gens comme eux.

Darlene égrena les noms. « Ananya, Pranav, Prisha, Anushka, et le petit dernier c'est Om.

– Om, celui-là je m'en souviens », dit Harlan.

Les Smith, *là-bas*, distribuaient par boisseaux entiers les fruits de leur abricotier. Les Ornona, *là-bas*, avaient un hors-bord qui ne quittait jamais leur allée. La famille Bakas, dans la grande maison bleu et blanc, organisait d'énormes fêtes pour la Pâque grecque et on avait intérêt à venir sinon ils vous rappelaient votre absence tout le reste de l'année. Vincent Crowell était jour et nuit sur sa radio amateur. Il y avait une antenne gigantesque sur le toit de sa maison.

« Et Paul Legaris est prof de sciences à Burham. La fac. Il a deux enfants, énuméra Harlan. Il paraît que le plus grand s'engage dans la Navy.

– Alors il est prof, dit Bette. Ça explique ses chaussures.

– Comment ça ? demanda Darlene.

– Il est venu nous offrir un jambon en tongs. C'est lui qui était en tongs, pas le jambon. Je me suis dit qu'un homme qui portait des tongs en pleine semaine était, vous voyez…

– Bien dans ses pompes ? fit Harlan.

– Au chômage.

– L'année scolaire est finie. » Harlan soupira. « Par ce temps, je l'envie de pouvoir se mettre en tongs. »

Pan ! Bette vit Paul sur le campus, entre les cours, assis sur un banc, entouré d'étudiantes, de jolies filles à qui Legaris enseignait l'« Introduction à la biologie », Legaris qui se montrait toujours tellement disponible. Parmi elles il y en avait forcément une qui aimait les hommes plus âgés ayant du pouvoir, c'est en tout cas ce qu'espérait Paul Legaris.

Attirés par la douceur de cette soirée d'été, les enfants ressortirent jouer pendant que Bette lavait la vaisselle avant de monter chercher des draps pour faire les lits.

Depuis la fenêtre de la chambre que partageaient Dale et Sharri, Bette vit Paul qui sortait de son garage en poussant un gros tube – le fameux télescope – sur un chariot artisanal, aidé par quelques enfants. Le temps que la nuit finisse de tomber, Bette avait branché son enceinte Bluetooth et l'avait couplée à son téléphone, et Adele entonnait la bande-son mélancolique d'une soirée à démêler des cintres et à garnir des placards. Bette n'avait pas fini d'organiser les tiroirs de la commode quand elle entendit un des enfants claquer la porte et monter l'escalier à grand bruit.

« Maman ? hurla Eddie en déboulant dans sa future chambre. Je peux fabriquer un télescope ?

– C'est ambitieux de ta part.

– Le professeur Legaris a fabriqué le sien, j'ai regardé dedans et c'est *génial*.

– Le *professeur* Legaris, hein ?

– Oui. Le monsieur d'à côté. Y a des tas de trucs *géniaux* dans son garage. Il a plein de câbles et d'outils dans un gros truc en bois qu'il appelle un chiffonnier. Il a trois vieilles télés avec des boutons sur le côté et une machine à coudre avec une pédale. » Eddie sautait sur son lit. « Il m'a laissé regarder le cosmos dans son télescope, même si je sais pas trop ce que c'est. J'ai vu la Lune et elle était à moitié cachée par l'ombre du Soleil.

– Je ne suis pas professeur, mais je crois que c'est l'ombre de la Terre.

– C'était marrant. Sans le télescope, on avait l'impression qu'un bout de la Lune avait été découpé dans le ciel, mais avec, on voyait encore la partie coupée, sauf qu'elle était rouge. Avec des cratères et tout. Et c'est lui qui a fabriqué son télescope, à la main.

– Comment est-ce qu'il a fait ?

– Il faut prendre un morceau de verre rond et le poncer longtemps jusqu'à ce qu'il devienne brillant, et après on le met au bout d'un tube comme ceux où on range les tapis. Et ensuite il faut acheter les trucs pour les yeux.

– Les lentilles ?

– Je crois qu'il appelle ça des oculistes. Il donne des cours pour apprendre à fabriquer des télescopes. Je peux y aller ?

– À condition qu'on trouve un tube à tapis. »

Les enfants se couchèrent tard en ce premier soir dans Greene Street, mais ils s'étaient si bien dépensés qu'ils s'écroulèrent *illico*. Avant d'oublier, Bette glissa trois dollars sous l'oreiller de Sharri en échange de sa dent, car la Petite Souris était pleine aux as.

Cette journée enfin terminée, Bette ouvrit une bouteille de rouge et appela Maggie pour lui parler des enfants du quartier, des Pitts et de la filière de Coca-Cola, et, oui, de sa vision de Paul Legaris.

« T'as vraiment pas de chance avec les hommes, conclut Maggie.

– C'est pas ma faute, dit Bette. C'est les hommes. Ils sont trop tristes. Trop lourds. Prêts à tout pour avoir l'approbation d'une femme.

– Prêts à tout pour te sauter, rectifia Maggie. Et en plus, tu habites juste à côté ! La prochaine fois, il empestera l'eau de Cologne et il te la jouera Sinatra. Enferme-toi à double tour. Il en a après toi.

– J'espère qu'il vise plutôt ses élèves. Ses assistantes. Les filles des sororités.

– Il risquerait de se faire virer. La divorcée sexy qui vient d'emménager, ça c'est légal. Si ça se trouve, il a déjà des jumelles braquées sur tes fenêtres.

– Dans ce cas il ne verra que les rideaux Star Wars d'Eddie. Ma chambre est de l'autre côté. »

———

Tandis qu'août s'enfonçait en bâillant dans la canicule, Bette évitait tout contact avec son voisin, peu désireuse d'entendre un nouveau *Vous faites quelque chose ce soir ?* Quand elle rentrait du travail, elle était aux aguets. Un jour, Paul Legaris était sur sa pelouse devant chez lui et lui fit signe quand elle se rangea dans l'allée, la saluant d'un *Comment ça va ?*

« Super, merci ! » répondit-elle. Elle se hâta vers sa porte, prétendant qu'elle avait quelque chose sur le feu. Une autre fois, il regardait les enfants du quartier jouer à un jeu de ballon qu'ils appelaient le Cochon volant, alors elle attrapa son téléphone et fit mine de prendre un appel. Paul lui fit signe mais elle se contenta de hocher la tête. Tous les soirs elle redoutait qu'on sonne et qu'elle le trouve sur le pas de la porte, tout juste sorti de la douche, sentant le parfum Creed, et qu'il lui demande si elle faisait quelque chose, si elle voulait aller dîner à la Old Spaghetti Factory. Un jour, elle avait accepté une invitation de son dentiste. Il s'était révélé tellement rasoir et narcissique qu'elle avait changé de praticien. C'est vers cette époque qu'elle avait décrété une trêve dans la guerre à l'amour, et aujourd'hui elle était déterminée à ce que sa nouvelle vie dans Greene Street reste dénuée de toute liaison et par conséquent de toute catastrophe.

Finalement, les enfants voyaient Paul Legaris plus souvent qu'elle. Un vendredi soir, Legaris lavait sa voiture (qui lave sa voiture un vendredi soir ?) quand

Bob était venu chercher les petits pour son week-end de garde. Bette fit visiter le rez-de-chaussée à son ex-mari pendant que les enfants faisaient leur sac, puis elle regarda la troupe s'entasser dans la voiture. Paul approcha quand Eddie voulut présenter à son père l'homme qui enseignait le cosmos à la fac. Ils discutèrent plus longtemps que nécessaire, de l'avis de Bette. Lorsque Bob et les enfants s'en allèrent, Paul retourna s'occuper de sa voiture. Bien qu'elle n'ait pas eu de vision de leur échange, elle se demanda si les deux hommes avaient parlé d'elle.

Le lendemain, samedi, Bette fit la grasse matinée, profitant de ne pas avoir les enfants pour se lever merveilleusement tard. Elle descendit pieds nus l'escalier de la maison silencieuse, en leggings et sweat à capuche, son iPad à la main.

« Salut beau gosse. » Elle se concocta son élixir matinal, qu'elle emporta dans le jardin avant que le soleil ne paraisse au-dessus du toit et que la chaleur ne devienne insupportable. Elle avait l'impression de ne pas avoir utilisé son iPad ailleurs qu'au lit depuis des années. Elle s'installa sous l'arbre dans un fauteuil en bois et parcourut les derniers numéros du supplément week-end du *Chicago Sun-Times* ; elle traînait sur le site du *Daily Mail* quand elle entendit un *clac clac clac clac clac*.

Quelque part, un pic-vert piquait.

Clac clac clac clac clac.

Elle scruta les branches des arbres mais n'y vit aucun oiseau. *Clac clac clac clac clac*.

« Toujours par cinq », dit Bette en comptant les *clac*.

Elle jeta un œil à la façade de la maison, fut soulagée de ne pas voir l'oiseau y chercher des insectes en abîmant le revêtement, puis les *clac clac clac clac clac* reprirent.

Le bruit venait de l'autre côté de la palissade, du jardin de Paul Legaris. De par sa hauteur, la clôture – garantie de bonnes relations de voisinage, même dans Greene Street – occultait tout le jardin, à l'exception des plus hautes branches. Aucun signe de Woody Woodpecker dans les arbres, mais les *clac clac clac clac clac* continuaient, attisant la curiosité de Bette. Elle voulait voir la taille de l'oiseau, alors elle déplaça son fauteuil jusqu'à la clôture et grimpa dessus dans l'espoir de voir l'animal en action.

Clac clac clac clac clac.

Le jardin de Paul Legaris était soigné : potager avec tuteurs et irrigation au goutte-à-goutte. Une charrue traditionnelle, rouillée et privée de cheval, trônait au centre d'un carré d'herbe aux côtés d'une incongrue rangée de panneaux solaires. Vers le fond du jardin, à l'écart du patio, se trouvaient un solide barbecue en brique et le genre de hamac autoportant qui s'achète par correspondance.

Clac clac clac clac clac.

Quant à Paul, il était assis à une table de pique-nique sur une terrasse en séquoia abritée par un auvent, déjà affublé de son uniforme, bermuda militaire, polo et tongs. Ses lunettes de soleil trop cool étaient remontées sur son crâne et il était concentré sur un gros engin qui semblait dater des années 1800.

Clac clac clac clac clac.

C'était une machine à écrire, mais qui ne ressemblait pas à toutes celles que Bette avait pu voir. Un modèle ancien, de l'époque victorienne, dont les marteaux frappaient le papier enroulé autour du chariot. Paul tapait cinq fois sur une touche – *clac clac clac clac clac* –, versait une goutte d'huile dans les leviers de la machine, et recommençait.

Clac clac clac clac clac.

Voilà comment Paul Legaris réussit à gâcher une matinée parfaite dans Greene Street, en révisant un bibelot sorti de chez Jules Verne.

Clac clac clac clac clac.

« Super », grommela Bette. Elle rentra se servir une autre dose de caféine et ne ressortit pas, lut sur son iPad dans le calme relatif de la cuisine, d'où lui parvenaient encore les claquements étouffés du traitement de texte inoxydable de son voisin.

Cet après-midi-là, alors que le soleil transformait Greene Street en fournaise, Bette téléphona à Maggie.

« Donc il a des télescopes et des machines à écrire plein sa maison. Je me demande ce qu'il peut collectionner d'autre, fit Maggie.

– Des vieux grille-pain ? Des téléphones à cadran ? Des lessiveuses ?

– J'ai cherché sur quelques sites de rencontre. Je l'ai pas trouvé.

– Voisinbizarre.com ? Des pauvres types chauds dans ta région ? » Bette regardait par la fenêtre quand une voiture inconnue se gara de l'autre côté de la rue – une coréenne rouge vernis à ongles. En descendirent un jeune homme, le conducteur, et une fille plus jeune de quelques années, sans doute sa sœur. Tandis qu'ils traversaient la chaussée en direction de chez Paul Legaris, Bette reconnut chez le garçon la démarche Legaris.

« Alerte, dit-elle à Maggie. Devine qui vient d'arriver.

– Qui ça ?

– Les enfants du professeur Sans-Ami. Le fils et la fille. J'en suis quasi sûre.

– Ils ont des tatouages ou des Birkenstock ?

– Non. » Bette chercha des marques de révolte ou de bizarrerie adolescente. « À première vue tout est normal.

– Normal, c'est un réglage sur ta machine à laver. »

La fille poussa un petit cri et courut vers la porte de la maison. Paul Legaris marchait vers elle et leurs trajectoires se rencontrèrent sur la pelouse. Elle lui fit une prise de catch et l'immobilisa dans l'herbe en riant. Le fils se joignit à la mêlée et les deux jeunes bondirent sur leur père qu'ils n'avaient manifestement pas vu depuis longtemps.

« Je crois que je vais devoir appeler le Samu. Ils sont partis pour lui démettre l'épaule. »

Ce soir-là, Bette, Maggie et les deux sœurs Ordinand dînèrent dans un boui-boui mexicain aux murs en parpaings et aux abat-jour en papier, si authentique qu'elles se méfièrent de l'eau qu'on y servait et se rabattirent sur les margaritas. La soirée fut pleine de rires et d'anecdotes au sujet d'anciens maris, d'ex nuls et d'hommes qui ne brillaient ni par leur bon sens ni par leur santé mentale. La discussion fut drôle et piquante et tourna beaucoup autour de Paul Legaris, en termes peu flatteurs.

Lorsque son chauffeur Lyft déposa Bette dans Greene Street, la nuit était tombée depuis deux heures et le télescope ressorti sur la pelouse de Paul. Sa voiture n'était pas dans l'allée ; c'étaient ses enfants qui exploraient les cieux. Bette traçait vers chez elle lorsque la voix du fils lui parvint.

« Bonsoir », dit-il simplement.

Bette hocha la tête et émit un bruit s'apparentant à *bsoir*, mais ne ralentit pas.

« Vous voulez voir les lunes de Jupiter ? » C'était la fille. « Pile au milieu du ciel, elles sont super-cool.

– Non merci, répondit Bette.

– Vous ratez un sacré spectacle ! » La fille avait le même genre de voix que Dale, chaleureuse, encline à s'enthousiasmer pour des broutilles.

« Pas d'éclipse ce soir ? » Bette cherchait ses clés dans son sac.

« Il n'y en a pas souvent. Mais Jupiter est visible tout l'été, dit la fille. Je m'appelle Nora Legaris.

– Bonsoir. Bette Monk.

– Vous êtes la mère de Dale, Sharri et Eddie ? Papa les trouve mignons comme tout. » La fille s'avança dans l'allée de Bette. « Avant vous, la maison appartenait aux Schneider. Ils sont partis à Austin, les veinards. Ça, c'est mon frère. » Nora désigna le télescope. « Dis à Mme Monk comment tu t'appelles !

– Lawrence Altwell-Chance Delagordo Legaris, septième du nom. Mais vous pouvez m'appeler Chick. »

Bette prit un air ébahi, l'air d'une femme qui a trois margaritas dans le ventre. « *Chick* ?

– Ou Larry. C'est une longue histoire. Vous voulez voir ce que Galilée a vu il y a des siècles ? Ça a changé le cours de l'humanité. »

Décliner pareille invitation et s'enfuir aurait été malpoli, pas du tout dans l'esprit de Greene Street. Nora et Chick étaient charmants. Alors Bette dit : « Présenté comme ça, je n'ai pas le choix. »

Pour la première fois, Bette franchit la frontière et entra en territoire Legaris. Chick s'écarta du télescope pour lui céder la place. « Je vous laisse contempler Jupiter. »

Bette colla son œil contre l'optique à l'extrémité ouverte du tube à tapis.

« Essayez de ne pas bouger le télescope. Il faut qu'il soit bien dans l'axe. »

Bette cligna de l'œil. Ses cils frôlèrent l'oculaire. Elle ne comprenait pas ce qu'elle regardait. « Je ne vois rien.

– Chick, soupira Nora. Tu ne peux pas dire "Je vous laisse contempler Jupiter" si elle n'a pas le moyen de contempler Jupiter.

– Pardon, madame Monk. Je vais vérifier. » Chick regarda dans un plus petit télescope installé sur l'énorme tube en carton et opéra des réglages vers le haut et le bas, la gauche et la droite. « Bim ! Droit dans le viseur !

– Maintenant j'espère que vous allez pouvoir contempler Jupiter », dit Nora.

L'œil si proche de la lentille que son mascara aurait pu la tacher, Bette ne vit tout d'abord rien, puis distingua une tête d'épingle scintillante. Jupiter. Et pas seulement elle, mais quatre de ses lunes, une à gauche et trois à droite, alignées, qui lui crevaient les yeux.

« La vache ! s'écria Bette. On ne voit qu'elle. C'est vraiment *Jupiter* ?

– Reine des planètes et des lunes joviennes, dit Chick. Combien est-ce que vous en voyez ?

– Quatre.

– Exactement comme Galilée, dit Nora. Il a mis deux morceaux de verre dans un tuyau en cuivre qu'il a braqué vers l'objet le plus brillant du ciel italien, et il a vu la même chose que vous. Après ça il a jeté la théorie ptoléméenne à la poubelle. Ça lui a valu quelques ennuis. »

Bette était fascinée. Elle n'avait jamais regardé dans les profondeurs du cosmos ni vu une autre planète de ses propres yeux. Jupiter était magnifique.

« Attendez de voir Saturne, dit Chick. Avec ses anneaux et ses lunes et tout le tralala.

– Montrez-la-moi ! » Soudain Bette était accro aux corps célestes.

« Impossible, expliqua Chick. Saturne se lève au petit matin. Si vous avez envie de mettre votre réveil à 5 heures moins le quart, on se retrouve ici et je vous réglerai le télescope.

– 5 heures moins le quart ? Du matin ? Sans moi. » Bette s'arracha du télescope et des lunes joviennes. « Maintenant expliquez-moi, pourquoi Chick ? »

Rire de Nora. « À cause d'Abbott et Costello. Dans un de leurs films, le maigre s'appelle Chick. On l'a vu des centaines de fois et j'ai commencé à appeler mon frère comme ça. Et c'est resté.

– C'est toujours mieux que d'être un énième Larry.

– Je comprends, fit Bette. On était huit Elizabeth dans ma classe en primaire. » Bette jeta un nouveau coup d'œil à Jupiter et s'en émerveilla encore.

« Voilà le paternel. » Nora voyait approcher les phares de son père. Bette songea à filer chez elle, mais le faire à cet instant aurait été un tel manque de respect qu'elle réfréna son instinct de fuite.

« Qu'est-ce que vous faites dans mon jardin, bande de voyous ? » dit Paul en descendant de voiture. Un autre garçon, un roux guère plus âgé que Chick, sortit du côté passager. « Pas vous, Bette. Ces deux garnements. »

Nora se tourna vers Bette. « C'est le vocabulaire de Papa. Désolée de vous infliger ça.

– Je vous présente Daniel », dit Paul en désignant le garçon dont Bette ne put s'empêcher de remarquer la maigreur, à la limite de la malnutrition. Il portait des vêtements neufs dans lesquels il était visiblement mal à l'aise et qui n'étaient donc sans doute pas à son goût. Les jeunes se saluèrent et Bette dit bonjour.

« Tu l'as dans le viseur ? » Paul regarda la géante gazeuse dans le télescope. « Daniel, tu as déjà vu Jupiter ?

– Jamais. » Sans plus de commentaire, Daniel s'avança vers le tube et colla son œil à l'oculaire. « Ouah, fit-il, guère enthousiaste.

– Bette ? Vous avez essayé ? demanda Paul.

– Oui. J'ai même dit *la vache*. » Bette se tourna vers Nora. « Désolée que vous m'ayez entendue dire *la vache*.

– Non, c'est bien, dit Nora. C'est passe-partout. Comme *génial* ou *top*.

– Ou *excellent*, dit Chick.

– Ou *bath*, dit Paul.

– Ou *mortel* », dit Daniel avec la même absence d'enthousiasme.

À quoi personne n'eut rien à répondre.

Le Daniel en question resta quelques jours chez Legaris. Bette les entendait discuter le matin, leurs voix franchissant la palissade du jardin. Paul et lui sortaient vers 19 heures, jusqu'au soir où le maigrichon à cheveux roux ne revint pas. Greene Street redevint le royaume des vélos, des ballons et des enfants qui mettaient dans leurs jeux une détermination fébrile car la rentrée des classes approchait. Tout à coup la fin de l'été était palpable, on la sentait dans l'air.

Le dernier soir d'août, Bette emmena les enfants manger une pizza dans un restaurant où s'alignaient des bornes de jeux d'arcade. À leur retour, le quartier était un havre de paix après tout ce vacarme. Eddie et Sharri rejoignirent les petits Patel qui jouaient sur leur pelouse avec un tuyau d'arrosage. Dale rentra. Bette s'attarda un moment dans la brise rafraîchissante qui agitait les feuilles de son sycomore. Elle piocha dans le carton une des parts de pizza restantes et la grignota adossée à une branche basse.

Aucun signe de Paul Legaris. Sa voiture n'étant pas dans l'allée, Bette put profiter du calme de Greene Street, malgré la mauvaise conscience que lui causait cette quatrième part au pepperoni, olives et oignons. Quand elle jeta dans l'herbe le fin croissant de croûte – un oiseau ne tarderait pas à le trouver –, elle crut voir un énorme insecte traverser l'allée de Paul Legaris.

Elle faillit laisser échapper un cri de terreur – ça aurait pu être une grosse araignée – avant de comprendre que ce n'était qu'un jeu de clés abandonné sur le sol, à l'emplacement habituel de la voiture de Paul.

Bette se trouva alors face à un dilemme. Elle aurait dû les ramasser, les garder jusqu'au retour de Paul, puis aller toquer à sa porte pour les lui rendre. Si c'étaient effectivement ses clés, éventualité la plus probable, elle lui épargnerait le tracas d'une recherche infructueuse. N'importe qui aurait fait de même, mais – *pan* – Paul serait si heureux de retrouver ses clés qu'il insisterait pour remercier Bette en l'invitant à dîner. Des côtes de porc au barbecue, ma spécialité ! Qu'est-ce que vous en dites ?

Bette ne voulait pas prendre ce risque. Le plus simple serait d'envoyer Eddie rendre les clés. Lorsque Paul rentrerait, son fils courrait faire sa B.A., Bette ne mettrait pas le nez dehors, et on n'en parlerait plus.

Elle se baissa et récupéra le trousseau. Un sceau de l'université de Burham, deux clés de maison, deux clés industrielles gravées d'un numéro de série, une clé d'antivol et, plus gros que tout le reste, un jeton de poker en plastique attaché par un trou percé dans son pourtour.

Il était usé, sa bordure dentelée émoussée. Il avait été rouge, mais ne présentait plus que des taches délavées. Au centre se voyait toujours le numéro 20. Paul avait dû gagner vingt dollars sur l'un des faux bateaux à aubes qui servaient de casinos à la frontière de l'État. À moins que ce jeton ne soit tout ce qu'il lui restait d'une mise à deux mille dollars. Elle le retourna et vit les lettres *NA* sur l'autre face. Elles étaient écrites dans un style exotique, rappelant un tatouage, à l'intérieur d'un carré incliné sur un côté comme le diamant d'un terrain de base-ball. Dans la lumière déclinante du soir, Bette distingua des mots, mais ils étaient effacés et illisibles, à l'exception de quelques lettres – un *g* ici, un *oc*, et peut-être un *vice* qui aurait pu être *roit* ou *ribs* ou n'importe quel mot de quatre lettres.

De l'autre côté de la rue, les enfants jouaient à la balle au mur contre la porte du garage des Patel. Bette rentra avec le trousseau en attendant de pouvoir charger Eddie de le rapporter.

Dale était sur son ordinateur dans le salon, elle regardait des vidéos de saut d'obstacle sur YouTube.

« Tu es occupée ? » lui demanda Bette. Dale ne répondit pas. « Hé, ta mère te parle, dit-elle en claquant des doigts.

– Ouais ? fit sa fille sans lever les yeux.

– Tu peux me chercher quelque chose sur Google ?

– Quoi ?

– Ce jeton de poker. » Bette brandit le trousseau de clés.

« Tu veux que je te google des jetons de poker ?

– Celui-ci.

– J'ai pas besoin de Google pour te dire que c'est un jeton de poker.

– D'où est-ce qu'il vient ?

– D'une usine de jetons de poker.

– Cherche-le-moi sur Google ou tu vas le prendre dans la figure. »

Dale soupira, regarda sa mère, le porte-clés et le jeton et leva les yeux au ciel. « Ok, mais je peux finir ça d'abord ? »

Bette lui montra les détails du jeton – le rouge passé, le 20, le *NA* et les lettres effacées – et lui laissa le porte-clés tandis qu'elle allait enlever les miettes de pizza collées à ses mains. Elle était en train de charger le lave-vaisselle quand Dale l'appela depuis le salon.

« Qu'est-ce qu'il y a ? » répondit Bette.

Dale arriva dans la cuisine, son ordinateur dans les bras. « C'est un truc de drogués.

– Quoi donc ? » Bette disposait les couverts sur le tiroir supérieur de l'appareil.

« Le jeton, fit Dale en montrant à sa mère une série d'images sur l'écran de son ordinateur. *NA*, ça veut dire Narcotiques Anonymes. Comme les Alcooliques Anonymes, mais pour les drogués. J'ai tapé *jeton de poker NA* et j'ai trouvé un site, et ensuite j'ai cherché des images et voilà. »

Bette voyait un jeton identique à celui du trousseau de clés. Le *NA* dans un diamant de base-ball, avec les mots *Self*, *God*, *Society* et *Service* sur les quatre côtés.

« Ça indique trente jours de sobriété d'affilée, dit Dale. C'est-à-dire sans prendre de drogue.

– Mais il y a écrit 20 sur celui-là. » Pourquoi Paul Legaris avait-il un jeton des Narcotiques Anonymes ?

« Je pense que ça veut dire vingt ans, répondit Dale. D'où elles sortent, ces clés ? »

Bette hésita. Si Paul Legaris avait un lien avec les Narcotiques Anonymes, elle ne voulait pas que Dale soit au courant avant qu'elle-même en sache davantage.

« Je les ai trouvées quelque part.

– Tu veux que je te google autre chose ? Les règles du poker ?

– Non, merci. » Bette finit de charger le lave-vaisselle, puis elle appela Maggie.

« Les Narcotiques Anonymes, bien sûr, dit Maggie. Les AA pour les alcoolos. CA pour les cokés. Il y a des trucs anonymes pour tout.

– Les NA, c'est pour les junkies ?

– Pas pour les narcoleptiques, en tout cas. » Maggie était intriguée. « Tu es sûre que ce sont bien ses clés ?

– Non. Mais elles étaient dans son allée, donc on va dire que oui – et on se tapera la honte si…

– Dans les programmes en douze étapes, tout le monde couche toujours ensemble. Sarah Jallis a une nièce qui a épousé un type de son groupe d'Alcooliques Anonymes, mais je crois qu'ils ont fini par divorcer.

– Si Paul Legaris est aux NA, et s'il y est depuis *vingt ans*, je me demande pourquoi.

– Hmm. » Maggie marqua une pause. « J'imagine que ça a un rapport avec des narcotiques. »

Eddie et Sharri rentrèrent une heure plus tard, trempés par le tuyau d'arrosage des Patel. Une autre heure plus tard, les trois enfants étaient propres et regardaient un film sur la PlayStation. Dans la cuisine, Bette était sur son iPad et épluchait les sites des Narcotiques Anonymes. Elle n'entendit pas qu'on frappait.

« Le professeur Legaris est là. » Eddie était entré dans la cuisine. Bette regarda son fils sans réagir. « Il est à la porte. »

Et il était bien là, sous le porche, en jean, chemise blanche et chaussures bateau. Bette tira la porte derrière elle pour atténuer le bruit du film.

« Bonsoir, dit-elle.

– Désolé de vous déranger. Je me demandais si je pouvais passer par votre jardin pour accéder au mien.

– Pourquoi ?

– Parce que je suis un imbécile. Je me suis enfermé dehors. Je crois que la porte coulissante n'est pas fermée. Je pourrais escalader la palissade, mais j'atterrirais dans mes poubelles. »

Bette regarda Paul, ce visage qui lui avait apporté un jambon au miel un mois auparavant, ce type qui lavait sa voiture le vendredi et trouvait que ses enfants étaient mignons comme tout, ce voisin qui fabriquait des télescopes et réparait de vieilles machines à écrire. *Pan !* Paul Legaris, sur une chaise pliante, est assis dans un cercle d'hommes et de femmes. Il écoute Daniel, le roux maigrichon, qui parle de l'époque où il prenait de l'héroïne. Paul hoche la tête, y reconnaît son comportement d'il y a vingt ans.

« Un instant », dit Bette.

Elle revint quelques secondes plus tard avec le trousseau.

« Mes clés, murmura Paul. Vous m'avez piqué mes clés ? C'est une blague ?

– Elles étaient dans votre allée. Au début j'ai cru que c'était une grosse bestiole.

– Le plip de ma voiture a dû tomber sans que je le remarque, encore un truc qui m'a échappé. Merci, j'ignorais complètement que je les avais perdues.

– Remerciez Greene Street et ses règles de bon voisinage », répondit Bette. Le moment aurait été propice pour clore cette interaction avec le type d'à côté, ce type qui portait des tongs et qu'elle évitait depuis le premier jour. Mais elle s'étonna elle-même quand elle demanda : « Où est passé votre ami Daniel, la pipelette ? »

Paul avait commencé à s'éloigner, mais il se ravisa et se tourna vers Bette. « Ah, Danny. » Une pause. « Il est dans le Kentucky.

– Dans le Kentucky ? Il est de là-bas ? » Bette était appuyée contre le montant de la porte, à l'aise, désinvolte. La présence de Paul la détendait, une sensation qu'elle n'avait plus éprouvée depuis le premier *Vous faites quelque chose ce soir ?*

« Il est de Detroit. Il a trouvé un boulot dans le Kentucky, donc il devrait y rester trois mois, si tout se passe bien. J'espère qu'il ne vous a pas posé de problème pendant qu'il était chez moi.

– Du tout. J'avais juste envie de lui donner des sandwichs pour qu'il se remplume.

– Oui. Il mange mal. » Paul fit un nouveau pas en arrière.

« Vous savez, dit Bette, autrefois, les roux étaient considérés comme des démons. Parce que leurs cheveux avaient la couleur du diable. »

Paul éclata de rire. « Il a ses démons, mais pas plus que n'importe qui. »

Bette regarda les clés dans la main de Paul, le jeton qui marquait vingt années d'abstinence, deux décennies sans drogue. Elle fit le calcul. Chick Legaris avait au moins vingt et un ans, ce qui signifie qu'il était bébé à l'époque où son père était au fond du trou, où Paul avait commencé sa remontée jusqu'à cette soirée du mois d'août.

Il suffit de cet instant pour que Bette acquière la certitude que ses enfants et elle étaient bien à leur place dans Greene Street.

« Merci, vous m'avez évité une belle galère, fit Paul en agitant ses clés.

– *De nada.* » Bette le regarda cheminer vers chez lui.

Elle s'apprêtait à rentrer quand soudain – *pan* – elle se vit dans sa cuisine, au petit matin, la première lueur de l'aube encore lointaine et les enfants toujours endormis.

« Salut beau gosse », lance-t-elle à la machine à expresso en train de lui préparer son *latte* du matin et, dans une autre tasse, un double cappuccino sous une fine couche de mousse.

Puis elle sort avec les deux cafés, descend les marches du porche, traverse la pelouse et passe sous les branches du sycomore.

Paul Legaris a installé son télescope dans son allée, pointé vers l'horizon à l'est, encore d'un bleu profond.

Saturne vient d'apparaître. À travers la lentille, la planète aux anneaux resplendit dans toute sa gloire. Droit dans le viseur.

ROYAL

Alan Bean + 4

Aujourd'hui, aller sur la Lune est beaucoup plus simple qu'en 1969, et nous l'avons prouvé tous les quatre, même si personne n'en a rien à cirer. Nous buvions des bières dans mon jardin, le croissant de la Lune était l'ongle délicat d'une princesse au-dessus de l'horizon, quand j'ai dit à Steve Wong que s'il lançait assez fort un objet, par exemple un marteau, l'outil parcourrait huit cent mille kilomètres et ferait le tour de l'astre, avant de revenir vers la Terre comme un boomerang en décrivant un huit, et franchement ne trouvait-il pas cela fascinant ?

Steve Wong bosse à Home Depot, ce qui lui donne accès à un grand nombre de marteaux. Il a proposé que nous en lancions quelques-uns. Son collègue, MDash, qui avait abrégé son nom à la manière des rappeurs, se demandait comment il serait possible de rattraper un marteau chauffé au rouge et tombant à près de deux mille kilomètres-heure. Selon Anna, qui dirige un studio de graphisme, il n'y aurait rien à rattraper car le marteau se consumerait comme une météorite, et elle avait raison. En outre, elle doutait de la simplicité de mon aller-retour cosmique. Elle fait toujours preuve de scepticisme à l'égard de mes compétences aérospatiales. Selon elle, je cite les « missions Apollo » et l'« alunissage du Lunokhod » à tout bout de champ et j'ai commencé à tricher sur les détails afin de me faire passer pour un expert, et là encore elle a raison.

Tous mes ouvrages de non-fiction étant stockés dans ma liseuse Kobo, j'ai dégainé un chapitre de *Impossible, camarade. Pourquoi l'URSS a perdu la course à la Lune*, œuvre d'un universitaire transfuge qui avait des comptes à régler. D'après lui, au milieu des années soixante, les Soviétiques comptaient damer le pion au programme Apollo grâce à une simple mission en huit : pas d'orbite, pas d'alunissage, rien que des photos et de la gloire. Les Rouges ont envoyé un Soyouz censément habité par un mannequin en combinaison spatiale, mais tout est parti en vrille, au point qu'ils n'ont jamais osé recommencer, pas même avec un chien. *Kaputnik.*

Anna est une femme svelte, d'une intelligence cinglante, et c'est la personne la plus déterminée que j'ai fréquentée (pendant trois semaines éreintantes). Elle y a vu un défi. Elle a voulu réussir là où les Russes avaient échoué. Ce serait marrant, disait-elle. On ferait le voyage tous ensemble et ce serait réglé. Mais quand ? J'ai suggéré qu'on cale le décollage sur l'anniversaire d'Apollo 11, le vol spatial le plus célèbre de l'histoire, mais c'était impossible car Steve Wong avait rendez-vous chez le dentiste pendant la troisième semaine de juillet. Novembre, alors, pour l'alunissage d'Apollo 12 dans l'océan des Tempêtes, un événement oublié par 99,999 % de la population mondiale ? Mais Anna était demoiselle d'honneur au mariage de sa sœur la semaine d'après Halloween, et ainsi la meilleure date se révéla être le dernier samedi de septembre.

Du temps d'Apollo, les astronautes se formaient pendant des milliers d'heures, pilotaient des avions et passaient des diplômes d'ingénieur. Ils devaient s'entraîner à échapper aux lancements ratés en dévalant de longs câbles jusqu'aux abris matelassés où ils seraient en sécurité. Ils devaient savoir utiliser des règles à calculer. Nous n'avons rien fait de tout cela, ce qui ne nous a pas empêchés de tester notre réacteur le 4 juillet, à Oxnard, dans l'allée de Steve Wong, en espérant que notre premier étage non habité arriverait dans le ciel en se confondant avec les feux d'artifice. Mission accomplie. La fusée a survolé la Basse-Californie, orbite *en ce moment même* autour de la Terre toutes les quatre-vingt-dix minutes et, je le précise à l'usage de multiples agences gouvernementales, elle brûlera probablement sans causer de dégâts en rentrant dans l'atmosphère d'ici douze à quatorze mois.

MDash est né dans un village subsaharien et il a un cerveau exceptionnel. Quand il est arrivé au lycée à St. Anthony, il a remporté malgré son anglais rudimentaire une mention honorable à la Fête des sciences pour son expérience sur les matériaux ablatifs, lesquels matériaux ont pris feu pour le plus grand plaisir de tous. Dans la mesure où un bouclier thermique opérationnel est nécessaire au sacro-saint « retour sain et sauf sur terre », MDash s'est retrouvé chargé de tout ce qui concernait la pyrotechnie, y compris les explosifs servant à la séparation des étages. Anna s'occupait des calculs, des rapports poussée / poids, de la mécanique spatiale, des mélanges de carburants et des formules – tous ces domaines que je faisais semblant de maîtriser, mais où en vérité je nageais complètement.

Ma contribution portait sur le module de commande – une sphère exiguë, en forme de phare de voiture, bricolée par un magnat de l'accessoire de piscine persuadé qu'il pourrait devenir encore plus riche en se lançant dans les vols spatiaux privés. Il est mort dans son sommeil juste avant son quatre-vingt-quatorzième anniversaire et sa (quatrième) épouse / veuve a accepté de me céder la capsule pour une centaine de dollars, même si j'en aurais volontiers offert le double. Elle a insisté pour me rédiger une facture sur une des vieilles machines à écrire de son mari, une Royal Desktop verte, un dinosaure appartenant à une collection qui, faute d'entretien, s'entassait et rouillait dans un coin du garage. À EMPORTER SOUS 48 HEURES, précisa-t-elle, suivi de PAS DE REPRISE / PAIEMENT EN LIQUIDE. J'ai baptisé la capsule *Alan Bean*, en l'honneur du pilote du module lunaire d'Apollo 12, le quatrième homme à avoir marché sur la Lune et le seul que j'aie rencontré, dans un restaurant mexicain de la banlieue de Houston, en 1986. Il était en train de régler l'addition, un peu chauve et pas plus remarquable qu'un orthopédiste, quand j'ai crié : « Eh, mais vous êtes Al Bean ! » Il m'a signé un autographe et a dessiné un petit astronaute au-dessus de son nom.

Puisque nous serions quatre pour cette promenade autour de la Lune, il fallait que je fasse de la place à l'intérieur de l'*Alan Bean* et que je l'allège. Vu que nous n'avions pas de tour de contrôle pour nous chapeauter, j'ai viré toutes les communications. J'ai remplacé tous les boulons, vis, charnières, colliers et connecteurs par du gros scotch (trois dollars le rouleau chez Home Depot). L'intimité du petit coin était assurée par un rideau de douche. Je tiens d'une source experte qu'un passage aux toilettes en apesanteur exige un déshabillage intégral et une demi-heure, rendant l'intimité d'autant plus essentielle. J'ai remplacé l'écoutille extérieure et son sas massif par un bouchon en alliage d'acier équipé d'une fenêtre et d'un joint autocollant. Dans le vide spatial, la pression à l'intérieur de la capsule garantirait que la trappe reste fermée et étanche. Physique élémentaire.

Quand vous annoncez que vous vous envolez vers la Lune, tout le monde pense que vous avez l'intention d'y atterrir – y planter un drapeau, faire des bonds de kangourou dans une pesanteur six fois inférieure à celle de la Terre et en rapporter des cailloux, autant de choses que nous n'allions pas faire. Nous allions voler *autour* de la Lune. *Alunir*, c'est une autre paire de manches et, quant à en fouler la surface, choisir qui de nous deviendrait la treizième personne à laisser ses empreintes là-haut aurait créé une telle animosité que notre équipage aurait implosé bien avant le début du compte à rebours. Et, ne nous mentons pas, cette personne aurait de toute manière été Anna.

Assembler les trois étages de ce cher *Alan Bean* nous a pris deux jours. Nous y avons casé des barres de céréales et des gourdes remplies d'eau, puis nous avons injecté l'oxygène liquide des deux étages de propulseurs et les composés hypergoliques pour l'allumage du moteur translunaire, le mini-réacteur qui nous enverrait rejoindre la Lune. Presque tout Oxnard est venu reluquer l'*Alan Bean* dans l'allée de Steve Wong, sans que personne sache qui était Alan Bean ni pourquoi nous avions donné son nom à notre fusée. Les enfants nous suppliaient de les laisser jeter un œil à l'intérieur, mais nous n'étions pas assurés. Qu'est-ce que vous attendez ? Vous décollez bientôt ou quoi ? À tous les abrutis qui voulaient bien m'écouter, j'expliquais les fenêtres de lancement et les trajectoires, je leur montrais sur mon appli MoonFaze (gratuite) que nous devrions croiser l'orbite de la Lune à un moment bien précis, ou sinon l'attraction nous… Oh, allez ! Elle est là, la Lune ! Vous braquez votre fusée dessus, et que le spectacle commence !

———

Vingt-quatre secondes après avoir éloigné la tour, notre premier étage brûlait tous les feux et l'appli Max-Q (0,99 $) indiquait que nous tirions 11,8 fois notre poids au niveau de la mer, mais ça, nous n'avions pas besoin qu'un iPhone nous le dise. On… avait… du mal… à respirer… et… Anna… criait… « Dégage… de ma poitrine ! » Sauf qu'il n'y avait personne sur sa poitrine. En réalité, c'est même elle qui était assise sur moi et m'écrasait, une sorte de lap dance avec un rugbyman. *Boum !* ont fait les verrous explosifs de MDash, et le deuxième étage s'est allumé, comme prévu. Une minute plus tard, de la poussière, de la petite monnaie et deux stylos-bille flottaient derrière nos sièges, nous indiquant que, félicitations !, nous étions en orbite.

L'apesanteur, c'est aussi marrant qu'on se l'imagine, mais pénible pour certains voyageurs qui, sans raison apparente, passent leurs premières heures à dégobiller comme s'ils avaient abusé à la fête d'avant-lancement. Ça, les communiqués de presse de la NASA et les mémoires des astronautes ne le disent jamais. Après trois révolutions terrestres, alors que nous finissions de passer en revue la check-list avant notre injection translunaire, le ventre de Steve Wong s'est enfin calmé. Quelque part au-dessus de l'Afrique, nous avons ouvert les soupapes du moteur translunaire, les hypergoliques ont accompli leur magie chimique et – *zoum* – cap sur la Lune à une vitesse de libération de 11 kilomètres-seconde, tandis que la Terre rapetissait à vue d'œil derrière le hublot.

Les ordinateurs dont disposaient les Américains qui nous ont précédés sur la Lune étaient tellement primitifs que les astronautes ne pouvaient pas consulter leurs mails ni utiliser Google pour résoudre les conflits. Nos iPads étaient environ soixante-dix milliards de fois plus puissants que les connexions de l'ère Apollo et se révélèrent fort pratiques, surtout pendant les temps morts de notre périple. MDash a regardé la dernière saison de *Girls*. Nous avons pris des centaines de selfies sur fond de Terre et, avec le siège central en guise de filet, nous avons disputé un tournoi de tennis de table sans table, qu'Anna a remporté. J'ai passé les stabilisateurs en mode intermittent, inclinant et pivotant l'*Alan Bean* de manière à voir une partie des rares étoiles que la lumière crue du Soleil ne cachait pas : Antarès, Nunki et l'amas globulaire NGC 6333 – qui ne scintillent pas lorsqu'on est tout là-haut parmi elles.

L'événement cardinal d'un voyage translunaire est la traversée de l'équigravisphère, une frontière aussi invisible que le méridien de Greenwich mais qui, pour l'*Alan Bean*, était le Rubicon. De ce côté-ci de l'EQS, la Terre nous tirait vers elle, freinait notre progression, nous priait de rentrer retrouver les joies de l'eau, de l'atmosphère et d'un champ magnétique. Une fois de l'autre côté, la Lune a pris le relais, nous a enveloppés dans son étreinte argentée, nous a soufflé de venir *vite vite vite* nous ébahir de sa sublime désolation.

Au moment précis où nous avons atteint le seuil, Anna nous a décerné des grues en origami, fabriquées avec du papier alu, que nous avons fixées à notre chemise telles les ailes des pilotes. J'ai passé le contrôle thermique passif de l'*Alan Bean* en mode barbecue, et notre vaisseau lunaire s'est mis à tourner sur une broche invisible, de façon à répartir la chaleur du Soleil. Ensuite nous avons tamisé l'éclairage, collé un sweat-shirt sur la fenêtre pour empêcher la lumière de pénétrer dans la cabine, et nous avons dormi, recroquevillés dans un coin douillet de notre petite fusée.

Quand je raconte aux gens que j'ai vu la face éloignée de la Lune, ils répondent souvent : « La face cachée, tu veux dire », comme si j'étais sous l'influence de Dark Vador ou de Pink Floyd. En réalité, les deux faces de la Lune sont aussi éclairées l'une que l'autre, simplement pas en même temps.

Comme la Lune allait vers sa phase gibbeuse pour nos congénères restés au sol, nous avons dû attendre dans la portion ombreuse de l'autre côté. Dans cette obscurité, privés de la lumière du Soleil, la Lune bloquant la réverbération de la Terre, j'ai fait pivoter l'*Alan Bean* pour que notre hublot nous offre une vue digne d'une projection IMAX sur l'infini continuum espace-temps : des étoiles aux subtiles teintes rouge-orange-jaune-vert-bleu-indigo-violet, notre galaxie s'étirant sur toute la largeur de notre champ de vision, un tapis bleu diamant sur fond noir qui aurait été terrifiant s'il n'avait pas été aussi envoûtant.

Et tout à coup la lumière fut, aussi soudaine que si MDash avait appuyé sur un interrupteur. J'ai tiré sur les commandes et la surface de la Lune est apparue sous nos pieds. Sublime au vrai sens du terme, sauvage, elle nous a laissés ahuris. L'appli LunaTicket (0,99 $) nous a indiqué que nous volions du sud vers le nord, mais nous étions mentalement perdus dans l'espace et la surface était aussi chaotique qu'une mer par gros temps. C'est alors que j'ai repéré le bassin du cratère Poincaré grâce au guide *Notre Lune* que j'avais sur mon Kobo. L'*Alan Bean* fonçait à une altitude de 153 kilomètres (95,06 miles *Americanus*), plus rapide qu'une balle de pistolet, et la Lune défilait si vite que nous arrivions déjà au bout de sa face éloignée. Le cratère Oresme présentait des traits blancs comme peints au doigt. L'Heaviside avait des ruisselets et des dépressions pareils à des lits de rivière. Nous avons coupé Dufay par le milieu. *Mare Moscoviense* était loin sur bâbord ; c'est dans cette version miniature de l'océan des Tempêtes que, quatre décennies et demie plus tôt, le vrai Alan Bean a passé deux jours à crapahuter, ramasser des roches, prendre des photos. Le veinard.

C'était trop pour nos cerveaux, si bien que nous avons passé le relais à nos iPhones et que j'ai cessé de contempler le spectacle, même si j'ai reconnu Campbell et d'Alembert, deux vastes cratères reliés par Slipher, plus petit, à l'instant où nous allions reprendre le chemin de la maison *via* le pôle Nord lunaire. Steve Wong avait préparé un morceau de musique pour le lever de Terre à venir, mais il a dû redémarrer l'enceinte Bluetooth d'Anna et a failli être en retard. MDash hurlait : « Appuie sur PLAY, appuie sur PLAY ! » pile à l'instant où une bande de vie bleu et blanc – une tranche de ce qui nous a faits, de ce que nous sommes – a transpercé le cosmos d'encre au-dessus de l'horizon en dents de scie. Je m'attendais à une bande-son classique, Haydn ou George Harrison, mais c'est « L'Histoire de la vie », tirée de la BO du *Roi Lion*, qui a accompagné ce lever de Terre sur le plâtre de la Lune. Sérieusement ? La musique d'un Disney ? Mais je suis bien obligé d'avouer que le rythme, le refrain et le double sens des paroles m'ont emporté, et l'émotion m'a serré la gorge. Des larmes ont jailli de mes yeux et rejoint celles des autres, qui flottaient dans l'*Alan Bean*. Anna m'a pris dans ses bras comme si nous étions encore ensemble. Nous avons pleuré. Nous avons tous pleuré. Vous auriez fait pareil.

La redescente a été d'une tranquillité décevante, malgré la possibilité (jamais exprimée) que nous flambions en rentrant dans l'atmosphère tel un satellite espion obsolète en 1962. Bien entendu, nous étions fous de joie d'avoir réussi notre expédition et d'avoir rempli la mémoire de nos iPhones avec nos iPhotos. Mais il restait à savoir ce que nous allions faire à notre retour, hormis frimer sur Instagram. Si jamais je recroise Al Bean, je lui demanderai ce que ça a changé dans sa vie de traverser deux fois l'équigravisphère. A-t-il des bouffées de mélancolie durant les après-midi calmes, quand le monde tourne en pilotage automatique ? Aurai-je parfois le cafard car rien n'arrive à la cheville d'une traversée de Dufay par le milieu ? On verra bien…

« Oh ! Le Kamtchatka ! » a lancé Anna tandis que notre bouclier thermique explosait en millions de grains de comète. Nous décrivions un arc au-dessus du cercle arctique, la gravité reprenant ses droits. Lorsque les explosifs ont libéré les parachutes, l'*Alan Bean* nous a secoués jusque dans nos os, décollant l'enceinte Bluetooth qui est allée se fracasser sur le front de MDash. Quand nous nous sommes écrasés au large d'Oahu, du sang dégoulinait de la vilaine estafilade entre ses sourcils. Anna lui a lancé son bandana, car devinez ce que nous n'avions pas songé à prendre pour notre voyage vers la Lune ? Si vous me lisez et comptez nous imiter, n'oubliez pas les pansements.

Une fois que nous nous étions stabilisés – c'est-à-dire que nous ne nous étions pas transformés en plasma et dansions tranquillement sur l'eau –, MDash a déclenché les fusées de détresse qu'il avait fixées sous le parachute de largage. J'ai ouvert la valve de pressurisation un chouïa trop tôt et – *oups* – les vapeurs toxiques de la combustion du carburant excédentaire ont été aspirées dans la capsule, ce qui n'a pas arrangé la nausée due à notre mal de mer.

Quand la cabine a retrouvé une pression identique à celle de l'extérieur, Steve Wong a pu ouvrir l'écoutille principale et la brise du Pacifique s'est engouffrée, un doux baiser de Mère Nature, mais, en raison de ce qui s'est révélé être une grave erreur de conception, le Pacifique a commencé à nous rejoindre dans notre petit engin spatial. Le second voyage historique de l'*Alan Bean* allait l'envoyer à vingt mille lieues sous les mers. Par réflexe, Anna a levé nos appareils Apple au-dessus de sa tête, mais Steve y a laissé son Samsung (un Galaxy !), qui a disparu dans la soute à équipement alors que la montée des eaux nous poussait vers le dehors.

Le voilier de l'hôtel Hilton de Kahala, plein de plongeurs étonnés, nous a tirés du pétrin, les anglophones du bord nous disant que nous empestions tandis que les étrangers nous évitaient.

Plus tard, douché et changé, au buffet de l'hôtel, je plongeais une louche dans un canoë décoratif rempli de salade de fruits lorsqu'une femme m'a demandé si je me trouvais dans le machin qui était tombé du ciel. Oui, ai-je répondu, j'étais allé jusqu'à la Lune avant de regagner sain et sauf le triste plancher des vaches. Exactement comme Alan Bean.

« Alan qui ? » m'a-t-elle demandé.

La Gazette de Notre Ville avec Hank Fiset

TRIBULATIONS DANS LA GRANDE POMME

NEW YORK ! Trois jours en solo, ma femme ayant accepté que je l'accompagne à la réunion de sa sororité L-H-O-O-Q, vingt-cinq ans plus tard. La dernière fois que je suis venu sur l'île de Manhattan, on donnait *Cats* sur Broadway et la télévision n'était pas encore en HD.

* * *

ALORS, QUOI DE NEUF dans la Nouvelle-Amsterdam ? Trop de choses pour ceux qui en conservent un souvenir attendri, mais assez peu pour ceux que la Cité sans voiles a laissés, disons, à poil. Je crois que NYC rend beaucoup mieux à la télé et au ciné, lorsqu'il suffit de siffler le premier taxi qui passe et que des super-héros font régner la justice. Dans le monde réel (le nôtre), le quotidien de Gotham ressemble beaucoup moins au défilé Macy's qu'au retrait des bagages après un long vol pénible.

* * *

PAS D'AUTRE CHOIX que d'aller sillonner les rues de la Ville Debout sans perdre un instant, surtout quand votre chère moitié emporte la carte de crédit familiale dans tous les grands magasins, les Bergdorf's, Goodman's, Saks et autres

Bloomies, auxquels n'a rien à envier notre Henworthy's qui fait le coin de la 7e et de Sycamore depuis 1952. Du point de vue de mes finances (en baisse), tout coûte trop cher dans ces belles boutiques, y compris les sacs. Mais il faut rendre à New York ce qui est à New York : marcher dans les rues est déjà un spectacle en soi. Sérieusement, où vont tous ces gens ?

* * *

PEUT-ÊTRE À CENTRAL PARK ? Il y a davantage de musiciens dans ce grand rectangle de verdure que dans la fanfare du lycée d'East Valley, mais ils jouent chacun dans leur coin. Saxophonistes, trompettistes, violonistes, accordéonistes, et au moins un joueur de shamisen japonais, tous sont en concurrence avec un confrère à quelques mètres de là, et leurs fugues funk troublent la paix relative du parc. Ajoutez-y les centaines de coureurs, marcheurs, cyclistes, et aussi les flâneurs, les touristes et leurs vélos de location, les triporteurs, et les chevaux et calèches qui font flotter dans le parc une odeur de zoo, et vous commencez à regretter le Spitz Riverside Park, dont les paysages sont peut-être moins dignes d'une carte postale, mais où les écureuils du Tri-Cities ont l'air bien plus heureux. À pied, traversez Central Park depuis les rues de l'East Side, où s'élèvent les anciennes demeures des barons de l'industrie, jusqu'aux avenues du West Side qui regorgent de cafés et de magasins de vêtements et d'ameublement. On se croirait dans notre bon vieux centre commercial de Hillcrest, à Pearman, mais sans son parking bien commode.

* * *

JE DOIS QUAND MÊME admettre que Metropolis, *alias* New York City, n'est pas dénuée de magie. Lorsque le soleil se couche derrière les tours et cesse de cuire le trottoir, il est agréable de traînailler en terrasse, un cocktail à la main. Dans ces moments, Yankee Town a le charme de notre Country Market Patio Bar & Grill. De ma chaise, j'ai pu admirer tout un défilé d'originaux. J'ai vu un homme avec un chat sur les épaules, des touristes européens dans les pantalons les plus moulants qu'on puisse imaginer, une équipe de pompiers qui est arrivée, montée dans une tour et redescendue un peu plus tard en parlant d'un détecteur de fumée défectueux, un homme qui poussait un télescope artisanal sur le trottoir, Kiefer Sutherland, et une femme avec un gros oiseau blanc sur l'épaule. J'espère qu'elle n'a pas croisé le type au chat.

* * *

C'EST À LA SALADE CÉSAR qu'on reconnaît un bon restaurant d'hôtel – n'oubliez jamais cela. Le Sun Garden / Red Lion Inn de notre aéroport en fait une splendide, mais dans le resto de Times Square où nous avons dîné avant le spectacle avec ma moitié et ses anciennes camarades encore fort séduisantes, elle était molle et son assaisonnement acide. Plutôt une salade Brutus. Après que j'ai réglé l'addition, les filles sont allées voir la version Broadway de *Chicago* – identique au film, les gros plans en moins. Je ne suis pas très calé en comédies musicales, mais je mettrais ma main à couper que ce qu'elles ont vu ce soir-là ne valait pas la création de *Nos années folles* par la section théâtre de la fac de Meadow Hills, qui a été sélectionnée pour le festival de théâtre universitaire l'année dernière. Est-ce que la Nouvelle-York l'emporte sur la crème du Tri-Cities ? D'après moi, non.

* * *

EN CAS DE PETIT CREUX, vous aurez forcément un vendeur de saucisses à proximité – aux carrefours, tous les dix pas dans le parc, dans les stations de métro – accompagnées de jus de papaye. Aucune n'arrive à la cheville de celles qu'on trouve chez Butterworth's Hot Dog Emporium dans Grand Lake Drive. À Manhattan, les bagels sont d'une qualité biblique, mais Crane's West Side Cafeteria régale tout le Tri-Cities avec la cuisson divine de son pain. On en fait des tonnes à propos de la pizza façon New York New York, mais je préfère largement une tranche de napolitaine de chez Lamonica, et en plus ils livrent dans un rayon de dix kilomètres autour de chacun de leurs restos. D'ailleurs, en parlant de gastronomie italienne, Anthony's Italian Cellar à Harbor View est tout aussi authentique que n'importe quel boui-boui de Little Italy, les règlements de comptes mafieux en moins.

* * *

QUELS SONT LES AVANTAGES de New York par rapport à notre Tri-Cities ? Il y en a peu, vu que la télé nous offre tout le sport et l'information du monde et qu'Internet se charge du reste. J'admets que cette pléthore de musées dans Manhattan est plaisante, sympathique, impressionnante, tout ce que vous voulez. La visite d'un temple antique de Dendour est une chouette sortie, même s'il faut se coltiner tous les écoliers de la ville et tous les touristes du monde. Je me suis fait une journée entière de musées pendant que les femmes enchaînaient soins du visage, massage et pédicure – c'est-à-dire qu'elles traitaient leur gueule de bois. J'ai vu des tableaux que je ne comprendrai jamais, une « installation » qui se limitait à une pièce remplie de chutes de moquette, et une sculpture qui ressemblait à un énorme frigo cabossé. L'*Ars gratia artis* (l'art pour l'art) cher au lion de la MGM.

* * *

LE DERNIER MUSÉE était dédié à l'art moderne, et j'y ai vu un film qui n'était rien d'autre que le temps qui passe – sans blague, uniquement des horloges qui tournent et des gens qui regardent leur montre. Je lui ai accordé dix minutes. À l'étage, il y avait une toile blanche déchirée au milieu par un coup de couteau. Une autre toile était peinte en bleu, clair en bas et puis de plus en plus foncé. Un hélicoptère était suspendu dans la cage d'escalier, un gros moustique figé en plein vol. Au sommet des marches, deux machines à écrire italiennes, une grande et une petite version du même modèle, étaient protégées par une vitrine comme si elles étaient incrustées de pierres précieuses, sauf qu'elles ne l'étaient pas ! Et elles n'avaient même pas plus de cinquante ans. Je n'ai pas pu m'empêcher de penser que le Tri-Cities pourrait tout aussi bien présenter une collection de vieilles machines à écrire et faire payer l'entrée. Il y a une usine de jambons Baxter's désaffectée dans Wyatt Boulevard qui attend seulement qu'une bonne âme citoyenne s'y intéresse.

ROYAL
ROYAL

Une étoile est née

Un lundi matin de début novembre 1978, comme tous les jours depuis six semaines, Sue Gliebe s'était levée et avait quitté l'appartement avant le réveil de ses colocataires. Rebecca dormait, à deux mètres cinquante du sol, dans le lit en mezzanine du salon, et Shelley devait encore en écraser derrière la porte close de l'unique chambre.

Sue s'était douchée rapidement et en silence dans la baignoire sabot au moyen d'un tuyau en caoutchouc branché au robinet, l'eau dégoulinant en un filet apathique tour à tour tiédasse et aussi brûlant que les sables de Mercure. Depuis son arrivée à New York, elle n'avait pas réussi à se sentir vraiment propre et son cuir chevelu commençait à la démanger. Elle s'habilla dans la brume de la minuscule salle de bains, attrapa ses chaussures sous le canapé du salon qui lui servait de lit, passa son gros sac à main en cuir en travers de sa poitrine et se munit du parapluie qu'elle avait acheté le vendredi. La météo annonçait une nouvelle tempête, et Sue s'était préparée en donnant cinq dollars à l'un des nombreux hommes qui apparaissaient avec des cartons remplis de parapluies à l'instant où les nuages viraient au gris. Le plus discrètement possible, Sue prit la porte, en veillant bien à verrouiller derrière elle. Une fois elle avait oublié, et Shelley, fâchée, lui avait fait la leçon : à New York, en 1978, laisser ouvert, c'était niet.

Ses colocs avaient fini par la voir comme un poltergeist non exorcisé avec lequel il fallait composer. Cela dit, elles n'étaient pas tant ses colocs que ses hôtesses, et elles veillaient à ce que Sue se sente aussi bienvenue qu'un parasite intestinal. Rebecca avait été très chaleureuse l'été précédent ; elle bossait sur les costumes à l'Arizona Civic Light Opera où Sue, fille du coin, jouait dans trois pièces. Elles étaient copines, à l'époque. Les jours de relâche, Rebecca venait se baigner dans la piscine des Gliebe et faisait la fête avec toute la troupe sur la terrasse familiale. Elle avait proposé son canapé à Sue pour « un moment » quand elle viendrait à New York – si elle venait. Lorsque Sue avait débarqué avec trois valises, des rêves et huit cents dollars d'économies, la *vraie* coloc de Rebecca, Shelley, avait signifié son approbation d'un « Ok, d'accord » et d'un hochement de tête. Mais c'était sept semaines plus tôt, et Sue dormait encore tous les soirs sur le canapé du minuscule salon. Dans l'appartement à deux pas d'Upper Broadway, l'ambiance d'aimable hospitalité avait viré au froid polaire. Rebecca voulait qu'elle dégage ; Shelley voulait la voir morte. Sue espérait s'acheter une rallonge de sympathie et d'hébergement en contribuant au loyer à hauteur de cinquante dollars et en fournissant le lait, le jus d'orange Tropicana et, une seule fois, une chose nommée Blackout Cake qui constituait le petit déjeuner de Shelley. Des gestes qui ne furent pas aussi appréciés qu'elle l'espérait.

Que faire ? Où aller ? Tous les jours elle se cherchait un toit, mais les logements des « listes » d'agences telles qu'Apartment Finders et Westside Spaces se trouvaient dans des immeubles sombres qui puaient l'urine et où personne ne répondait à l'interphone, ou bien n'étaient plus disponibles, ou n'avaient tout simplement jamais existé. Shelley lui dit de laisser une recherche de colocation à son syndicat de comédiens, mais Sue avoua qu'elle n'y était pas encore inscrite – elle devait pour cela attendre d'avoir décroché un rôle. Les yeux mi-clos, Shelley lui jeta un regard de déception suprême et un nouveau « Ok, d'accord » avant d'ajouter : « La prochaine fois que tu descendras à l'épicerie, tu penseras à rapporter une grande boîte de café. » À la huitième semaine – au début de son troisième mois sur l'île de Manhattan –, le jeune talent venu d'Arizona qui avait incarné Maria dans *West Side Story* à l'ACLO pleurait souvent la nuit, en silence, dans son sac de couchage, dans les diamants de lumière traversant la grille qui gardait la fenêtre (ces trucs étaient-ils réellement à l'épreuve des voleurs ?). Dans le métro, qui coûtait cinquante cents, elle ravalait régulièrement ses larmes, de peur que quelqu'un ne repère une jolie jeune fille déconfite et la détrousse, ou pire encore. Pour Sue, s'installer à New York était un acte de foi, de foi en elle, en son talent, et dans les promesses de la ville qui ne dort jamais. Ce devait être une aventure, comme dans les films, elle sortirait par la porte des artistes après un spectacle et embrasserait un beau marin en permission, ou, comme dans les feuilletons à la *That Girl*, elle aurait un appartement avec une grande cuisine, des persiennes et un petit ami qui bosserait pour le magazine *Newsview*. Mais New York refusait de coopérer. Comment tout pouvait-il aller si mal pour Sue Gliebe, alors qu'elle avait trois cordes à son arc : elle savait jouer, chanter et danser ! Dès son plus jeune âge, ses parents avaient remarqué ses dons ! Elle avait débuté dans le chœur du Civic Light Opera et avait occupé la tête d'affiche trois saisons d'affilée ! Elle avait eu un rôle dans *High Button Shoes* avec Monty Hall, qui présentait le jeu *Let's Make a Deal* à la télé ! Elle avait donné une fête de départ avec une grande banderole EN ROUTE POUR BROADWAY !

Pourquoi donc New York, New York la faisait-elle pleurer ? Le premier soir, quand Rebecca l'avait emmenée en bus voir le Lincoln Center qui hébergeait les plus grandes troupes, Sue, observant les passants dans Broadway, avait demandé sans rire : « Mais où est-ce qu'ils vont tous ? » Maintenant, elle savait que tout le monde allait partout. Ce matin-là, elle allait à la banque Manufacturer Hanover où elle avait ouvert un compte cinq semaines plus tôt. Derrière une paroi en plexiglas (pare-balles), une guichetière indifférente lui glissa un billet de dix, un de cinq et cinq de un, l'informant qu'il lui restait exactement 564 dollars d'économies. Elle avait dépensé plus de 200 dollars à New York et n'avait pour en témoigner qu'un parapluie à cinq balles, bleu avec un manche télescopique.

Après la banque, Sue alla s'acheter un cake nature dans une boutique de donuts – c'était ce qu'il y avait de moins cher – ainsi qu'un café avec du sucre et du lait demi-écrémé. Voilà pour le petit déjeuner. Elle le mangea accoudée à un comptoir gluant de restes de glaçage et de caoua. Vaguement revigorée, elle marcha jusqu'à l'agence Apartment Finders de Colombus Avenue, située au-dessus d'un restaurant chinois du Hunan et à laquelle on accédait par une volée de larges marches. Les annonces placardées n'avaient pas changé depuis le samedi, mais Sue inspecta néanmoins le tableau, cherchant la perle rare, la pépite cachée, un endroit fait pour elle. Apartment Finders lui coûtait cinquante dollars par mois, une somme qu'elle aurait aussi bien pu placer dans des cierges. Elle reviendrait un peu plus tard, quand, en théorie, de nouvelles annonces seraient tombées, mais elle savait déjà que ses espoirs seraient une nouvelle fois déçus.

Sue décréta qu'elle s'adaptait à Gotham lorsqu'elle tourna les talons et repartit vers Broadway avec un programme pour la journée. Elle n'irait pas perdre son temps à musarder dans Central Park, au milieu des mauvaises herbes et des bancs cassés, des terrains de jeu sales et des chemins jonchés de gobelets, préservatifs usagés et autres détritus. Elle n'irait pas flâner dans les magasins de disques et les librairies sans rien acheter. Elle n'irait pas claquer son argent dans les gazettes professionnelles – *Show Biz*, *Back Stage* ou *Daily Variety* – pour y chercher des entretiens avec le syndicat Equity ou des auditions pour acteurs non syndiqués. Pas aujourd'hui. Aujourd'hui, elle allait à la bibliothèque centrale, le célèbre édifice au coin de la 42e et de la Cinquième, ce monument flanqué de deux lions de pierre.

À deux pâtés de maisons de la station 86e Rue, il se mit à pleuvoir. Sue s'arrêta, chercha son parapluie et pressa le bouton du manche télescopique, sans résultat. Elle tira sur le tissu, l'ouvrit de force mais, ce faisant, elle tordit une baleine. Quand elle essaya de faire coulisser l'anneau en plastique le long de la tige, le parapluie se plia comme le pied d'une table à jeu. Elle le secoua et essaya de pousser sur l'anneau, mais l'engin ne se déploya qu'à moitié. La pluie forcissant, elle le referma et refit une tentative, mais le parapluie se retourna et des baleines se détachèrent comme autant de côtes brisées.

Elle abandonna et essaya de fourrer le squelette inutile dans une poubelle qui débordait au coin de Broadway et de la 88e, sauf que le parapluie riposta et refusa de rejoindre le reste des ordures. Sue dut s'y reprendre à quatre fois.

Elle courut vers le métro. Ses cheveux dégoulinaient dans la file où elle attendait d'acheter les deux jetons dont elle aurait besoin pour les trajets du jour.

Les trains omnibus étaient perturbés. Les voies étaient inondées *uptown*. Sur le quai la cohue enfla, au point que Sue fut poussée toujours plus près de la ligne jaune de sécurité. Il aurait suffi d'un choc pour la faire tomber sur les voies. Quarante minutes plus tard, ils étaient dans une rame, serrés comme des sardines, la chaleur des corps soulevant de la vapeur des manteaux pesants et détrempés. Le wagon était tellement bondé que Sue se mit à transpirer. À Columbus Circle ils s'arrêtèrent et mirent dix minutes à repartir, portes bloquées pour empêcher les voyageurs de s'échapper. Enfin, à Times Square, Sue se glissa hors du train et dans le flot de ceux qui avaient réussi à trouver l'escalier. En piétinant elle passa les tourniquets, monta un nouvel escalier, et arriva enfin dans le chaos du Carrefour du monde, où tout le monde allait partout.

Times Square – sale, inondé et grouillant – était une réplique émergée de la station souterraine. Sue avait appris une leçon fondamentale depuis son arrivée en ville : rester en mouvement, marcher avec détermination même quand elle n'en avait aucune, surtout dans la 42e Rue où elle évitait les marginaux qui venaient là pour la drogue et la pornographie ou qui, par temps de pluie, y fourguaient des parapluies à cinq dollars.

Elle avait déjà fréquenté ce coin, pour des rendez-vous dans des agences mineures aux bureaux proches du X où Broadway croisait la Septième Avenue. Elle avait eu la surprise d'y trouver des gens normaux faisant des choses normales derrière des bureaux normaux, quelques petits étages au-dessus du chahut bétonné de Times Square. Elle n'avait eu de chance avec aucun de ces agents – elle n'avait jamais dépassé les premières portes –, et avait donc été réduite à laisser son CV à des secrétaires qui répondaient « Ok, d'accord » sur un ton admirablement identique à celui de sa coturne temporaire.

Ce lundi-là, son programme était justement son CV.

Au cours de son dernier mois à Scottsdale, Sue avait tourné deux publicités pour les meubles Valley Home où, les bras écartés, elle s'exclamait : « Tous les styles, pour toutes les pièces et tous les budgets ! » Ensuite, quatre week-ends durant, à la Foire médiévale, elle avait incarné une jeune délurée qui récitait du Shakespeare pour trente dollars par jour. Elle avait ajouté ces références au stylo-bille sur son CV, mais elle savait que, n'ayons pas peur des mots, ça faisait amateur. Elle allait donc tout reprendre, trouver une imprimante, tirer cent exemplaires et les agrafer à l'arrière de son portrait, la photo qui lui donnait un air de Cheryl Ladd dans *Drôles de dames*, mais avec davantage de poitrine.

Le problème était qu'elle n'avait pas de machine à écrire, et Rebecca non plus. Lorsqu'elle demanda à Shelley si elle en avait une qu'elle pourrait utiliser, celle-ci ne répondit pas non mais lui dit : « Tu peux en louer une à la bibliothèque. » Et voilà donc pourquoi Sue Gliebe, sans parapluie, slalomait vers l'est dans la 42e Rue, croisant sur son chemin un ado visiblement défoncé qui avait sorti son sexe et pissait tout en marchant d'un pas incertain. Absolument personne n'y prêtait attention.

Au moment précis où Sue découvrit que la bibliothèque était fermée le lundi, un éclair illumina le ciel déchiqueté de Manhattan. Elle était devant l'entrée latérale, face à une porte close, incapable d'intégrer la signification de ces trois petits mots : *Fermé le lundi*. Lorsque le grondement du tonnerre noya les klaxons de l'embouteillage, elle céda aux larmes, submergée par une désillusion généralisée : ses colocataires new-yorkaises n'étaient pas des âmes sœurs ; Central Park était un ramassis d'arbres déplumés, de bancs inutilisables et de capotes sales ; il y avait aux fenêtres des grilles qui arrêtaient les violeurs et emprisonnaient les victimes ; aucun joli marin n'attendait une fille à embrasser. Non. À New York, les agents immobiliers vous plumaient et vous mentaient, les camés se soulageaient aux yeux de tous et la bibliothèque centrale était fermée le lundi.

Sue pleurait, en pleine 42e Rue, entre la Cinquième Avenue et la Sixième, ou plutôt, à en croire le plan, l'« Avenue of the Americas ». Sanglots, larmes, hoquets, la totale. Les personnes qui s'arrêtèrent pour aider ou simplement considérer cette fille dont la journée était si pourrie qu'elle pleurait en public furent aussi nombreuses que celles qui avaient remarqué le pénis du garçon défoncé. Et puis…

« Sue Gliebe ! cria une voix d'homme. Ma petite mésange ! »

Bob Roy était le seul au monde à l'appeler ainsi. Il avait dirigé l'ACLO mais vivait à New York. C'était un grand professionnel qui avait été recruté pour la saison. Il était homosexuel. Dans les années soixante, il avait joué sur Broadway et tourné des pubs, mais il avait fini par préférer la stabilité des emplois administratifs. La gestion du Civic Light Opera lui faisait des vacances – ils le réembauchaient tous les étés – et ses responsabilités lui prenaient moins de temps que les blagues et potins qu'il racontait. Bob Roy semblait tout connaître du théâtre et, quant aux membres de sa troupe, dont il signait les chèques, soit il les adorait, soit il les détestait. Leur traitement découlait d'une opinion qui changeait avec le vent.

Il adora Sue Gliebe dès la seconde où il la vit à la répétition en costumes de *Brigadoon* pendant l'été 1976. Il fut enchanté par sa jeunesse, son auréole de cheveux blond miel, la candeur de son regard clair et son tempérament appliqué. Elle lui plaisait parce qu'elle était ponctuelle, connaissait son texte et avait des idées sur la manière de jouer son rôle. Il était fasciné par son corps bronzé, ses seins fermes et son absence de complexes, d'ego et de méchanceté. Tous les hétéros de l'ACLO voulaient la sauter – tous les sept, sans exception –, mais lui n'était pas comme ça. La plupart des actrices auraient tué pour être adorées par lui et réclamaient les plus grandes loges, mais Sue Gliebe ne demandait qu'à monter sur les planches. Trois saisons plus tard, elle n'avait pas changé d'un iota et Bob Roy ne l'en aimait que davantage.

Il était dans un taxi rangé le long du trottoir, vitre baissée, et la pluie tombait entre eux. « Monte ! » ordonna-t-il.

Il se décala pour lui faire une place et le taxi démarra. « J'aurais parié que je croiserais Eva Gabor avant toi dans la 42e. Mais tu *pleures* ?

– Non. Oui. Oh, *Bobby* ! »

Sue lui expliqua : elle était là depuis deux mois et dormait sur le canapé de Rebecca. Ses économies diminuaient comme peau de chagrin. Tous les agents refusaient de la recevoir. Elle venait de voir un homme pisser dans la rue. Et surtout, elle pleurait parce que les seuls films qui montraient New York sous son vrai jour étaient ceux qui parlaient des camés dans les parcs et de la folie meurtrière des chauffeurs de taxi. Bob Roy éclata de rire. « Tu es à *Noo Yawk* depuis deux mois et tu ne m'as pas appelé ? Vilaine Sue. Vilaine, vilaine.

– Je n'avais pas ton numéro.

– Qu'est-ce que tu faisais à Times Glaires ?

– J'allais à la bibliothèque.

– Tu voulais voir les nouveautés dans la Bibliothèque verte ? Tu as passé l'âge.

– Il y a des machines à écrire. J'ai besoin de refaire mon CV.

– Ma petite mésange, dit Bob Roy. Commence par te refaire *toi*. Allons boire un thé ou une chicorée. Quelque chose qui réconfortait la petite Sue à l'époque où elle vivait chez les Indiens. »

Le taxi les emmena *downtown*, chez Bob – dans un quartier épouvantable, des rues flanquées d'immeubles à six étages et de trottoirs bordés de poubelles cabossées. Il donna six dollars au chauffeur et lui laissa la monnaie. Elle le suivit sous la pluie, franchit derrière lui le perron, une lourde porte puis quatre volées de marches qui zigzaguaient jusqu'à l'appartement 4D. Bob avait trois clés et autant de verrous différents.

Après le vestibule sombre et miteux, dont les murs avaient perdu leur vert pour virer au gris sale et dont le sol était un dédale de carreaux cassés et dépareillés, Sue pénétra dans un paradis sentant la bougie et le liquide vaisselle parfum citron, un vrai cabinet de curiosités où s'illustrait une baignoire au beau milieu de la petite cuisine. L'appartement de Bob Roy, tout en longueur, comprenait quatre pièces étroites et encombrées de babioles, bibelots, bricoles, meubles en tous genres, bibliothèques, livres, cadres de photos, trophées glanés au marché aux puces, vieux disques, petites lampes et calendriers datant de plusieurs décennies. « Je sais, fit-il, on dirait que je vends des potions magiques ou que je suis un hibou dans un dessin animé Disney. » Il alluma un des brûleurs de la gazinière à l'aide d'une énorme allumette, puis remplit une bouilloire rutilante de vieux style anglais. Tout en posant deux tasses sur un plateau, il annonça : « Le thé sera prêt dans dix minutes, ma petite mésange. Fais comme chez toi. »

La cuisine donnait sur une pièce qui n'était guère qu'un passage étroit entre des trésors et des tas de frusques. Le salon contenait trois gros fauteuils d'époques diverses, dont un à bascule, tous protégés par des couvertures bariolées. La table basse circulaire, presque trop grande pour l'espace carré, disparaissait sous des piles de livres, une boîte à cigares remplie de crayons de couleur, une orchidée artificielle dans un vase, et deux insectes provenant d'un jeu pour enfants, dans une posture de combat ou d'accouplement. La pluie tombait toujours dru à l'extérieur, mais les rideaux qui auraient pu appartenir à un manoir d'avant guerre étouffaient le tumulte de la tempête. La dernière pièce de l'appartement était la chambre de Bob, dont le lit à baldaquin prenait presque toute la place.

« Je ne pourrai jamais partir d'ici, il me faudrait des années pour tout emballer, cria Bob depuis la cuisine, à seulement trois mètres de là. Tu veux bien allumer la radio ?

– Si je la trouve », dit Sue, et elle l'entendit rire. Elle dut arracher ses yeux au fatras, à ces souvenirs d'un autre temps, pour réussir enfin à la repérer. C'était un coffre lambrissé de bois blond, avec des boutons ronds semblables à d'épais jetons de poker et quatre lignes numérotées correspondant aux différentes fréquences. Elle tourna la molette ON / OFF VOLUME jusqu'à obtenir des craquements si forts que Bob les entendit dans la cuisine.

« Il faut que les lampes chauffent, dit-il.

– Est-ce qu'elle capte les ondes courtes de l'URSS ?

– Comment tu le sais ?

– Ma grand-mère a la même.

– La mienne aussi ! D'ailleurs c'est celle-ci. »

Bob arriva avec un plateau supportant deux tasses, un pichet de lait, un sucrier sur le couvercle duquel était peinte une abeille, et une assiette d'Oreo. « Tu peux enlever ton manteau, sauf si tu préfères rester mouillée. » La radio se mit à diffuser une musique instrumentale à l'instant où la bouilloire émit son sifflement harmonieux.

Grâce au thé au lait, à trois Oreo et à l'appartement douillet de Bob, Sue put respirer profondément pour la première fois depuis des mois. Elle laissa échapper un soupir pareil à une longue vague et s'enfonça dans un fauteuil moelleux comme du coton.

« Alors, dit Bob. Raconte-moi tout. »

Elle lui déballa *absolument* tout, Bob lui donnant la réplique avec sympathie. À chaque histoire, chaque anecdote, il manifesta son soutien : il *fallait* que Sue reste à New York ! Les « Ok, d'accord » de Shelley n'avaient rien de surprenant, venant d'une telle saleté !

On pouvait survivre au métro, à condition de ne *jamais* regarder les gens dans les yeux. Il était possible de trouver un appartement dans les annonces du *Times* et du *Village Voice*, mais il fallait s'y prendre *tôt*, dès 7 heures du matin, puis foncer avec un sachet de donuts parce que les concierges ouvriraient *toujours* à une jolie fille munie de donuts. Ensuite, ils remontèrent le temps, se remémorèrent les étés en Arizona, comparèrent les ragots des coulisses et ceux de la direction, évoquèrent les romances qui avaient mal tourné, et quand Sue dit qu'elle trouvait Monty Hall très pro, Bob recracha son thé de rire.

« Tu as déjeuné ?

– Non. J'allais m'offrir une part de pizza. » À cinquante cents la part, Sue avait fini par se rabattre sur la pizza tous les midis.

« Je descends à l'épicerie. Et toi, enlève ton uniforme et prends un bain chaud. Je vais te laisser un peignoir que j'ai piqué dans un spa en plein désert, et après on mangera comme des millionnaires juifs. »

Dans la cuisine, Bob ôta le grand établi de boucher qui recouvrait la baignoire, dont la présence à cet endroit était due à la plomberie du vieil immeuble, et fit couler l'eau. Les hautes volutes de vapeur embuèrent la fenêtre grillagée. Il posa le peignoir à califourchon sur une chaise. Dans un délicat panier en osier, du savon au lilas, du shampooing, de l'après-shampooing, une éponge naturelle et un pichet avec lequel se rincer.

« Je vais prendre mon temps. Fais bien trempette. » Bob verrouilla la porte d'entrée derrière lui.

Après les douches anémiques et brèves qu'elle prenait *uptown*, Sue savoura la sensation de ce ruissellement chaud sur son crâne et sur sa peau. C'était curieux de prendre un bain dans une cuisine, mais elle était seule et la baignoire lui rappelait le jacuzzi sur la terrasse familiale, alors elle frotta, rinça et marina jusqu'à être réellement, merveilleusement *propre*. Elle était encore en train d'infuser quand les verrous de la porte coulissèrent et Bob arriva avec un grand sac de victuailles.

« Encore nue, à ce que je vois. » Bob ne prit pas la peine de détourner les yeux, et Sue ne s'en offusqua pas. « Pas de pudeur en coulisses », comme on disait au théâtre, et donc pas non plus de gêne dans la cuisine de Bob Roy.

Sue rejoignit Bob autour de la table basse, nageant dans la robe de chambre en éponge et peignant ses cheveux mouillés. Bob leur servit des demi-sandwichs, de petites barquettes de soupe, du coleslaw, des pickles et des canettes d'eau de Seltz, et, tout en déjeunant, ils parlèrent de cinéma et de théâtre. Bob dit qu'il pourrait lui trouver des places gratuites pour les spectacles les plus nazes de Broadway et des sièges pas chers pour les meilleurs, de sorte qu'elle ne passerait plus une soirée à se morfondre dans le canapé de Rebecca. Il appellerait quelques amis qui lui conseilleraient un ou deux agents disposés à accepter un rendez-vous, sans garantie. Il connaissait des pianistes qui pourraient l'aider à répéter ses chansons avant les auditions, grâce à des partitions adaptées à sa tonalité. « Et maintenant, ma petite mésange, dit Bob en battant des mains pour en faire tomber les miettes de seigle, montre-moi ce CV. »

Sue en sortit l'ancienne version de son sac à main et Bob attrapa un crayon. Après un rapide survol, il barra le papier d'une grande croix en soupirant. « Ordinaire. Tellement ordinaire.

– Qu'est-ce qui ne va pas ? » Sue était blessée. Elle y avait mis beaucoup de cœur. Toute sa carrière sur les planches était rassemblée sur ce morceau de papier. Toutes les pièces dans lesquelles elle avait joué au lycée, y compris celles en un acte, accompagnées de *Prix du Club de Théâtre* entre astérisques. Toutes ses interprétations à l'ACLO, depuis ses débuts dans le chœur jusqu'au rôle de Nellie Forbush dans *South Pacific* l'année passée. Cinq saisons, dix-huit comédies musicales ! Les productions au Gaslamp Playhouse Dinner Theater – Emily dans *Our Town* et les deux rôles de *Zoo Story*. Son monologue pour le téléthon en faveur des diabétiques. Tous les spectacles auxquels Sue Gliebe avait participé figuraient sur ce CV.

« Quand on est une vieille reine blasée comme moi, on s'en fout, ma chérie. » Bob se leva et alla dans sa chambre. Il tira de sous son lit une vieille machine à écrire qu'un plastique transparent protégeait de la poussière. « Cet engin pèse une tonne. Je devrais arrêter de le ranger. Tu veux bien me faire de la place sur la table ? » Sue écarta les reliefs du repas et une pile de bouquins.

La machine à écrire de Bob, une antiquité en métal noir, était presque aussi grosse que la radio de sa grand-mère et ne déparait pas dans cet appartement envahi de vieux bidules étranges. C'était une Royal, avec des panneaux en verre sur les côtés, pareils à de petites lucarnes derrière lesquelles une mésange aurait pu faire son nid entre les touches.

« Elle marche encore ? demanda Sue.

– C'est une machine à écrire, jeune fille. Du ruban. De l'huile. Du papier. Des doigts volontaires. Elle n'a pas besoin de plus. *Ça*, en revanche… » D'un air de dédain, il souleva la liste de tout le travail de Sue, le tenant du bout des doigts comme une croûte de melon moisie. Puis il se saisit d'un stylo dont il se servit pour pointer. « Mentionne seulement les rôles que tu as joués, pas ton lycée ni tes petites bricoles d'amatrice. Ta seule vraie référence professionnelle, c'est l'ACLO, donc tu ne peux pas mentir là-dessus. Tu la mets en haut, en majuscules, et en dessous tu inscris les meilleures pièces et les meilleurs rôles en premier, laisse tomber l'ordre chronologique. Si tu étais dans le chœur, tu le mets vers le bas et tu écris que tu as joué "Ellen Craymore" ou "Candy Beaver", un nom bidon. Tu diras que tu étais dans le chœur uniquement si on te pose des questions. Et les autres rôles, au lycée et tout ça…

– Oui ?

– Ils vont dans une rubrique "Théâtre régional". Enjolive. Ne dis pas que c'étaient des pièces en un acte. Ne dis pas qu'elles ne sont restées que deux week-ends à l'affiche. Une pièce. Un rôle. Tu étais actrice, tu tournais dans la région de Pétaouchnok, en Arizona, et tu as de quoi le prouver.

– Mais c'est un mensonge, non ?

– Ils s'en foutent. » Bob tapa le CV avec son stylo. « Oh, regarde ! Tu as fait des pubs ! Pour des meubles ! La maladie du mois ! Non, non, non. Ici, tu mets "Publicités sur demande". Ils comprendront que tu as joué dans des pubs, mais ils ne demanderont jamais à les voir.

– C'est vrai ?

– Fais confiance à Bobby Roy, Sue. Comme tous les grands. Et maintenant, ce truc, là, ce paragraphe tout tristoune, tes "Aptitudes spéciales". Pour les gens qui te feront passer un casting, c'est de la connerie. Tu noteras que j'ai dit passer "un casting", pas "sous le bureau".

– Et s'ils recherchent des aptitudes spéciales ?

– Ils te demanderont. Mais franchement, cette liste. Guitare ? Tu connais trois accords, je me trompe ? Tu sais jongler. Avec trois oranges pendant quelques secondes, j'imagine ? Tu fais du roller. Comme tous les gamins. Tu sais faire du ski, du vélo et du skateboard. For-mi-dable. Et là, je rêve ou tu as mis *langue des signes* ?

– J'en ai appris un peu pour la Journée du patrimoine. Ça, ça veut dire "malaise". »

Bob répondit avec le seul signe qu'il connaissait. « Et ça, ça veut dire "je m'en fous". Il faut que tu piges que ton CV va avoir droit à cinq nanosecondes d'attention. Les casteurs vont regarder ta photo et ensuite ils vont te regarder toi pour voir si ça colle. Est-ce que t'es vraiment une fille. Est-ce que t'es blonde. Est-ce qu'il y a du monde au balcon. Si tu corresponds à ce qu'ils cherchent, là ils passent à ton CV, ils jaugent tes références et tes mensonges, et ils griffonnent les mots magiques : *à rappeler*. »

Bob glissa une feuille dans la vieille Royal, régla les marges et tabulations, et en quelques minutes il avait tapé un CV clair, propre et sans bavures qui donnait l'impression que Sue était la rêveuse la plus expérimentée à avoir jamais débarqué dans la grande ville. Elle pouvait s'enorgueillir de trente rôles. Ne manquait plus que son nom en en-tête.

« On va y réfléchir un moment, dit Bob. Je refais du thé. » Il emporta le plateau du déjeuner dans la cuisine et craqua une nouvelle allumette pour la gazinière. « Je nous sortirais bien des Oreo, mais du coup on les mangerait.

– Réfléchir à quoi ? » Sue détaillait sa nouvelle feuille de service. Elle s'aimait davantage dans la version que Bob avait tapée.

« Tu as déjà pensé à changer de nom ?

– Mon vrai nom, c'est Susan Noreen Gliebe. On m'a toujours appelée Sue.

– Joan Crawford a toujours été Lucille LeSueur. Roy Scherer s'appelait Junior jusqu'à ce qu'il devienne Rock Hudson. Frances Gumm, ça te dit quelque chose ?

– Qui ? »

Bob entonna l'ouverture d'« Over the Rainbow ».

« Judy Garland ?

– Avec un nom pareil, tu crois vraiment qu'on aurait pu dire qu'*Une étoile est née* ?

– Mes parents seront déçus si je n'utilise pas mon vrai nom.

– Décevoir ses parents, c'est la première chose à faire quand on arrive à New York. » La bouilloire siffla et Bob remplit la théière posée à côté de la Royal. « Dis-leur que tu veux percer sur la *Great White Way*. Et quand tu perceras, est-ce que c'est vraiment le nom que tu veux voir en haut de l'affiche : Sue Gliebe ? »

Sue rougit, non pas de gêne mais à cause du compliment, car en son for intérieur elle savait qu'elle avait un avenir sous les projecteurs. Elle *voulait* percer. Oui, autant que Frances Gumm.

Bobby leur resservit du thé. « D'ailleurs, comment ça se prononce ? Glib ? Glibeu ? » Bob mima un bâillement exagéré. « Tu connais le nom de scène de Tammy Grimes ? Tammy Grimes. » Nouveau bâillement, plus grand encore.

« Qu'est-ce que tu penses de… Susan Noreen ? » Sue n'avait aucun mal à imaginer ce nom brillant de mille feux sur une marquise.

Bob envoya une pichenette au nouveau CV dans la Royal. « Ça, c'est le certificat de naissance de la nouvelle Sue. Si tu pouvais remonter le temps et choisir un nom tout neuf pour ton père, ta mère et toi, qu'est-ce que ce serait ? Elizabeth St. John ? Marilyn Conner-Bradley ? Holly Woodandvine ?

– J'ai le droit de prendre un nom comme ça ?

– On vérifiera auprès du syndicat, mais oui. Qui veux-tu être, ma petite mésange ? »

Sue tenait son thé entre les mains. Il y avait un nom qu'elle avait un jour rêvé de porter, au collège, quand elle chantait dans un ensemble folk chez les scouts. Tout le monde s'inventait des noms stylés du type Rainbow Spiritchaser. Elle avait trouvé le sien, qu'elle imaginait déjà sur la pochette de son premier album.

« Joy Makepeace. » Elle le dit tout haut. Bobby resta de marbre.

« Tu vas t'attirer des ennuis avec ce genre de signaux de fumée, dit-il. À moins que les Gliebe aient du sang amérindien. »

L'après-midi entière s'écoula à ce rythme. Bobby débita un flot ininterrompu de noms de scène, le meilleur étant Suzannah Woods et le pire Cassandra O'Day. Les Oreo furent sortis et mangés. Sue ne démordait pas de Joy. Joy Friendly. Joy Roarke. Joy Lovecraft.

« Joy Nairienàfoutre », dit Bobby.

Elle alla aux toilettes. Chez Bob, même les petits coins recelaient tout un butin de vide-greniers. Elle ne voyait pas qui pourrait s'enticher d'un mini-bowling à l'effigie des Pierrafeu, et pourtant.

Lorsqu'elle ressortit, Bobby regardait une liasse d'anciennes cartes postales représentant Paris. Ils avaient envisagé des noms tels que Jeanne, Yvette, Babette et Bernadette, mais aucun ne sonnait bien.

« Hmm. » Bobby montra une des cartes à Sue. « La rue Saint-Honoré. C'est masculin. Au féminin, il y a un *e* à la fin, et ça se prononce pareil. *Honorée*. C'est mignon, non ?

– Je ne suis pas française.

– On pourrait essayer avec un nom de famille anglo-saxon. Quelque chose de simple, en une syllabe. Bates. Church. Smythe. Cooke.

– Ça ne marche pas. » Sue feuilleta la liasse de cartes postales – la tour Eiffel, Notre-Dame, Charles de Gaulle.

« Honorée Goode ? » Bob le répéta, il aimait sa sonorité. « Les deux finissent par un *e*.

– Personne n'arrivera à le prononcer.

– Ne t'inquiète pas. Tout le monde fait semblant de parler français, *mon petite* mésange. Honorée Goode, c'est du gâteau. » Il attrapa un téléphone noir modèle Princess sur une étagère et composa un numéro.

« J'ai un ami chez Equity. Ils ont un ordinateur pour éviter qu'il y ait des noms en double. Jane Fonda. Faye Dunaway. Raquel Welch. Tous pris !

– Raquel Gliebe ? Ça ne poserait pas de problème à mes parents. »

Bob était en ligne avec son ami, Mark. « Marky, Marc-Oseille, c'est Bob Roy. Je sais ! C'est vrai ? Pas depuis qu'elle est partie en croisière. C'est toujours bon à prendre ! Tu peux me rendre un petit service ? Chercher un nom dans ta base de données. Non, un qui ne soit *pas* pris. Nom de famille, Goode, avec un *e* à la fin. Prénom, Honorée. » Il l'épela. « Avec un accent sur le premier *e* et le deuxième est muet. Bien sûr, j'attends.

– Je ne suis pas sûre, Bobby. » Sue retournait sans arrêt ce nom dans sa tête.

« Tu te décideras en arrivant à Equity avec ton premier contrat et ton chèque d'inscription. Là, tu pourras être Sue Gliebe ou Catwoman Zelkowitz. Mais il faut que je te dise… » Quelqu'un parla dans le combiné, mais ce n'était pas l'ami de Bob. « Oui, j'attends Mark. Merci. » Il se retourna vers Sue. « Je suis allé voir les répétitions de *Brigadoon*. La fille qui jouait Fiona, elle avait une carrière qui l'attendait. »

Sue rougit et sourit. Cette Fiona, c'était elle. Elle avait eu le coup de foudre pour ce rôle, le premier qui la sortait du chœur. De sa Fiona avaient découlé tous les rôles que l'ACLO lui avait confiés, qui l'avaient poussée vers New York, et grâce auxquels elle s'était lavée dans la baignoire de la cuisine de Bob Roy.

« J'ai adoré cette fille, dit Bob. J'ai adoré cette actrice. Ce n'était pas un premier rôle dégoûté par ses échecs à New York. Ni une starlette peinturlurée qui se retrouvait au Civic Light Opera parce que la distance et le maquillage cachaient ses quarante-trois ans. Cette Fiona, ce n'était pas de la viande de batterie. C'était un agneau de la région, élevé sous la mère, capable d'occuper la scène comme une Barrymore et de chanter comme Julie Andrews, avec une paire de lolos qui faisait tourner la tête des garçons. Si tu m'avais dit que tu t'appelais Honorée Goode, j'aurais répondu : "C'est évident !" Mais non, tu étais Sue Gliebe. Et je me suis dit : "Sue Gliebe ? Ça ne marchera jamais." »

Cela fit tout chaud à Sue Gliebe. Bobby Roy était son plus grand fan et elle l'adorait. S'il avait eu quinze ans et vingt kilos de moins, et s'il n'avait pas été homosexuel, elle aurait passé la nuit dans son lit. Quoique, elle le ferait peut-être quand même.

Mark revint en ligne. « T'es sûr ? demanda Bob. Avec le *e* à la fin ? Ok. Merci, Marco. Sans faute. Jeudi ? Avec plaisir ! Tchao ! » Il raccrocha, pianota du bout des doigts sur le combiné et dit : « C'est le moment de prendre une grande décision, ma petite mésange. »

Sue se cala au fond du moelleux fauteuil. Dehors la pluie avait cessé. Sa peau avait séché dans la robe de chambre et le savon l'avait nimbée d'un délicat parfum d'eau de rose. La grosse radio diffusait en sourdine une version orchestrale d'un tube de boîte de nuit et, pour la toute première fois, Sue se sentit chez elle à New York…

UN AN PLUS TARD, JOUR POUR JOUR :

DISTRIBUTION

HONORÉE GOODE (Miss Wentworth) : Mlle Goode a été formée à l'Arizona Civic Light Opera. Elle était nominée l'année dernière aux Obie Awards pour le rôle de Kate Brunswick dans Backwater Blues *de Joe Runyan. Elle signe ici ses débuts sur Broadway. Elle tient à remercier ses parents pour leur soutien, ainsi que Robert Roy, Jr., sans qui rien n'aurait été possible.*

Un week-end pas comme les autres

C'était le début du printemps 1970 et, son dixième anniversaire tombant une semaine et demie plus tard, Kenny Stahl, que l'on voyait toujours comme le bébé de la famille, était dispensé d'école. Sa mère viendrait le chercher vers midi pour lui offrir un week-end pas comme les autres, si bien qu'il arriva au petit déjeuner en tenue ordinaire. Son grand frère Kirk et sa grande sœur Karen, tous deux en uniforme de l'école St. Philip Neri, trouvaient cela injuste. Eux aussi auraient voulu que leur mère vienne les chercher et les emmène loin de la maison dans laquelle ils avaient emménagé, pour retourner vivre à Sacramento ou n'importe où ailleurs, là où ils seraient les seuls enfants et où l'humeur noire et changeante de leur père et l'indéboulonnable pragmatisme ensoleillé de sa seconde femme ne feraient pas de leur vie une balançoire émotionnelle.

Les trois demi-sœurs de Kenny avaient dix-sept, quinze et quatorze ans. Son demi-frère avait deux ans de plus que lui. Aucun n'avait d'opinion quant à ce programme d'anniversaire. Ils avaient toujours vécu à Iron Bend et allaient à l'école publique où ils n'étaient pas obligés de porter un uniforme. Ce week-end n'avait pour eux rien d'intéressant, de notable, ou de particulièrement inhabituel.

La petite maison dans laquelle ils s'entassaient se trouvait en pleine campagne, sur Webster Road, plus près de Molinas que d'Iron Bend, chef-lieu du comté, où le père de Kenny dirigeait la cuisine du restaurant Blue Gum. Entre les deux villes, Webster Road était presque intégralement bordée d'eucalyptus (*blue gums* ou gommiers) dont les feuilles et les graines parsemaient la chaussée et les bas-côtés. Plusieurs décennies plus tôt, ces arbres australiens avaient été introduits à grand-peine pour abriter les amanderaies du vent, avec en outre l'idée malheureuse d'en faire des traverses de chemin de fer. C'était au temps où l'on pouvait s'enrichir avec les traverses de chemin de fer, à condition de ne pas les fabriquer en eucalyptus. Des fortunes furent englouties à tordre et écorcer des arbres rétifs, dont trois spécimens poussaient sur la pelouse de chez Kenny ; le déluge incessant de débris rendait vaine toute tentative d'y planter un gazon convenable. Il y avait derrière la maison un carré de mauvaises herbes que les enfants tondaient à tour de rôle. De l'autre côté de la route, des vergers d'amandiers. À cette époque comme aujourd'hui, on produisait beaucoup d'amandes dans la région.

Le père de Kenny avait trouvé un nouveau boulot à Iron Bend, une nouvelle maison, une nouvelle école et, découvrit-on, une nouvelle famille. Il emménagea avec ses trois enfants dans la petite maison le jour même de leur départ de Sacramento. Tous les garçons couchaient dans l'ancienne véranda, toutes les filles dans une seule chambre avec deux lits superposés.

Ayant laissé passer deux bus scolaires, Kenny traîna toute la matinée dans la maison tandis que son père dormait et que sa belle-mère lavait en silence la vaisselle du petit déjeuner. C'était la première fois qu'il avait la maison pour lui tout seul et il en était tout excité. La seule consigne était de ne pas faire de bruit. Il regarda un moment la télé, volume presque au minimum, mais ils ne captaient que Channel 12, la chaîne locale de Chico, et les programmes des heures d'école ne l'intéressaient pas. Il joua avec ses maquettes de bateaux et d'avions, la table basse du salon en guise d'océan. Il chercha si les tiroirs de la commode attribués à son frère et à son demi-frère ne recelaient pas de secrets, mais leurs trésors étaient cachés ailleurs. Au jardin, il tenta d'envoyer un ballon de football derrière les amandiers les plus proches, au risque de le coincer dans les branches. Il noua un vieux morceau de drap à un tuteur inutilisé, et au moyen de ce drapeau improvisé il mena une charge pendant la guerre de Sécession. Il essayait de planter son drapeau dans un trou quand sa belle-mère l'appela par la fenêtre entrouverte de la cuisine.

« Kenny ! Ta mère est arrivée ! »

Il n'avait pas entendu la voiture.

Dans la cuisine, il fut soufflé par un spectacle auquel il n'avait jamais assisté en une quasi-décennie sur cette terre. Son père, réveillé, était attablé devant son café. Sa mère, sa vraie maman, était là elle aussi, elle aussi avec une tasse de café. Sa belle-mère, appuyée au plan de travail, en buvait également un. Les trois adultes de son univers n'avaient jamais été ensemble dans la même pièce.

« Mon grand Kenny ! » Sa mère était radieuse. Elle ressemblait à une secrétaire de série télé – tailleur, talons, chevelure noire impeccable, maquillage révélant des lèvres rouges qui laissaient des marques sur la tasse. Elle se leva, le prit dans ses bras parfumés et lui embrassa le sommet du crâne. « Va chercher ton sac, on file. »

Kenny ne s'était pas occupé de faire son sac, mais sa belle-mère avait mis des vêtements dans une des petites valises roses de sa fille. Il était paré. Son père se leva et l'ébouriffa. « Faut que j'aille me doucher, dit-il. Va jeter un œil au bolide dehors.

– Un bolide ? » s'écria Kenny, s'imaginant que sa mère lui avait offert la voiture télécommandée de ses rêves pour son anniversaire.

Mais non. Dans l'allée stationnait une *vraie* voiture de sport, rouge, à deux places. La capote était fermée et déjà couverte de feuilles d'eucalyptus. Il n'avait jamais vu de voitures de sport ailleurs qu'à la télé, conduites par des détectives ou de jeunes médecins.

« Elle est à toi, Maman ?

– Je l'ai empruntée à un ami. »

Kenny regardait par la vitre côté conducteur. « Je peux aller dedans ?

– Bien sûr. »

Kenny trouva comment ouvrir la portière et s'installa au volant. Les boutons et les cadrans apparentaient l'habitacle à un cockpit d'avion. Les boiseries lui rappelaient des meubles. Les sièges sentaient le cuir des gants de base-ball. Le cercle rouge au centre du volant indiquait FIAT. Après que sa mère eut rangé la valise dans le coffre, elle demanda à Kenny de l'aider à baisser la capote.

« On va laisser le vent nous décoiffer jusqu'à l'autoroute, d'accord ? » Elle défit les loquets et Kenny l'aida à ranger le toit, repliant la fenêtre arrière en plastique. Sa mère mit le contact et le moteur gronda comme un dragon qui se raclerait la gorge, puis elle sortit de l'allée en marche arrière – elle avait ôté ses talons pour actionner les pédales et chaussé des lunettes de soleil pareilles à celles des skieurs. Mère, fils et Fiat s'éloignèrent de la maison en rugissant sur Webster Road, le soleil clignotant entre les branches des gommiers, le vent sifflant dans les oreilles de Kenny et lui fouettant les cheveux. Cette voiture était la plus cool, la plus *canon* que Kenny avait jamais vue. Voilà bien longtemps qu'il n'avait été aussi heureux.

———

La voiture fit de l'effet au pompiste de la station Shell d'Iron Bend, qui redoubla d'égards pour le véhicule et sa conductrice. Il remplit le réservoir, nettoya le pare-brise, vérifia le niveau d'huile et s'émerveilla de cette « mécanique ritale ». Il offrit à Kenny de choisir un soda dans le distributeur. Pendant que Kenny prenait une bouteille de limonade (sa boisson préférée), l'homme aidait sa mère à refermer la capote et les loquets. Il souriait et faisait la causette, demandait à sa mère si elle allait vers le nord ou vers le sud et si elle comptait repasser bientôt par Iron Bend. Lorsqu'ils furent remontés en voiture et arrivés sur l'autoroute (cap au sud), la mère de Kenny dit à son fils que le type de la station avait « des yeux de merlan frit » et éclata de rire.

« Trouve-nous de la musique, chéri, dit-elle en indiquant le minuscule autoradio dans le tableau de bord en bois. Tu tournes ce bouton, et ensuite celui-là pour chercher une station. »

Tel l'opérateur radio d'un bombardier, Kenny déplaça la ligne rouge le long des numéros. La radio locale passait une pub pour le magasin de chaussures Stan Nathan's. Friture et voix se succédèrent jusqu'à ce que Kenny attrape un signal fort et clair. Un homme chantait que des gouttes de pluie lui tombaient sur la tête. La mère de Kenny connaissait les paroles et les fredonnait tout en farfouillant dans son sac, tenant le volant de l'autre main. Elle dénicha un petit étui en cuir qui, une fois ouvert, révéla le filtre de ses cigarettes. Elles étaient longues, plus longues que celles de son père. Elle en coinça une entre ses lèvres, le rouge marquant déjà le filtre blanc, et enfonça un bouton du tableau de bord. Quelques secondes plus tard, le bouton remonta en claquant et elle le retira. Il y avait à son extrémité une résistance incandescente, dont sa mère se servit pour allumer sa cigarette. Elle remit le bouton dans son trou puis attrapa le volant de l'autre main et baissa une petite vitre en triangle. Un sifflement accompagna l'ouverture et tout de suite la fumée de sa longue cigarette fut aspirée comme par magie.

« Comment ça va à l'école, mon chéri ? dit-elle. Tu te plais ? »

Kenny raconta que St. Philip Neri n'était pas pareille que St. Joseph, la seule autre école qu'il ait connue, à Sacramento. St. Philip Neri était petite, il n'y avait pas beaucoup d'élèves, et une partie des bonnes sœurs ne s'habillaient pas comme des bonnes sœurs. Tout en dégustant sa limonade à petites gorgées, il parla du bus scolaire, de l'uniforme à carreaux rouges et non pas bleus, des jours où ils avaient le droit de ne pas le porter, et d'un garçon de sa classe qui s'appelait Munson et qui construisait lui aussi des maquettes et qui habitait dans une maison avec une piscine, mais pas une piscine enterrée comme celle du parc, une piscine ronde et surélevée. Sur la base de cette simple question, Kenny fit la conversation d'Iron Bend jusqu'à Butte City sans interruption tandis que sa mère fumait. Lorsqu'ils perdaient une radio, Kenny en trouvait une autre, puis encore une autre. Sa maman l'autorisait à demander aux camionneurs de faire sonner leur corne. Il agitait le poing de haut en bas et, si les chauffeurs le voyaient, le plus souvent ils donnaient un coup de klaxon. Une fois, Kenny vit que l'un d'eux les regardait dans son rétroviseur et il eut droit à un coup de trompe sans avoir à le demander. L'homme leur envoya aussi un baiser, mais il était plus probablement destiné à la mère de Kenny.

Ils s'arrêtèrent déjeuner à Maxwell, dans un restaurant baptisé Kathy's Kountry Kafe, point de rendez-vous pour les voyageurs et, selon la saison, les chasseurs de canards. La Fiat était la seule voiture de sport sur le parking. La serveuse parut prendre un grand plaisir à papoter avec la mère de Kenny – elles discutèrent comme des sœurs ou de vieilles amies. Kenny remarqua que la serveuse aussi avait les lèvres très rouges. Lorsqu'elle demanda ce que désirait le jeune homme, il commanda un steak haché.

« Oh non, mon chéri, dit sa mère. Tu peux manger un steak haché n'importe quand. Profite qu'on soit au restaurant pour choisir autre chose.

– Pourquoi, Maman ? Papa, ça le dérange pas. Et Nancy nous autorise. » Nancy était la belle-mère de Kenny.

« Et si on disait que c'était une règle spéciale ? Uniquement pour toi et moi. » Kenny trouvait cela bizarre d'imposer tout à coup une règle pareille. On ne lui avait jamais imposé ce qu'il devait ou pouvait manger.

« Je suis sûre que tu aimeras le *hot turkey sandwich*, dit sa mère. On va s'en partager un. »

Un *hot turkey sandwich* était une tartine avec de la viande de dinde et de la sauce, mais Kenny s'imagina un sandwich à la dinde chaude, et il ne fut pas certain d'aimer ça. « Je peux prendre un milkshake ?

– Oui, sourit sa mère. Je ne suis pas contrariante ! »

Force est d'avouer que Kenny se régala de la tartine qui nageait dans le jus de viande et qui n'était pas trop chaude du tout. Le pain blanc qui s'imbibait de sauce était aussi délicieux que la dinde, et quant à la purée, c'était son accompagnement préféré du monde entier. Sa mère prit des tomates surmontées d'un igloo de *cottage cheese*, mais elle lui piqua quelques bouchées de sa tartine. Le milkshake à la vanille arriva dans le gobelet en métal gelé dans lequel il avait été confectionné et qui contenait l'équivalent de deux bons verres. Kenny se servit seul, en tapant le métal contre le bord du verre pour faire descendre le mélange. Il y en avait tant que Kenny ne put en venir à bout.

Quand sa mère alla aux toilettes, il remarqua que tous les hommes la suivaient des yeux et tournaient la tête sur son passage. L'un d'eux se leva pour régler et s'arrêta près de la banquette où Kenny était resté seul.

« C'est ta maman, mon gars ? » demanda l'homme. Il portait un costume marron et sa cravate était desserrée. Ses lunettes avaient des verres teintés pivotants qui faisaient comme de petites visières.

« Hm-hmm », répondit Kenny.

L'homme sourit. « J'ai un fiston qui te ressemble, tu sais. Mais sa maman ressemble pas à la tienne. » L'homme explosa de rire et se dirigea vers la caisse.

Sa mère revint avec les lèvres remaquillées. Elle but une gorgée de la fin du milkshake de Kenny, laissant des traces rouges sur la paille en papier.

Sacramento était à plus d'une heure d'autoroute. Kenny n'avait plus vu sa ville natale depuis que son père avait chargé leurs affaires dans le break, le jour où ils étaient partis pour Iron Bend. Les immeubles avaient un air connu et rassurant, mais lorsque sa mère sortit de l'autoroute, la Fiat prit un itinéraire inédit. En voyant le panneau de l'hôtel Leamington, il sentit un sourire sur son visage – ses deux parents avaient travaillé au Leamington, mais désormais il n'y restait plus que sa mère. Kenny y avait passé du temps avec son frère et sa sœur, ils suivaient leurs parents certains week-ends avant la séparation. Ils jouaient dans la grande salle de réunion quand elle était libre et mangeaient au comptoir du café lorsqu'il n'y avait pas trop de monde. Papa leur donnait un *nickel* pour chaque plaque de pommes de terre qu'ils enveloppaient de papier alu avant de les enfourner. Et en plus, ils pouvaient se servir en lait chocolaté, à condition de demander la permission et d'utiliser les petits verres. Tout cela datait : un gros morceau de la vie de Kenny s'était écoulé depuis.

Sa mère gara la Fiat à l'arrière de l'hôtel et ils entrèrent par la cuisine – exactement comme ils le faisaient avec le break paternel et la Toyota Corolla maternelle, se souvint Kenny. Tout le personnel salua sa mère et elle répondit en s'adressant à chacun par son nom. Une dame et l'un des cuistots n'en crurent pas leurs yeux en voyant combien Kenny avait grandi, mais celui-ci ne se souvenait pas d'eux, bien qu'il crût reconnaître les lunettes à verres épais qui faisaient des yeux de chat à la femme. La cuisine était moins grande que dans ses souvenirs.

Quand Kenny était petit, sa mère était serveuse au café de l'hôtel et son père travaillait en cuisine. À l'époque elle avait un uniforme, mais maintenant elle portait un tailleur et avait un bureau attenant au hall d'entrée. Il y avait des papiers partout et un mur était occupé par un tableau d'affichage et une quantité de fiches cartonnées, toutes écrites dans une encre de couleur différente et disposées en colonnes bien droites.

« Kenny, mon grand, j'ai des choses à faire, mais après je te parlerai de la surprise que je t'ai préparée, d'accord ? » Elle rangeait des papiers dans un dossier en cuir. « Tu veux bien rester ici un moment ?

– Je peux faire semblant que c'est mon bureau et que je travaille ici ?

– Bien sûr, dit-elle en souriant. Là tu as des cahiers, et ça, regarde, c'est un taille-crayon électrique. » Elle lui fit une démonstration, introduisit un crayon dans l'orifice et déclencha la machine qui vrombit et aiguisa la pointe aussi bien que celle d'une aiguille. « Si le téléphone sonne, tu ne décroches pas. »

Une certaine Mlle Abbott entra dans le bureau et demanda : « Alors, voilà le jeune homme ? » Elle était plus âgée que sa mère et une chaîne retenait ses lunettes autour de son cou. Mlle Abbott garderait un œil sur Kenny et saurait où trouver sa mère en cas de besoin.

« Kenny va travailler avec nous aujourd'hui.

– Formidable, dit Mlle Abbott. Je vais lui donner des tampons pour que ce soit bien officiel. Est-ce que ça te plairait ? »

Sa mère s'en alla, son dossier en cuir sous le bras. Kenny prit place dans son fauteuil. Mlle Abbott lui apporta des tampons qui marquaient la date, FACTURE et REÇU, ainsi qu'un encreur bleu dans une boîte rectangulaire en métal.

« Tu sais, dit Mlle Abbott, j'ai un neveu qui a le même âge que toi. »

Kenny donna des coups de tampon sur quelques pages d'un cahier, puis il s'ennuya et ouvrit les tiroirs du bureau. L'un contenait, dans différents casiers, des trombones, des boîtes d'agrafes, des élastiques, des crayons et des stylos sur le côté desquels était inscrit LEAMINGTON HOTEL. Dans un autre tiroir il y avait des enveloppes et du papier à en-tête de l'hôtel avec un petit dessin du bâtiment.

Il se leva, alla à la porte et vit Mlle Abbott à son bureau, qui tapait une lettre.

« Mademoiselle Abbott, dit Kenny, est-ce que je peux utiliser le papier avec le nom de l'hôtel dessus ?

– Qu'est-ce qu'il y a ? demanda-t-elle sans lever le nez.

– Est-ce que je peux utiliser le papier avec le nom de l'hôtel dessus ?

– Vas-y », répondit-elle sans arrêter de taper.

Kenny s'affaira, traça des lignes, tamponna et signa. Et puis il eut une idée.

Il ôta la protection de la machine à écrire installée sur un petit bureau à côté de celui de sa mère. L'engin était bleu clair avec les lettres *IBM* sur l'avant, et il était énorme, il occupait presque la totalité de la table.

Kenny inséra une feuille de papier dans le mécanisme et appuya sur les touches, mais elles ne fonctionnaient pas. Rien ne se passa. Kenny s'apprêtait à demander à Mlle Abbott pourquoi la machine à écrire n'écrivait pas, quand il remarqua que l'interrupteur ON / OFF était sur OFF. Il le fit basculer sur ON et la machine vibra et bourdonna. La boule sur laquelle étaient fixées les lettres avança, recula, et s'immobilisa sur la gauche. Le chariot ne bougea pas, ce qui fit dire à Kenny que cet appareil devait être une sorte d'ordinateur ou bien un téléscripteur.

Il essaya de taper son nom mais n'obtint que `kkkkk kkkkkkkkk`. C'est ainsi qu'il découvrit que, s'il maintenait une touche enfoncée, la lettre se répétait dans un bruit de mitraillette – `kkkk kkkkkkk kkkk keeee eeeenn nnnnnnn n n n yyyy yyy`. Ce qui le perturba par-dessus tout fut l'absence de la poignée à actionner pour revenir en début de ligne. Au lieu de cela, il y avait un très gros bouton RETOUR. Il appuya dessus, la boule recula avec un claquement, et alors il put taper une nouvelle ligne. C'était officiellement la machine à écrire la plus épatante qu'il ait jamais vue.

Kenny ne savait pas taper comme un adulte – comme Mlle Abbott ou comme sa mère –, il y allait à un seul doigt, cherchait les lettres et frappait parfois les mauvaises touches – `kennnystdahlkl kjenny stanhl kenn sath`. En prenant son temps et en se concentrant, il réussit à écrire correctement son nom – `kenny stahl` – et sortit la page de l'IBM. Il tamponna la date à côté de son nom et ajouta **FACTURE**.

« Qu'est-ce que tu dirais d'une pause-café ? » Mlle Abbott se tenait dans l'embrasure de la porte.

« Je ne bois pas de café. »

Mlle Abbott hocha la tête. « Alors on va voir ce qu'on peut te trouver, d'accord ? »

Il la suivit dans le hall où il vit sa mère qui parlait affaires avec un groupe d'hommes. « Maman ! lança-t-il néanmoins en lui faisant coucou. Je vais faire une pause-café ! »

Elle se tourna vers son fils, lui sourit et lui adressa un petit signe de la main, avant de reprendre sa conversation.

Dans la cuisine, Kenny demanda à Mlle Abbott s'il pouvait avoir du lait chocolaté comme autrefois, mais il n'y avait plus de chocolat dans le distributeur. Rien que du lait normal et un truc qui s'appelait Écrémé. Mlle Abbott ouvrit alors un réfrigérateur chromé et en sortit une brique de lait chocolaté, attrapa un grand verre et le remplit à ras bord. Kenny n'avait jamais eu le droit d'en boire autant et il trouva ça super. Mlle Abbott prit un pichet en verre posé sur une cafetière Bunn Coffee Service et se servit un café. Comme ils n'avaient pas le droit de revenir dans le hall avec leurs boissons, ils allèrent au bar, dont la décoration et l'odeur n'avaient pas changé depuis que Kenny était petit. Ils s'assirent sur une banquette, et non au comptoir.

« Est-ce que tu te souviens de moi ? lui demanda-t-elle. Je travaillais avec ton papa. Avant l'arrivée de ta maman. » Mlle Abbott posa d'autres questions à Kenny, cherchant surtout à savoir s'il aimait les mêmes choses que son neveu – le base-ball, les cours de karaté et les séries télé. Kenny lui dit qu'ils ne captaient que Channel 12.

Revenu dans le bureau de sa mère, il décida de lui écrire une lettre avec la machine IBM. Il mit une feuille de papier à en-tête vierge et alla très lentement.

Chèère Maman,

Comment vas-tu Moi je vais bien
  La voiture de tonami ressemble a
une voiture de course. J'aime bien
le bruit du moteur et les boutons
de la radio.
  Je viens de te voir dans l'hotel et
je me demande ce que je vais
avoir comme surprise?????
  Je vais laisser cette lettre dans
un endroit ou elle te fera une
SURPEISE. Quand tu la trouveras
il faut que m'ecris tout de suite
avec cette machine parcequelle est
trop coooooool et c'est trop facile
d'ecrire avec.

  Je t'aime
  Kenny Stahl **REÇU REÇU FACTURE**

Kenny la plia de son mieux et la glissa dans une enveloppe de l'hôtel dont il lécha le rabat, en veillant à ne pas se couper la langue sur la bordure tranchante. Il écrivit *POUR MAMAN* au recto avec un stylo Leamington Hotel puis chercha où la cacher, décrétant que le meilleur endroit serait un tiroir, sous quelques pages de papier à en-tête.

Il jouait avec des élastiques quand sa mère arriva dans le bureau. Elle était accompagnée d'un homme qui avait la peau foncée et les cheveux les plus noirs et les plus raides de l'univers. « Kenny, je te présente monsieur Garcia. C'est lui qui nous a prêté sa voiture aujourd'hui.

– Bonjour, dit Kenny. Elle est vraiment à vous, la voiture de sport ?

– Eh oui, dit M. Garcia. Je suis ravi de te rencontrer. Mais faisons les choses dans les règles de l'art, tu veux bien ? Lève-toi. »

Kenny obéit.

« Et maintenant, serre-moi la main. Bien fort. »

Kenny serra de toutes ses forces.

« Attention à ne pas me faire mal », pouffa M. Garcia. La mère de Kenny paraissait enchantée par les deux hommes. « Maintenant, regarde-moi dans les yeux, comme ça. Bien. Et ensuite tu dis : "C'est un plaisir de faire votre connaissance."

– C'est un plaisir de faire votre connaissance, répéta Kenny.

– Et maintenant, le plus important. Nous allons nous poser des questions pour engager la conversation, d'homme à homme. Tu comprends ? Moi, je vais te demander : "Est-ce que tu sais ce que signifie FIAT ?" »

Kenny secoua la tête, à la fois parce qu'il était pris de court et parce qu'il ne comprenait rien à ce qu'il se passait. Personne ne lui avait jamais appris à serrer la main.

« Fédération Internationale des Automobiles en Toc, s'esclaffa M. Garcia. Maintenant, à ton tour. Vas-y.

– Euh… » Kenny eut besoin de réfléchir. Il regardait l'épaisse chevelure de jais de M. Garcia, impeccablement coiffée et tellement brillante. C'est alors qu'il se rappela l'avoir déjà vu, quand il était petit, quand il jouait dans l'hôtel avec son frère et sa sœur. Il se souvint que M. Garcia ne travaillait pas en cuisine avec son père, mais qu'il portait un costume et entrait par le hall. « Vous aussi vous travaillez ici, comme ma maman, pas vrai ? »

M. Garcia et sa mère échangèrent un regard et un sourire. « Je travaillais ici, Kenny, mais c'est fini. Maintenant je suis au Senator.

– Vous êtes sénateur ? » Kenny savait ce qu'était un sénateur grâce aux informations sur Channel 12.

« M. Garcia travaille à l'hôtel Senator, Kenny, dit sa mère. Et il a une grosse surprise pour toi.

– Tu ne lui as pas dit ? demanda M. Garcia.

– Je voulais te laisser le plaisir.

– D'accord. » M. Garcia regarda Kenny. « Il paraît que c'est bientôt ton anniversaire, je me trompe ? »

Kenny acquiesça. « Je vais avoir dix ans.

– Tu as déjà volé ?

– Dans un avion ?

– Alors ? »

Kenny regarda sa mère. Quand il était bébé, il avait peut-être pris l'avion avec elle, mais il ne s'en souvenait pas. « J'ai déjà volé, Maman ?

– Jose est pilote. Il a un avion et il veut t'emmener faire un tour dans le ciel. Ce sera marrant, tu ne crois pas ? »

Kenny n'avait encore jamais rencontré de pilote qui possède un avion à lui. Mais où était l'uniforme de M. Garcia ? Est-ce qu'il était pilote de guerre ?

« Tu as quelque chose de prévu demain ? demanda M. Garcia. Ça te plairait ? »

Kenny se tourna vers sa mère. « Je peux, Maman ?

– Oui, dit-elle. Je ne suis pas contrariante. »

Kenny et sa mère dînèrent dans un restaurant qui s'appelait le Rosemount. Elle y connaissait tout le monde. Le serveur enleva deux couverts parce que la maman de Kenny dit que c'était « une soirée pas comme les autres avec ce jeune homme », à savoir Kenny. Les menus étaient grands comme des journaux. Il commanda des spaghettis et, pour le dessert, le serveur lui apporta une part de gâteau au chocolat aussi grosse qu'une chaussure. Il ne put la terminer. Sa mère fuma ses longues cigarettes et but un café. Un des cuisiniers vint les voir, un monsieur que Kenny se rappelait du Leamington. Le cuisinier se nommait Bruce. Il s'assit à leur table et discuta un moment avec sa mère, riant la plupart du temps.

« Ma foi, Kenny, lui dit Bruce, tu pousses aussi vite que la luzerne. » Bruce connaissait un truc incroyable : il pouvait lancer une paille dans une pomme de terre crue et la planter comme une flèche. Quand ils partirent par la cuisine – Maman avait garé la Fiat à l'arrière –, Bruce réalisa son tour pour Kenny. *Zim !* Et la paille traversa presque la patate. Incroyable !

La mère de Kenny vivait dans un immeuble à deux étages séparé en son milieu par un escalier qui desservait les deux appartements de chaque palier. Dans son salon, elle avait un lit escamotable qui disparaissait dans le mur. Quand elle le déplia, il était déjà fait. Elle avait une petite télé couleur sur un meuble à roulettes qu'elle tourna face au lit, mais avant de pouvoir la regarder, Kenny devait faire sa toilette.

La salle de bains était petite et la baignoire minuscule, si bien qu'elle fut vite remplie. Sur une étagère se trouvaient des savons et autres trucs de fille, dans des flacons colorés et des tubes à l'étiquette fleurie. Sur une autre étagère, une bombe de mousse à raser Gillette et un rasoir pour homme de marque Wilkinson. Kenny joua dans la baignoire jusqu'au moment où l'eau fut froide et le bout de ses doigts fripé. Dans sa valise il avait un pyjama et, tout en l'enfilant, il sentit une odeur de pop-corn. Sa mère était en train d'en préparer, il prenait vie dans une casserole qu'elle remuait sur sa petite cuisinière.

« Cherche-nous quelque chose à la télé, chéri », cria-t-elle tout en faisant fondre du beurre pour napper le pop-corn.

L'écran s'éclaira sur-le-champ sans avoir besoin de chauffer, contrairement à la télé de la maison. Kenny fut enchanté de retrouver toutes les anciennes chaînes, celles qu'il regardait avant que sa maman ne s'en aille et que son papa ne se remarie. Il y avait des séries sur les canaux 3, 6, 10 et 13. Et, en tournant un autre bouton, il trouva Channel 40. En plus, toutes les chaînes étaient en couleurs, sauf Channel 40 qui diffusait un vieux film. Il opta pour une série, *Les Règles du jeu*, ce qui convenait à sa mère.

Ils s'étendirent côte à côte sur le lit escamotable et mangèrent du pop-corn. La mère de Kenny se débarrassa de ses chaussures et passa un bras autour de l'épaule de son fils, jouant avec ses cheveux. À un moment elle se redressa et dit : « Tu veux bien masser un peu le cou de Maman ? » Kenny s'agenouilla et s'exécuta, écartant les cheveux et contournant le mince collier. Quelques minutes plus tard, elle le remercia et dit qu'elle aimait son petit Kenny. Ils se rallongèrent. Dans la série suivante – *Bracken's World* –, des adultes s'éternisaient sur des sujets qui échappaient à Kenny. Il dormait avant la première page de publicité.

Il y avait de la musique à la radio quand il rouvrit les yeux le lendemain matin. Sa mère était dans la cuisine, du café était déjà prêt dans un percolateur en verre. Kenny dut sauter pour descendre du lit car il était un peu haut.

« Tu as fait un gros dodo. » Sa mère l'embrassa sur le crâne. « On a un problème.

– Qu'est-ce qu'il y a ? » Kenny se frotta les yeux, sa mère s'assit à la petite table de la cuisine.

« J'ai oublié d'acheter du lait. » Elle n'avait qu'une boîte de concentré – une vache était dessinée sur l'étiquette – qu'elle ajoutait à son café du petit déjeuner. « Tu peux aller chercher une grande bouteille de lait chez Louie ? Tu vas en avoir besoin pour tes céréales.

– D'accord. »

Kenny ignorait où cela se trouvait, chez Louie. Sa maman lui expliqua que, une fois dans la rue, il fallait tourner à droite puis à gauche. Trois minutes à pied. Il y avait des billets d'un dollar sur la commode de sa chambre, il pouvait en prendre deux et s'acheter une gâterie pour plus tard.

Kenny remit les vêtements de la veille et alla dans la chambre riquiqui de sa mère. Il repéra l'argent sur la commode et préleva deux billets. La porte de la penderie était ouverte et la lumière était allumée à l'intérieur ; Kenny vit toutes les chaussures de sa mère sur le sol et toutes ses robes et jupes sur des cintres. Il y avait aussi une veste et un pantalon d'homme ainsi que des cravates sur de petits crochets. Une paire de chaussures d'homme côtoyait les talons hauts.

Les rues alentour étaient bordées de grands arbres, mais ce n'étaient pas les eucalyptus de Webster Road. Ceux-ci avaient de larges feuilles vertes et des branches hautes et épaisses. Les racines des vieux arbres avaient si bien grossi qu'elles déformaient et fendaient les trottoirs. Kenny serrait les deux billets dans sa main tandis qu'il tournait à droite, puis à gauche, et arrivait à l'épicerie en moins de trois minutes.

Un Japonais tenait la caisse, entouré de bonbons et de sucreries sur des présentoirs. Kenny trouva le rayon des produits laitiers et en rapporta une bouteille de deux litres qu'il voulut payer. L'homme encaissa avec un tintement de sa machine et demanda : « Qui es-tu ? C'est la première fois que je te vois. »

Kenny lui dit que sa mère habitait dans le quartier et qu'elle avait oublié d'acheter du lait.

« Qui est ta mère ? » demanda l'homme. Lorsque Kenny lui expliqua, il dit : « Oh ! Ta mère est une femme très gentille. Et très jolie. Et toi tu es son fils ? Quel âge est-ce que tu as ?

– Dix ans dans neuf jours, dit Kenny.

– J'ai une fille qui te ressemble », dit l'épicier.

Comme gâterie pour plus tard, Kenny choisit un paquet de deux *cupcakes* Hostess au chocolat, avec un zigzag de glaçage blanc au milieu. Ils coûtaient vingt-cinq cents, et Kenny espéra que ce n'était pas trop cher. Sa mère ne lui fit aucune réflexion quand il revint avec le lait. Elle lui grilla des toasts pour accompagner son bol de Krispies et ses quartiers d'orange sans pépins.

Kenny regardait Channel 40 – une matinée entière de dessins animés et de pubs pour des jouets – quand sonna le téléphone fixé au mur de la cuisine. Sa mère décrocha et dit quelque chose qu'il ne comprit pas.

« *Que paso, mi amor ?* Quoi ? Oh, non ! Il se faisait une joie ! Tu es sûr ? » Kenny regarda sa mère, qui le regardait elle aussi en écoutant. « Oh ! Oui, ça peut être bien. Oui, d'une pierre deux coups. Super. D'accord. » Elle écouta encore un moment puis raccrocha avec un petit rire.

« Kenny, fit-elle d'une voix chantante en le rejoignant dans le salon. Changement de programme. Jose, M. Garcia, a eu un contretemps et ne peut pas t'emmener en avion aujourd'hui. Mais… » Elle pencha la tête sur le côté, comme si elle s'apprêtait à lancer une idée encore plus formidable, comme si, en contrepartie, il avait une place dans une navette spatiale. « Il peut te ramener en avion demain ! On ne sera pas obligés de prendre la voiture. »

Kenny voyait mal comment ils allaient rentrer à la maison en avion. Est-ce qu'ils atterriraient sur Webster Road ? Est-ce qu'ils ne risquaient pas de s'écraser dans les eucalyptus ?

Ayant toute une journée à occuper, Kenny et sa mère passèrent la fin de matinée à Fairytale Town, un parc municipal dédié aux enfants. Il y avait de petites maisons peintes de telle sorte qu'elles paraissaient construites en paille, en bois et en pierre, une longue route de brique jaune qui serpentait, et un spectacle de marionnettes toutes les trois heures. Ils venaient souvent en famille dans ce village de contes quand il était petit, mais jamais avec Papa, qui restait dormir à la maison. Kenny ayant maintenant presque dix ans, il commençait à avoir passé l'âge. Même les balançoires étaient conçues pour des enfants plus petits.

Le zoo n'était pas loin. C'était une autre de leurs anciennes destinations de prédilection. Les singes continuaient à se défouler en se balançant aux anneaux de leur cage, les éléphants étaient toujours dans un enclos derrière une barrière qui n'était plus aussi haute qu'avant, et on pouvait encore donner des carottes aux girafes, les gardiens en avaient toujours un seau à portée de main. Kenny et sa mère restèrent plus longtemps au zoo qu'à Fairytale Town et s'attardèrent dans la Maison des reptiles. Il y avait là un énorme python, enroulé autour d'une branche d'arbre, dont la tête grosse comme un ballon de football était presque collée à la vitre.

Pour déjeuner, ils allèrent dans un petit marché qui proposait une terrasse dont les tables avaient des nappes à carreaux. Kenny prit un sandwich au thon sans laitue ni tomates, rien que le thon, et sa mère une petite barquette de salade de pâtes. À boire, à la place du Coca, il y avait un liquide doré dans des bouteilles en forme de pomme. D'abord Kenny fut déçu, mais le jus de pomme était si sucré et si épais qu'il lui fit du bien dans tout le corps en glissant de sa gorge à son ventre. Il imagina que ce devait être comme boire du vin, vu tout le cirque que faisaient les adultes à propos des « bonnes bouteilles ». En dessert, il mangea ses *cupcakes*.

« Et maintenant, qu'est-ce que tu as envie de faire ? lui demanda sa mère. Si on essayait le mini-golf ? »

La Fiat s'engagea sur l'autoroute, vers l'ouest et les collines. Lorsqu'ils franchirent le fleuve, Kenny se rendit compte qu'ils étaient proches de la sortie Sunset Avenue, celle qu'ils prenaient pour aller à la maison, son ancienne maison. Il reconnut le grand panneau vert avec la flèche blanche et SUNSET AVE. et il vit les stations-service, Chevron d'un côté et Phillips 66 de l'autre. Mais sa mère continua tout droit. Un peu plus loin apparut une petite ville colorée avec ses moulins et ses châteaux miniatures : le mini-golf. Tout y paraissait flambant neuf et magique.

C'était un samedi, l'endroit grouillait donc de familles et d'enfants désœuvrés qui étaient venus à vélo ou qu'on avait déposés là, des enfants dont les poches avaient été remplies de pièces à dépenser pour s'amuser toute la journée. Il y avait des cages dans lesquelles des machines lançaient des balles de base-ball, une salle pleine de jeux de tir et de flippers. Un snack proposait des *corn dogs* – des saucisses frites sur des bâtonnets –, des bretzels géants et du Pepsi. Kenny et sa maman durent faire la queue pour qu'un adolescent qui sourit à sa mère avec le même air que l'homme de la station Shell leur remette des balles et des putters à la bonne taille. Ils avaient le choix entre deux parcours et le jeune homme ne se contenta pas de leur suggérer le Royaume magique, où se trouvait le château, mais les accompagna jusqu'au premier trou et se mit en quatre pour leur montrer comment noter leur score. Il leur expliqua aussi que, s'ils faisaient « trou en un » sur le 18, ils remportaient une partie gratuite.

« Je crois qu'on a compris le principe », dit la mère de Kenny dans l'espoir de se débarrasser du gamin. Pourtant, celui-ci ne les lâcha pas avant qu'ils aient frappé chacun une balle. Il leur souhaita une bonne partie et regagna son guichet où il continua à distribuer putters et balles colorées.

Ils ne s'embêtèrent pas à noter leur score. Kenny tapait fort, se souciant davantage de distance que de précision, faisant ses trous en autant de coups que nécessaire. Sa mère était un brin plus appliquée. Le trou le plus amusant fut celui où Kenny envoya sa balle dans un gros champignon à pois où elle disparut quelques secondes avant de ressortir par un tube sur un *green* circulaire en contrebas. De là, il dut viser la bouche d'une grenouille géante qui s'ouvrait et se fermait comme un pont-levis. Là encore la balle disparut, ressortit sur un *green* encore plus bas et roula droit dans le trou. Il n'avait eu qu'à donner un seul coup de son petit putter dans la balle violette. Il fallut une éternité à sa mère pour atteindre la bouche de la grenouille.

« C'était marrant, le mini-golf », dit Kenny quand ils reprirent la Fiat. Elle lui avait acheté un *corn dog* qu'il avait mangé avant de monter en voiture.

« Tu es super fort, répondit-elle, manipulant le levier de vitesses pour sortir du parking, direction la ville et la rampe de Sunset Avenue.

– Maman ? » Sa mère était en train de presser une de ses longues cigarettes contre l'allume-cigare de la Fiat. « On peut aller voir l'ancienne maison ? »

Sa mère souffla de la fumée et la regarda disparaître dans le vent. Elle n'avait aucune envie de voir l'ancienne maison. Deux jours après la naissance de Kenny, elle y était rentrée de l'hôpital avec lui. Le frère et la sœur de Kenny étaient nés à Berkeley, mais ils gardaient peu de souvenirs de l'appartement familial là-bas. Elle avait observé ses deux grands jouer dans le jardin de la maison en portant le petit Kenny au creux de son bras. Kenny avait rampé sur le tapis du salon – le vieux tapis crocheté qui avait appartenu à sa mère – avant d'apprendre à marcher dessus. Cette maison était pleine de souvenirs de Noël et d'Halloween, d'anniversaires d'enfants du quartier, de souvenirs plus doux encore de son couple et de sa vie de mère.

Mais la tristesse aussi était tapie dans ses recoins, des disputes qui ne manqueraient pas de résonner encore, une solitude qui hantait ses nuits quand les enfants dormaient ou quand ils la rendaient folle. Pour s'évader – de la maison, des enfants, de l'ennui niché dans les ombres de son mal-être –, elle était allée travailler au Leamington. L'hôtel cherchait une serveuse. Elle y allait de bonne heure, avant que son mari n'arrive pour le déjeuner et le dîner, et faisait garder les enfants par une des petites mormones qui habitaient un peu plus loin. Elle ne crachait pas sur le salaire, bien entendu, mais c'était l'activité qu'elle venait chercher chaque matin – un endroit où aller, un travail à accomplir et des gens à qui parler. Elle demeurait Mme Karl Stahl et son mari était le chef cuistot, mais tout le monde l'appelait par son prénom, y compris Jose Garcia. Elle s'était révélée douée pour les chiffres, à tel point que le directeur de l'hôtel l'avait promue à la comptabilité. Elle avait grimpé les échelons du service commercial après son divorce et n'était plus Mme Karl Stahl.

Elle s'était détachée depuis longtemps de l'ancienne maison. Elle ne voulait pas la revoir.

« Bien sûr, dit-elle à son fils. Je ne suis pas contrariante. »

Elle quitta l'autoroute, prit à droite après la station Phillips 66 et continua dans Sunset Avenue jusqu'à Palmetto Street. Là, elle tourna à gauche dans Derby Street, rétrograda dans le virage à droite, traversa Vista et Bush puis freina et se rangea devant le 4114.

Kenny n'avait connu que deux maisons, et celle-ci était la première. La boîte aux lettres près de l'allée n'avait pas changé, les croisillons de la rambarde du porche étaient tels que dans ses souvenirs, mais l'arbre du jardin paraissait étrangement petit. La pelouse était tondue, il ne l'avait jamais vue si propre, et des fleurs étaient plantées en massifs le long de la façade. Les Stahl n'avaient jamais eu de fleurs le long de la façade. Derrière la grande fenêtre, les rideaux étaient bleus, et non plus blancs comme dans son enfance. La porte du garage était fermée, contrairement à l'époque où il habitait là, quand elle restait ouverte pour faciliter l'accès aux vélos, aux jouets et aux pièces à l'arrière de la maison. À la place du vieux break de son père ou de la Corolla de sa mère, une Dodge Dart dernier modèle était garée dans l'allée.

Autrefois, la famille Anhalter vivait à côté. Kenny s'attendait à voir leur pick-up blanc mais il n'était pas là. Il y avait un panneau « À vendre » sur la pelouse de la maison d'en face. « Les Callendar s'en vont, dit Kenny.

– J'ai l'impression qu'ils sont déjà partis », répondit sa mère. En effet, la maison semblait vide. Les Callendar avaient deux enfants, Brenda et Steve, qui n'étaient pas jumeaux mais paraissaient nés le même jour. Ils avaient des vélos Schwinn, un chien nommé Biscuit, faisaient partie de l'équipe de natation, et à présent ils vivaient ailleurs.

Kenny et sa mère restèrent quelques minutes dans la Fiat. Kenny regarda la fenêtre de son ancienne chambre. Les stores à lamelles mobiles étaient toujours là, mais ils avaient été peints en bleu, assortis aux rideaux du salon. Du temps où Kirk et lui y dormaient, les volets étaient en bois naturel. Maintenant ils étaient bleus, et ça lui faisait bizarre.

« Maman, c'est ici que je suis né ? »

Sa mère regardait la rue, pas la maison aux stores bleus. « Non, tu es né à l'hôpital.

– Oui, ça je sais. Mais on habitait ici quand j'étais bébé, hein ? »

Elle mit le contact et enclencha la première. « Oui », dit-elle par-dessus le grondement du moteur. Le soir où elle était partie du 4114 Derby Street, ses enfants étaient couchés et leur père était dans la cuisine, mutique. Elle ne les avait revus que sept semaines plus tard. Kenny avait cinq ans.

Sur le trajet du retour, elle fuma trois de ses longues cigarettes, le vent emportant la fumée loin de l'habitacle décapoté.

———

Elle l'emmena dîner au Senator Hotel, qui se situait *downtown*, comme le Leamington, mais était bien plus luxueux et grouillait d'hommes en costume avec des badges à leur nom. Ils s'installèrent au bar. Jose Garcia passa les voir pendant que Kenny dévorait son dessert, une énorme part de tarte aux cerises avec de la glace – *à la mode*, avait dit la serveuse. Il délaissa les cerises mais mangea sa glace jusqu'à la dernière bouchée.

« On décolle à midi, est-ce que ça te va ? demanda M. Garcia. On verra le delta pendant un moment et ensuite on virera au nord. Tu es déjà monté dans un avion, Kenny ? »

M. Garcia lui avait déjà posé cette question, mais il répondit poliment. « Jamais.

– Tu vas tomber amoureux du ciel », dit M. Garcia. En partant, il embrassa la mère de Kenny sur la joue. C'était la première fois que Kenny voyait cela dans la vraie vie, un homme qui embrasse une femme sur la joue. Jamais son père n'avait embrassé sa nouvelle femme de cette façon en quittant la pièce. Les baisers sur la joue, c'était réservé aux gens à la télé.

———

Le lendemain, Jose Garcia les emmena petit-déjeuner au Pancake Parade, un café décoré pour ressembler à un cirque. Les deux hommes commandèrent des gaufres et, pour la maman de Kenny, un nouvel igloo de *cottage cheese*. Tandis qu'ils mangeaient, arriva un train incessant de familles bien habillées qui remplirent le café. Tous étaient apprêtés pour la messe – les pères en costume, les mères et les filles en jolie robe. Certains garçons avaient l'âge de Kenny et portaient une cravate. Avec le brouhaha de tout ce monde qui parlait et commandait, on se serait *vraiment* cru dans un cirque.

Lorsque Jose et la mère de Kenny eurent terminé leur café – la serveuse venait sans arrêt proposer de remplir leur tasse –, Maman remit du rouge sur ses lèvres et ils regagnèrent la Fiat. M. Garcia prit le volant, équipé de lunettes de soleil à monture métallique et verres réfléchissants, avec des petits crochets qui passaient derrière les oreilles. Sa mère portait ses lunettes de ski. Kenny s'assit dans l'espace exigu derrière les sièges, où le vent était le plus fort et l'empêchait de bien entendre. Il ne comprit pas un mot de ce que dirent les adultes durant le trajet.

Cela ne l'empêcha pas de bien s'amuser à l'arrière, assis de biais, levant les mains dans les bourrasques. Ils longèrent des maisons tout en briques aux larges pelouses et un parc immense abritant un terrain de golf. Ils arrivèrent à un endroit qui s'appelait Executive Field et qui se révéla être un aéroport, mais Jose ne se gara pas sur le parking. Il continua jusqu'à un portail et s'arrêta au niveau de petits avions stationnés côte à côte.

« Prêt à tromper la mort, Ken ? demanda-t-il.

– On va monter dans un de ces avions ? » Ils ne ressemblaient pas aux modèles réduits qu'il avait à la maison – des chasseurs et un bombardier B-17 de la Seconde Guerre mondiale. Ceux-ci étaient petits et n'avaient pas de mitrailleuse, et ils n'avaient pas l'air très rapides, même si certains d'entre eux avaient deux moteurs.

« Le Comanche », dit M. Garcia. Il se dirigeait vers un appareil blanc avec une bande rouge et un seul moteur.

Les portes s'ouvraient tout comme celles d'une voiture, et M. Garcia les laissa entrebâillées pour rafraîchir le cockpit. Kenny eut le droit de se mettre sur l'aile pour regarder à l'intérieur, les jauges, les cadrans, les commandes et les pédales. Tout était en double – et il y avait en plus de drôles de boutons et de manettes qui avaient un aspect très scientifique. M. Garcia fit plusieurs fois le tour de l'avion puis il examina des papiers pliés dans des pochettes à l'intérieur d'une des portes.

Maman arriva avec la valise rose. « Je suis sûre que tu as envie de monter à l'avant. » Elle plia un des sièges et s'installa à l'arrière, la petite valise à côté d'elle.

« Je peux me mettre *là* ? » Là, c'était derrière le volant, à droite du pilote.

« J'ai besoin d'un copilote, dit M. Garcia. Ta mère a les mains qui tremblent sur le manche. » Il rit puis expliqua à Kenny comment boucler son harnais, mais serra les sangles lui-même. Après cela, il sortit de sa poche une paire de lunettes noires qu'il tendit à Kenny. « Il y a beaucoup de soleil, là-haut. »

Les lunettes avaient une monture dorée, comme celles de M. Garcia, mais elles coûtaient moins cher. Elles aussi avaient des crochets qui passaient derrière les oreilles. Elles étaient trop grandes pour la petite tête de Kenny, mais il ne s'en rendait pas compte. Il se tourna pour montrer à sa mère de quoi il avait l'air. Elle leva les pouces et tout le monde rit.

Le démarrage fut assourdissant, et pas seulement parce que les portes du Comanche étaient encore ouvertes.

La carlingue vibrait et l'hélice claquait à chaque tour. M. Garcia actionna des interrupteurs, tourna des boutons et fit rugir le moteur plusieurs fois. Il coiffa des écouteurs et fit quelque chose qui mit l'avion en mouvement alors même que les portes n'étaient pas fermées. Ils dépassèrent d'autres avions en stationnement, puis de larges bandes d'herbe dans lesquelles étaient plantés de petits panneaux avec des lettres et des nombres. Au bout d'une longue piste, l'avion s'arrêta. M. Garcia tendit le bras et verrouilla la porte de Kenny, puis la sienne. Le moteur était toujours très bruyant, mais la carlingue branlait moins.

« Prêts ? » cria M. Garcia. Kenny hocha la tête. Sa mère leva une nouvelle fois les pouces. Elle s'avança et caressa la tête de son fils. Si elle dit quelque chose, Kenny ne l'entendit pas, mais il vit son grand sourire.

À mesure que l'avion accélérait et que le vacarme grandissait, Kenny fut saisi d'une sensation inédite. Ils allaient de plus en plus vite et soudain ils décollèrent, et son estomac descendit alors que sa tête s'élevait. Le sol diminua rapidement ; bientôt, les rues et les voitures parurent irréelles. Kenny tourna la tête pour regarder par sa fenêtre. L'aile lui cachait le paysage, alors il se pencha pour essayer d'entrevoir la terre et le ciel devant l'appareil.

Il distingua les immeubles du centre-ville et reconnut son ancien univers : le cinéma Tower et le quadrillage des rues, Sutter's Mill où l'on avait découvert de l'or à l'époque des pionniers, et le Leamington. Il parvint même à lire l'enseigne.

Ce premier vol en avion fut l'événement le plus génial de sa vie. Il sentit sa tête se remplir d'air et sa respiration se couper. Le soleil brillait plus que jamais auparavant et Kenny fut heureux d'avoir ses lunettes noires. Lorsque

M. Garcia tourna en inclinant les ailes vers la gauche, le delta du fleuve surgit devant leurs yeux. Il y avait là des îles, séparées par des digues et un dédale de voies navigables. Juste à côté de la ville où Kenny était né vivaient des fermiers qui devaient prendre un bateau pour se rendre en ville. Jamais il n'aurait imaginé cela.

« Le Mékong, ça ressemble à ça ! » cria M. Garcia. Kenny acquiesça par habitude, ne sachant trop s'il était censé répondre quelque chose. « C'est le marché qu'on passe avec l'Oncle Sam ! On nous apprend à piloter et ensuite on nous envoie jouer les chiens de chasse au Vietnam ! »

Kenny avait entendu parler du Vietnam parce qu'il y avait la guerre sur Channel 12. En revanche, il n'avait aucune idée de ce qu'était un Mékong.

Ils volèrent vers l'ouest et le mont Diablo, grimpant si haut dans le ciel que les voitures et les camions sur les autoroutes ne bougeaient presque plus. Les eaux du fleuve s'élargirent et changèrent de teinte en rencontrant l'eau salée de la baie de San Francisco. Il y avait des bateaux sur le fleuve, de gros bateaux qui ressemblaient d'ici aux jouets que Kenny faisait évoluer sur la table basse. M. Garcia inclina encore les ailes et le ventre de Kenny devint tout mou, mais seulement l'espace d'un instant.

Ils avaient mis le cap au nord. M. Garcia libéra une de ses oreilles du casque. « J'ai besoin que tu prennes les commandes pendant quelques minutes, Kenny, lança-t-il.

– Mais je ne sais pas piloter un avion ! » Kenny regardait M. Garcia comme s'il était devenu fou.

« Est-ce que tu peux imaginer ce que c'est, de conduire une voiture ?

– Oui.

– Prends le manche », dit M. Garcia. Le manche en question était un mélange de volant et de guidon. Kenny dut s'asseoir bien droit pour réussir à l'attraper. « L'avion va aller dans la direction où tu le pointeras. Tire un peu vers toi pour bien le sentir. »

Kenny fit preuve d'une force qu'il ne se connaissait pas et, comme prévu, le manche vint vers lui. Ce faisant, le ciel emplit tout le pare-brise et le moteur ralentit.

« Tu vois ? dit M. Garcia. Maintenant, stabilise-toi en douceur. »

Il gardait les mains sur ses commandes, mais laissa Kenny abaisser le nez de l'avion. La terre revint dans le pare-brise.

« Je peux tourner ? hurla Kenny.

– C'est toi le pilote. »

Avec mille précautions, Kenny tourna le volant-guidon vers la droite et l'avion prit un tout petit peu de gîte. Kenny sentit le changement de direction. Il inversa le mouvement et sentit que l'avion se redressait.

« Si tu étais un peu plus grand, dit M. Garcia, je te laisserais utiliser le gouvernail, mais là tu ne peux pas atteindre les pédales. Peut-être l'année prochaine. »

Kenny s'imagina, à onze ans, manœuvrant le Comanche tout seul avec sa mère sur le siège arrière.

« Maintenant, ce que je voudrais que tu fasses, tu vois le mont Shasta devant nous ? » Le Shasta, l'imposant volcan qui dominait une vallée côté nord, était perpétuellement couvert de neige. Par beau temps, à Iron Bend, la montagne ressemblait à un immense tableau perdu au loin. Depuis l'aéronef, le Shasta était un triangle blanc qui se dressait contre l'horizon. « Tu vas voler droit dessus, d'accord ?

– Ok ! » Kenny riva les yeux sur la montagne et essaya de maintenir le nez de l'appareil braqué sur la cible pendant que M. Garcia prenait des papiers dans son vide-poche et un stylo-bille dans sa chemise. Il écrivit des choses puis examina une carte. Kenny perdit la mesure du temps qui s'écoula pendant qu'il gardait le cap, ce pouvait être quelques minutes aussi bien que le plus gros du trajet, mais jamais il ne dévia. Quand M. Garcia replia la carte et rentra la mine de son stylo avec un clic, le mont Shasta se voyait mieux encore.

« C'est bien, Kenny, dit-il en reprenant les commandes. Tu as ça dans le sang.

– Bravo mon chéri ! » cria sa mère depuis l'arrière du cockpit. Kenny jeta un coup d'œil par-dessus son épaule et vit que le sourire de sa mère était presque aussi large que le sien.

Dans le pare-brise, les voies de l'autoroute traversaient la vallée en ligne droite *via* les villes d'Orland et Willows, jusqu'à Iron Bend et plus loin encore. Et dire que deux petits jours plus tôt Kenny et sa mère étaient tout en bas sur cette route. À présent, il volait des kilomètres au-dessus.

Après avoir tenu le manche de l'avion, Kenny dut se déboucher les oreilles en bâillant à s'en décrocher la mâchoire et en soufflant par le nez avec la bouche fermée. Ce ne fut pas douloureux. L'avion descendait ; le bruit du moteur s'amplifiait à mesure que le sol se rapprochait et qu'Iron Bend se précisait. Il y avait la scierie au sud, puis les deux motels au bord de l'autoroute, les vieux silos à grain désormais vides et le parking du centre commercial avec le grand magasin Montgomery Ward. Kenny ignorait qu'il y avait un aéroport à Iron Bend et pourtant il était là, derrière le terrain de football du lycée Union High.

L'avion remua et trembla quand M. Garcia amorça l'atterrissage. Il fit quelque chose et le bruit du moteur baissa et se tut presque juste avant que les roues ne crissent sur le béton de la piste. Il conduisit l'appareil comme une voiture et se gara à quelques mètres des autres avions. Lorsqu'il coupa le moteur, l'hélice continua à tourner un moment puis se figea d'un coup sec. Sans le moteur, le silence avait une qualité bizarre et le déclic des ceintures produisit une sonorité cristalline, comme au cinéma.

« On a encore trompé la mort, dit M. Garcia sans avoir besoin de crier.

– Franchement, répondit la mère de Kenny, tu ne pourrais pas trouver une autre formule ? »

M. Garcia éclata de rire, se tourna et l'embrassa sur la joue.

L'aéroport disposait d'un tout petit café. Il n'y avait visiblement pas plus de clients que de personnel. Kenny, ses lunettes noires toujours sur le nez, s'assit à une table, la valise rose à ses pieds, tandis que sa mère insérait des pièces dans un téléphone fixé à un mur. Elle composa un numéro, attendit, raccrocha, récupéra ses pièces et les remit dans l'appareil. Elle fit un autre numéro et cette fois quelqu'un décrocha.

« C'était occupé, dit-elle dans le combiné. Tu peux venir le chercher ? On doit repartir. Dans combien de temps ? D'accord. » Elle raccrocha et les rejoignit sur leur banc. « Ton père va venir, il part du travail. Allons voir s'il y a du chocolat chaud pour toi et du café pour moi. »

Par une porte vitrée, Kenny aperçut le bureau de l'aéroport. M. Garcia, qui n'avait pas non plus ôté ses lunettes, parlait à un homme derrière un bureau. Kenny entendit un puissant vrombissement provenant de la machine qui fabriquait le chocolat chaud. Lorsque sa maman le lui apporta dans une tasse en polystyrène, Kenny sentit dès la première gorgée qu'il y avait trop d'eau dans le breuvage. Il ne le termina pas.

Son père arriva, au volant de son break. Il laissa tourner le moteur et descendit de voiture, vêtu de son pantalon et de ses lourdes godasses de cuistot. Il serra la main de M. Garcia, dit quelques mots à la mère de Kenny, ramassa la petite valise rose et la porta dans la voiture.

Kenny s'assit à l'avant, comme dans l'avion. En sortant du parking, son père l'interrogea au sujet des lunettes noires.

« M. Garcia me les a données. »

Kenny raconta à son père qu'il avait mis le cap sur le mont Shasta, qu'ils étaient allés au zoo et au mini-golf et qu'ils avaient vu l'ancienne maison.

« Ah », dit son père, et il le répéta quand Kenny lui annonça que les Callendar avaient déménagé.

Pendant tout le chemin jusqu'à la ville et au Blue Gum Restaurant, Kenny regarda par la fenêtre, la vision teintée de bleu sombre par ses lunettes à monture dorée, scrutant le ciel. À l'heure qu'il était, M. Garcia avait dû redécoller et Kenny espérait distinguer l'avion tout là-haut. Sa mère serait assise à la place du copilote.

Mais il ne vit aucun signe d'eux. Rien du tout.

Voici les méditations de mon cœur

Elle n'avait pas l'intention d'acheter une vieille machine à écrire. Elle n'avait besoin de rien et ne désirait rien acquérir, que ce soit neuf, d'occasion ou ancien. Elle avait décrété qu'elle surmonterait ses récents revers grâce à une phase d'ascétisme ; un nouveau minimalisme, une vie qui tiendrait dans sa voiture.

Elle aimait son petit appartement à l'ouest de la rivière Cuyahoga, dans l'Ohio. Elle s'était débarrassée de tous les vêtements qu'elle avait portés avec lui, la Tête de nœud, elle cuisinait pour elle seule presque chaque soir et écoutait quantité de podcasts. Elle avait assez d'économies pour tenir jusqu'au Nouvel An après un été d'indolence, sans programme prédéfini. Janvier gèlerait le lac et ferait probablement éclater la tuyauterie de son immeuble, mais d'ici là elle serait déjà partie, à New York, Atlanta, Austin ou La Nouvelle-Orléans. Tant qu'elle voyageait léger, elle avait l'embarras du choix. Mais l'église méthodiste de Lakewood, au croisement de Michigan et Sycamore, organisait ce samedi-là une brocante afin de financer la garderie gratuite ou les réunions des Alcooliques Anonymes, à moins que ce ne soit la livraison de repas aux personnes âgées, elle n'en savait rien. Elle n'était pas pratiquante et n'avait pas reçu le baptême méthodiste, mais elle était à peu près certaine que flâner sur un parking couvert de tables à jeu croulant sous les rebuts des vide-greniers n'avait guère à voir avec la religion.

Pour la blague, elle faillit acheter un ensemble de plateaux-télé en aluminium, mais les trois pièces montraient des traces de rouille. Ensuite elle vit des moules Tupperware pour fabriquer des glaces à l'eau. Enfant, c'est elle qui était chargée de remplir les moules de Kool-Aid ou de jus d'orange et d'y insérer les bâtonnets brevetés en plastique qui, par l'action physique du freezer, donnaient des friandises glacées à moindre coût. Elle pouvait presque sentir le vent chaud de l'été dans les collines, ses mains poissées par la glace qui fondait. Sans avoir besoin de marchander, elle obtint le kit pour un dollar.

Sur la même table se trouvait une machine à écrire d'un rouge pop art passé, rien de très remarquable. Ce qui attira son regard fut l'étiquette collée dans le coin supérieur gauche du boîtier. En minuscules soulignées (au moyen des touches *maj* et 6), le premier propriétaire avait écrit

`voici les méditations de mon cœur`

Les mots avaient été tapés une bonne trentaine d'années plus tôt, quand la machine était neuve, tout juste déballée, peut-être offerte à une fille pour ses treize ans. Un propriétaire plus récent avait écrit ACHETEZ-MOI POUR 5 $ sur une feuille de papier qu'il avait engagée dans le chariot.

C'était une machine portative ; sa coque était en plastique. Le ruban était bicolore, noir sur rouge, et il y avait un trou dans le capot où le nom Smith Corona, Brother ou Olivetti avait jadis été encastré. Il y avait aussi une mallette de transport en skaï acajou à rabat avec fermoir. Elle pressa trois touches – A, F, P – qui claquèrent sur le papier et se remirent en place. Cet engin fonctionnait donc à peu près.

« Elle est vraiment à cinq dollars ? demanda-t-elle à une paroissienne qui tenait une table voisine.

– Ça ? fit la dame. Je crois qu'elle marche, mais plus personne n'utilise de machines à écrire. »

Ce n'était pas ce qu'elle avait demandé, mais elle s'en fichait. « Je la prends.

– Allongez les billets. »

Et aussi facilement que ça, les méthodistes se retrouvèrent plus riches de cinq dollars.

De retour chez elle, elle prépara une provision de glaces au jus d'ananas pour la soirée. Elle en mangerait une ou deux quand la chaleur baisserait, quand elle pourrait ouvrir les fenêtres et guetter les premières lucioles. Elle sortit la machine à écrire de sa mallette camelote, la posa sur sa minuscule table de cuisine et inséra une feuille de papier prélevée dans la réserve de son imprimante laser. Elle essaya toutes les touches – beaucoup étaient coincées. Il manquait un des quatre pieds en caoutchouc, si bien que la machine branlait un peu. Elle frappa les touches les unes après les autres, en commençant par la rangée du haut, majuscules comprises, essayant avec un succès variable de les décoller. Malgré l'ancienneté du ruban, les lettres étaient lisibles. Elle testa l'interlignage – simple et double –, qui fonctionnait même si la clochette ne tintait pas. Les curseurs de marges accrochèrent puis se bloquèrent.

La machine avait besoin d'un bon nettoyage et d'un coup de lubrifiant, qu'elle estima dans les vingt-cinq dollars. Mais elle réfléchissait à la grande énigme à laquelle était confronté tout acheteur de machine à écrire au XXIe siècle : pour quoi faire ? Inscrire des adresses sur des enveloppes. Sa mère adorerait recevoir des lettres dactylographiées de sa fille en vadrouille. Elle pourrait envoyer des messages anonymes à son ex, du style « Salut tête de nœud, t'as fait une énorme connerie ! », sans craindre de laisser de traces comme avec un mail. Elle pourrait taper ses réflexions, en prendre une photo numérique avec son téléphone puis les poster sur son blog et sur Facebook. Elle pourrait écrire des listes de courses qu'elle collerait sur la porte du frigo. Cela lui donnait cinq bonnes raisons d'avoir une nouvelle machine à écrire rétro de hipster. Ajoutez-y une poignée de réflexions sincères, et ça faisait six usages pertinents.

Elle tapa la vocation originelle que lui avait donnée son propriétaire.

V oicil es m édi tat ion s de m onc oeu r.

La barre d'espace sautait, c'était ennuyeux. Elle attrapa son téléphone et chercha *réparation machine à écrire ancienne* sur Google.

Les résultats lui donnèrent le choix entre une boutique à deux heures de route près d'Ashtabula, une adresse en ville où personne ne décrochait et, par une sacrée coïncidence, Detroit Avenue Business Machines, à seulement quelques minutes de chez elle. Elle situait l'échoppe, près d'un magasin de pneus. Elle était souvent passée devant à pied en se rendant à la super pizzeria du coin ou, quelques numéros plus loin, à la boutique de fournitures d'art qui allait bientôt faire faillite. Elle croyait que le petit magasin ne s'occupait que des ordinateurs et des imprimantes et s'amusa donc de voir, après une courte marche et une inspection plus attentive de la vitrine, une vieille calculatrice, un répondeur qui devait bien avoir trente ans, un objet désigné comme étant un dictaphone, et une machine à écrire ancienne. Une cloche tinta au-dessus de la porte quand elle entra.

À l'intérieur, tout un pan de mur était occupé par des imprimantes dans leur carton et des cartouches d'encre pour tous les modèles. L'autre côté ressemblait à un musée d'appareils d'autrefois. Il y avait des calculatrices à quatre-vingt-une touches et poignée, d'autres à seulement dix touches, une machine à sténographier, des IBM Selectric, la plupart dans des boîtiers beiges, et, sur des étagères au mur, des dizaines de machines à écrire rutilantes, noires, rouges, vertes, et même bleu layette. Elles semblaient toutes en parfait état de marche.

La caisse était au fond de la boutique. Derrière, des bureaux et un établi sur lequel un homme âgé parcourait des papiers.

« Qu'est-ce que je peux faire pour la petite demoiselle ? demanda-t-il avec un léger accent, vraisemblablement polonais.

– Je viens voir si vous pouvez sauver mon investissement. » Elle posa la mallette en skaï sur le comptoir. Elle l'ouvrit et révéla la machine. En la voyant, le vieil homme laissa échapper un soupir.

« Je sais, dit-elle. Ce bijou a besoin d'être retapé. La moitié des touches sont collées. Elle bouge quand je tape et la barre d'espace est kaput. Et il n'y a pas de clochette.

– Pas de clochette, répondit l'homme. Ah.

– Est-ce que vous pouvez faire quelque chose ? J'ai englouti cinq dollars là-dedans. »

Le vieil homme la dévisagea, puis revint à la machine. Nouveau soupir. « Mademoiselle, je ne peux rien faire pour vous. »

Elle était désarçonnée. D'après ce qu'elle voyait, il n'y avait pas meilleur endroit pour remettre d'aplomb une machine à écrire. Sur l'établi derrière le vieil homme, elle apercevait des machines démontées et des pièces de rechange, alors quoi ? « Parce que vous n'avez pas les pièces ?

– Il n'y a pas de pièces pour ça, dit-il en agitant la main au-dessus de la machine rouge délavé et de sa mallette en skaï.

– Si vous devez les commander, je peux attendre.

– Vous ne comprenez pas. » Au bord du comptoir se trouvait une petite boîte de cartes de visite. Il en prit une et la lui tendit. « Qu'est-ce que vous lisez ici, mademoiselle ? »

Elle lut la carte. « DETROIT AVENUE BUSINESS MACHINES. *Imprimantes. Vente. Entretien. Réparation.* Fermé le dimanche, c'est-à-dire demain, dit-elle. Horaires d'ouverture : 9 h-16 h. Samedi 10 h-15 h. À ma montre et à votre horloge il est 12 h 19. » Elle retourna la carte. Rien à l'arrière. « Je passe à côté de quelque chose ?

– Le nom de cette boutique, dit le vieil homme. Lisez le nom de mon magasin.

– Detroit Avenue Business Machines.

– Exactement, dit-il. *Machines*.

– Ok, dit-elle. D'accord.

– Mademoiselle, je travaille sur des machines. Mais *ça* ? » Nouveau geste de la main au-dessus de son engin à cinq dollars. « Ça, c'est un *jouet.* » Il cracha ce dernier mot plus qu'il ne le prononça.

« Il est fait pour ressembler à une machine à écrire. Mais ce n'est pas une machine à écrire. »

Il détacha le couvercle de ce qu'il qualifiait de jouet, et le plastique se tordit avant de céder enfin dans un claquement pour dévoiler le mécanisme. « Les marteaux, les leviers, les bobines, tout ça c'est du plastique. L'inverseur du ruban. Le vibreur. »

Elle n'avait aucune idée de ce que pouvait être un vibreur sur une machine à écrire manuelle.

Il enfonça quelques touches, souleva des marteaux, fit coulisser le chariot et tourner le rouleau, enfonça la barre d'espace, le tout avec dégoût. « Une machine à écrire, c'est un outil. Entre de bonnes mains, elle peut changer le monde. Mais ça ? Ça ne sert à rien, à part faire du bruit et prendre de la place.

– Est-ce que vous pouvez au moins y mettre une goutte d'huile, histoire que j'essaie quand même de changer le monde ? demanda-t-elle.

– Je pourrais la nettoyer, la huiler, resserrer toutes les vis. Faire tinter la clochette. L'arroser de poudre de perlimpinpin et vous facturer soixante dollars. Mais ce serait profiter de vous. Dans un an, votre barre d'espace sera toujours…

– Kaput ?

– Vous feriez mieux de la rapporter chez vous et d'en faire un vase. » Il rangea la machine à écrire dans sa mallette comme on emballerait un poisson mort dans du papier journal.

Elle avait honte, comme si, par paresse, elle avait déçu un de ses professeurs en rendant une dissertation mal structurée. S'ils étaient restés ensemble, Tête-de-Nœud aurait à coup sûr pris le parti du vieil homme en lui serinant : « Je t'avais bien dit qu'elle était bonne à jeter. Cinq dollars fichus en l'air ! »

« Venez voir. » Le vieil homme pointait du doigt les machines alignées sur les étagères. « Ça, ce sont des machines. Elles sont fabriquées en acier. Elles ont été conçues par des ingénieurs. Elles ont été construites dans des usines en Amérique, en Allemagne, en Suisse. Vous savez pourquoi elles sont sur cette étagère ?

– Parce qu'elles sont à vendre ?

– Parce qu'elles sont immortelles ! » Le vieil homme s'était mis à crier. Elle croyait entendre son père brailler : « Qui a laissé des vélos sur la pelouse ? Pourquoi je suis le seul à m'être habillé pour la messe ? L'homme de la maison est rentré, et il aimerait bien un bisou ! » Elle se rendit compte qu'elle souriait au vieil homme.

« Celle-ci », dit-il en se dirigeant vers les étagères. Il en descendit une Remington 7 noire, un modèle baptisé Noiseless. « Passez-moi le papier, là. » Elle repéra un bloc de correspondance sur le comptoir et le lui tendit. Il en arracha deux pages qu'il inséra dans la machine flamboyante. « Écoutez. » Il tapa les mots

Detroit Avenue Business Machines.

Les caractères murmuraient sur la page, l'un après l'autre.

« L'Amérique était en plein boum, dit-il. On travaillait dans des bureaux surpeuplés, dans de petits appartements, dans le train. Il y avait des années et des années que Remington vendait des machines à écrire. Et puis un jour quelqu'un a eu l'idée de fabriquer des machines plus petites et plus silencieuses pour faire cesser tout ce boucan. Et Remington l'a fait ! Est-ce qu'ils ont utilisé des pièces en plastique ? Non ! Ils ont réglé la tension, la force des marteaux. Ils ont inventé une machine tellement silencieuse qu'ils ont pu la surnommer *Noiseless*. Tenez. Essayez. »

Il tourna la machine vers elle. Elle tapa

Moins fort. J'essaie d'écrire.

« Je n'ai presque rien entendu, dit-elle. Je suis impressionnée. » Elle montra une machine bicolore, blanc cassé et bleu, aux formes arrondies. « Et celle-ci, elle fait du bruit ?

– Ah. Une Royal. » Il remit la Remington 7 à sa place et s'empara d'une magnifique petite machine. « Une Safari portable. Bonne mécanique. » Il engagea deux nouvelles feuilles et la laissa s'amuser avec les touches. Elle pensa à des mots évoquant un safari.

Mogambo.
Bwana le diable.
« J'avais une ferme en Afrique... »

Cette machine était plus bruyante que la Noiseless et le toucher était moins souple. Mais la Royal disposait de fonctionnalités postérieures à la Remington. Le chiffre 1 se doublait d'un « ! ». Il y avait un bouton MAGIC COLUMN SET. Et elle était bicolore !

« Est-ce que ce trésor royal est à vendre ? » demanda-t-elle.

Le vieil homme la regarda en souriant et hocha la tête. « Oui. Mais dites-moi. Pour quoi faire ?

– Pourquoi je veux une machine à écrire ?

– Pourquoi vous voulez *cette* machine à écrire ?

– Vous essayez de me dissuader ?

– Mademoiselle, je vous vendrai la machine que vous voudrez. J'encaisserai votre argent et je vous raccompagnerai à la porte. Mais dites-moi, pourquoi cette Royal Safari ? À cause de sa couleur ? De la police d'écriture ? Des touches blanches ? »

Elle dut réfléchir un moment. Une fois de plus elle se sentit revenue à l'école, avant un examen qu'elle risquait de rater, une interro surprise à laquelle elle n'était pas préparée.

« Parce que je suis impulsive, répondit-elle. Parce que j'ai rapporté un joujou chez moi en me disant que j'aimerais bien écrire sur une machine à écrire plutôt qu'au stylo, mais cette saleté est encrassée et mon réparateur refuse d'y toucher. Je m'imagine bien taper des notes et des lettres à ma petite table dans mon petit appartement. J'ai déjà un ordinateur, une imprimante, un iPad et ça. » Elle leva son iPhone. « Je les utilise comme n'importe quelle jeune femme d'aujourd'hui, mais… »

Elle s'interrompit. Elle pensait à ce qui l'avait incitée à mettre cinq dollars dans une machine à écrire – dont la barre d'espace avait des ratés – et à venir dans cette boutique où elle était plus ou moins en train de se chamailler avec un vieil homme, alors que la veille encore elle n'avait aucune opinion quant aux machines anciennes.

Elle reprit. « J'ai une écriture ronde, de petite fille, du coup tout ce que j'écris ressemble à une affiche dans une infirmerie scolaire. Je ne suis pas du genre à taper à la machine en enchaînant whiskys et cigarettes. J'ai juste envie de coucher sur le papier quelques vérités que j'ai apprises. »

Elle retourna vers le comptoir et récupéra la mallette en skaï. Elle en tira la machine en plastique, la porta jusqu'aux étagères et la jeta presque à côté de la Royal Safari. Elle montra l'étiquette en haut à gauche.

« Je veux qu'un jour mes enfants lisent *les méditations de mon cœur*. Je les aurai imprimées moi-même dans les fibres de toutes les pages, ce sera un vrai monologue intérieur que je conserverai dans une boîte à chaussures jusqu'à ce que mes enfants soient assez grands pour lire *et* pour réfléchir à la condition humaine ! » Elle se rendit compte qu'elle criait. « Ils se passeront les pages et ils diront : "Alors c'est ça que Maman écrivait quand elle faisait tout ce bruit avec sa machine", et je vous demande pardon de crier !

– Ah, fit l'homme.

– Pourquoi est-ce que je crie ? »

Le vieil homme cligna des yeux. « Vous cherchez à laisser une trace.

– On dirait bien. » Elle s'interrompit le temps de respirer profondément, vida ses poumons en un long soupir qui s'accumula dans ses joues. « Alors, combien est-ce qu'elle coûte, cette machine de la jungle ? »

Pendant un moment il n'y eut plus un bruit dans la boutique. Le vieil homme posa un doigt sur ses lèvres, il réfléchissait, se demandait que répondre.

« Ce n'est pas cette machine qu'il vous faut. » Il remisa la Royal bicolore sur l'étagère. « Elle est faite pour une jeune fille qui part à l'université, la tête pleine de bêtises, qui croit qu'elle va bientôt trouver l'homme de ses rêves. Elle est faite pour écrire des fiches de lecture. »

Il descendit une machine compacte vert d'eau. Les touches étaient d'une nuance plus claire.

« Ceci, dit-il en insérant une nouvelle fois deux feuilles de papier dans le chariot, c'est une fabrication suisse. À une époque, en plus des coucous, des chocolats et des montres, la Suisse produisait les meilleures machines à écrire du monde. En 1959, elle a fabriqué celle-ci. La Hermes 2000. Le summum, le *nec plus ultra* de la machine à écrire manuelle, jamais égalée. Dire que c'est la Mercedes des machines à écrire serait faire trop d'honneur à Mercedes. Je vous en prie. Essayez-la. »

Le boîtier vert l'intimidait. Que pourrait-elle bien taper sur une merveille de savoir-faire helvète vieille d'une soixantaine d'années ? Où irait-elle au volant d'une Mercedes ?

Dans les montagnes au-dessus de Genève
La neige tombe blanche et pure
Et les enfants mangent des céréales au chocolat
Sans ajouter de lait.

« La police est une Epoca, dit l'homme. Regardez comme elle est droite et régulière. Tirée à la règle. Une merveille d'ingénierie. La Suisse. Vous voyez ces trous dans la réglette, de chaque côté du vibreur ? »

Alors c'était donc *ça*, un vibreur.

« Regardez bien. » Le vieil homme prit un stylo dans la poche de sa chemise et enfonça la pointe dans un des trous. Il libéra le chariot qu'il fit coulisser d'avant en arrière, soulignant ce qu'elle avait écrit.

Dans les montagnes au-dessus de Genève
La neige tombe blanche et pure

« Vous pouvez utiliser différentes couleurs d'encre pour insister plus ou moins. Et vous voyez ce bouton, à l'arrière ? » Il y avait un bouton de la taille d'un dé à coudre, au contour légèrement cranté. « Vous le serrez ou vous le desserrez pour régler l'action des touches. »

Elle s'exécuta. Les touches se durcirent considérablement sous ses doigts et elle dut y mettre de la force.

Horloges à coucou.

« Du temps où il fallait utiliser du papier carbone pour copier une lettre en trois ou quatre exemplaires, le réglage le plus ferme permettait de marquer jusqu'à la dernière page. » Il pouffa. « Les Suisses aimaient bien garder des archives. »

Une rotation dans le sens inverse rendit les touches légères comme des plumes.

Montres. Mercedes Hermes 2000000

« Elle non plus, elle ne fait pas de bruit, dit-elle.

– Presque pas, c'est vrai. » Il lui montra comme il était simple d'ajuster les marges en appuyant sur les leviers de chaque côté du chariot. Quant aux tabulations, elles se réglaient grâce à la touche TAB. « Cette Hermes a été fabriquée l'année de mes dix ans. Elle est indestructible.

– Comme vous. »

Le vieil homme sourit à la jeune femme. « Vos enfants apprendront à taper dessus. »

Elle aimait bien cette idée. « Combien ?

– Ça n'a pas d'importance, dit le vieil homme. Je vous la vendrai à une seule condition. Que vous vous en serviez.

– Sans vouloir être impolie, dit-elle, ça me paraît évident.

– Il faut que cette machine fasse partie de votre vie. De vos journées. Ne vous en servez pas juste deux ou trois fois avant de la ranger dans son étui au fond d'un placard parce que vous aurez besoin de place sur la table. Si vous faites ça, vous ne l'utiliserez plus jamais. » Il avait ouvert un placard sous l'étalage de vieilles calculatrices et cherchait quelque chose au milieu des mallettes de transport. Ce qu'il dénicha ressemblait à une valise carrée verte avec un rabat. « Si vous avez une chaîne hi-fi, vous écoutez des disques, non ? Une machine à écrire, c'est fait pour être utilisé. Un bateau doit naviguer. Un avion doit voler. À quoi sert un piano si on n'en joue pas ? Il prend la poussière et vous n'avez pas de musique dans votre vie. »

Il déposa la Hermes 2000 dans la mallette verte. « Laissez cette machine sur une table, où vous la verrez. Ayez du papier sous la main. Mettez deux feuilles pour protéger le rouleau. Commandez des enveloppes et du papier à lettres personnalisé. Je vais vous donner une housse de protection – cadeau –, mais vous allez l'enlever en rentrant chez vous pour que la machine soit prête à l'emploi.

– Ça signifie qu'on va commencer à parler du prix ?

– Je crois, oui.

– Combien ?

– Ah, fit le vieil homme. Ces machines n'ont pas de prix. J'ai vendu la dernière trois cents dollars. Mais pour une demoiselle ? Cinquante.

– Et vous me reprendriez l'autre à combien ? » Elle montra le jouet avec lequel elle était arrivée. Elle marchandait.

Le vieil homme la regarda avec l'air de lui jeter un mauvais sort. « Rappelez-moi combien vous avez payé cette chose ?

– Cinq dollars.

– Vous vous êtes fait avoir. » Il fit la moue. « Quarante-cinq. Si ma femme apprend que je vous ai fait un prix pareil, je suis bon pour le divorce.

– Alors ça restera entre nous. »

Une des caractéristiques de la Hermes 2000, c'est qu'elle était bien plus lourde que le jouet. La mallette verte cogna contre ses jambes pendant tout le chemin du retour. Elle s'arrêta deux fois et posa la machine, non parce qu'elle avait besoin de récupérer mais parce que sa main se mettait à transpirer.

Dans son appartement, elle fit comme on lui avait dit, comme elle avait promis. La machine à écrire vert d'eau alla sur la petite table de la cuisine, à côté d'une pile de feuilles blanches. Pour dîner, elle se prépara deux toasts à l'avocat et découpa une poire en quartiers. Elle ouvrit iTunes sur son téléphone et appuya sur PLAY, plaçant le téléphone dans un mug vide transformé en haut-parleur, et Joni chanta ses vieilles chansons et Adele ses nouveaux morceaux tandis qu'elle grignotait.

Elle s'essuya les mains et, enfin, rougissant de posséder l'une des meilleures machines à écrire alpines, elle glissa deux feuilles de papier dans le chariot et commença à taper.

À FAIRE :

FOURNITURES – ENVELOPPES & PAPIER À LETTRES
ECRIRE À MAMAN UNE FOIS PAR SEMAINE ?
Courses : yaourt / miel / lait
Jus de fruits
Amandes
huile d'olive (grecque)
tomates & Oignons / ciboule. CONCOMBRES !
Tourne-disque / chaîne d'occasion. Église méthodiste ?
Tapis de yoga.
Cirer le sol.
Rendez-vous dentiste
Cours de piano (pourquoi pas ?)

« C'est bon, dit-elle tout haut, seule dans son appartement. Je l'ai utilisée. »

Elle s'écarta de la table, du vert d'eau de la Hermes. Elle retira de la machine la liste de commissions qu'elle colla sur son réfrigérateur avec un aimant. Elle sortit les moules à glace du freezer et les passa sous l'eau tiède, dégelant et libérant un des glaçons à l'ananas. Sachant qu'elle en mangerait un second, elle rangea les autres au réfrigérateur pour qu'ils restent frais.

Dans le salon, elle ouvrit les fenêtres pour faire entrer la brise. Le soleil s'était couché et les premières lucioles allaient commencer à s'allumer. Elle s'assit sur le rebord d'une fenêtre, dégusta son ananas glacé et observa les écureuils qui couraient sur les fils du téléphone, la sinusoïde parfaite de leur corps et de leur queue. Elle mangea sa deuxième glace au même endroit, les lucioles flottaient comme par magie au-dessus du trottoir et des carrés d'herbe.

Dans la cuisine, elle se rinça les mains et remit le Tupperware au freezer. Il lui restait six glaces pour le lendemain. Elle jeta un coup d'œil à la machine sur la table.

Une idée lui vint. Comment se fait-il, songea-t-elle, que dans leur version standard, les femmes qui sortent d'une rupture picolent toutes seules dans un appartement triste et vide avant de s'endormir sur le canapé en regardant *Real Housewives* ou un autre truc du genre à la télé ? Elle n'avait pas la télé et s'était débarrassée de tous ses vices à l'exception des glaces maison. De sa vie, elle n'avait jamais sombré dans le sommeil après avoir bu.

Elle se rassit à la table et engagea deux nouvelles feuilles de papier dans sa Hermes 2000. Elle resserra les marges, comme pour une colonne de journal, et régla l'interlignage à 1,5.

Elle tapa

Une méditation de mon cœur

puis alla à la ligne et commença un paragraphe. Le bruit minuscule des touches continua à résonner doucement dans l'appartement et à s'échapper par la fenêtre longtemps après minuit.

La Gazette de Notre Ville avec Hank Fiset

DE RETOUR DU PASSÉ

IL ARRIVE PARFOIS que les tyrans (j'ai dit tyrans ? pardon, je voulais dire titans) qui publient le *Tri-Cities Daily News / Herald* nous offrent à ma femme et moi des voyages mélangeant travail et plaisir – des vacances tous frais payés à Rome (dans l'Ohio), Paris (dans l'Illinois) ou dans la propriété familiale (du côté de ma femme) au bord du lac Nixon, de brefs voyages qui deviennent ensuite sous ma plume mille mots de journalisme premier cru, tout du moins à en croire mes collaborateurs. Et la semaine dernière, j'ai vécu une fantastique aventure défrayée. Figurez-vous que je suis remonté dans le temps ! Pas jusqu'à l'ère des dinosaures, ni assez pour assister à la chute des tsars ou tenter de raisonner le capitaine du *Titanic*. Non, c'est dans mon propre passé que je suis allé, dans ma conscience évanescente, transporté par une machine aussi simple que magique…

* * *

DE L'INNOCENCE naît l'aventure : mon intention était de vous proposer, à vous, lecteurs, un papier sur la brocante hebdomadaire organisée dans l'ancien cinéma drive-in Empire Auto

Movie à Santa Alameda ; un gigantesque marché aux puces où l'on trouve depuis maintenant trente-neuf ans une foultitude de débris à valeur sentimentale et d'articles de seconde main. Vieux ustensiles de cuisine, vieux vêtements, vieux livres, millions d'objets d'art aussi jolis que miteux, montagnes d'outils usés et alignements infinis d'outils neufs, jouets, lampes, chaises dépareillées et lunettes de soleil neuves par centaines se vendent aujourd'hui à l'endroit où, autrefois, se massaient les voitures des cinéphiles venus voir, par exemple, *Krakatoa à l'est de Java* projeté sur un écran lointain et guère plus grand qu'un panneau publicitaire. Le son du film était diffusé par des enceintes format grille-pain qui s'accrochaient à la vitre de la voiture. Le cinéma en mono…

* * *

IMAGINEZ le plus grand vide-grenier de tout l'Occident, combiné à une liquidation avant fermeture définitive de tous les grands magasins du comté, et vous aurez une idée de la dimension de cette brocante. Vous pouvez passer une journée entière à parcourir les rangées de stands, vous reposer sur les monticules entre les poteaux qui supportaient les enceintes, grignoter des hot-dogs et du pop-corn, avoir envie d'acheter tout ce qui vous tombe sous le nez avec pour seule limite l'argent que vous avez dans la poche et la taille de votre coffre. Si je l'avais voulu, j'aurais pu avoir pour moins de deux cents dollars une table en ronce de séquoia, un réfrigérateur Amana des années soixante ou des sièges de Mercury Montego. Heureusement que j'ai déjà tout cela chez moi !

* * *

J'ALLAIS ME REPLIER vers la buvette pour acheter une glace au citron quand mon regard s'est posé sur une vieille machine à écrire, une Underwood portable d'un noir d'ébène qui, sans mentir, étincelait au soleil comme un bolide racé. Après examen rapide, le ruban s'est révélé bon une fois que l'on déroulait quelques centimètres de bobine, et la mallette, dont la poignée était cassée, contenait une petite réserve de papier pelure effaçable. Bien que, de nos jours, on ait autant l'utilité d'une machine à écrire que d'une hache, j'ai offert au gamin qui tenait le stand « quarante dollars pour cette vieille machine à écrire et la mallette cassée », à quoi il a répondu : « Ça me va. » J'aurais dû lui en donner vingt. Ou cinq.

* * *

CHEZ MOI, j'ai posé mon acquisition sur la table de la cuisine et je lui ai fait passer le test du portezcevieuxwhiskyaujugeblondquifume. Le *d* accrochait et le *a* avait un peu de mou. Tous les chiffres marchaient et, après quelques pressions, les touches de ponctuation se sont décoincées. J'ai tapé : Je viens d'acheter cette machine à écrire, et devinez quoi : elle fonctionne... puis la clochette a émis un son cristallin au bout de la ligne et, *illico*, j'ai été aspiré dans le continuum espace-temps, un voyage qui a pu durer un clin d'œil aussi bien que chaque seconde des quarante-neuf dernières années.

* * *

DING ! Première étape, l'arrière-boutique du magasin de pièces détachées de mon père, au croisement de Webster et d'Alcorn, où se trouve aujourd'hui un parking. Il avait une grosse et vieille machine à écrire que je ne crois pas l'avoir jamais vu utiliser. Enfant, le week-end, j'écrivais mon nom du bout de mes petits doigts. Adolescent, j'évitais la boutique autant que possible, de peur que mon père ne me colle à l'inventaire pour le reste de la journée...

* * *

DING ! J'ai treize ans, je suis rédac-chef du *Frick Junior High School Banner* et je regarde Mme Kaye, la prof de journalisme, qui dactylographie mon édito « Bienvenue les nazes ! » sur le papier paraffiné que la ronéotypeuse transformera en trois cent cinquante exemplaires du journal de l'école, lu par une quarantaine d'élèves. Je rayonnais de fierté en voyant pour la toute première fois ma signature dans un journal imprimé…

* * *

DING ! Je suis au lycée, sur le vieux campus de Logan High, au dernier étage d'un bâtiment qui ne respectait pas les normes antisismiques (jamais senti un frisson), dans une salle où l'on n'enseignait qu'une seule matière : la dactylographie, niveau 1, 2 et 3, à l'intention des futurs secrétaires. Des bureaux et des machines indestructibles et une enseignante tellement indifférente à ses fonctions que je ne crois pas l'avoir vue une seule fois en cours. Quelqu'un mettait un disque sur un phonographe et noustapions les lettres demandées. Il ne m'a fallu qu'un semestre de niveau 1 pour me décider à m'inscrire dans l'équipe audiovisuelle. Au lieu de rester en classe, j'arpentais les couloirs du lycée, livrant des projecteurs et installant les pellicules pour les profs qui ne savaient pas le faire. Je n'ai donc jamais appris les nombreux formats de courriers professionnels ni ce que peut bien être une « formule de politesse ». J'aurais été un secrétaire épouvantable. Ce qui ne m'a pas empêché de continuer à taper à la machine…

* * *

DING ! Il est 2 heures du matin dans ma chambre à l'université Wardell-Pierce, et je compose à toute allure un devoir de rhétorique que je dois rendre dans huit heures – eh oui, c'était une vraie matière. Je planche sur « La critique comparative dans le journalisme sportif : le base-ball et l'athlétisme », un sujet que j'ai choisi parce que je m'occupais des sports pour le *Wardell-Pierce Pioneer* et que cette semaine-là j'avais couvert un match de base-ball et un meeting d'athlétisme. Mon coturne, Don Gammelgaard, essayait de dormir mais j'étais à la bourre. Et vu qu'il pleuvait, je n'allais pas traverser la cour jusqu'au foyer des étudiants. Je me rappelle avoir eu une super note en rhétorique*.

* * *

DING ! Je suis derrière un vague bureau dans les vagues locaux du *Greensheet Give-Away*, la feuille de chou gratuite qui, fut un temps, arrosait le Tri-Cities de coupons de réduction, publicités et, dans les dernières pages, nouvelles locales où les personnes lambda pouvaient se retrouver. J'écrivais un article sur une exposition canine organisée dans le vieux Civic Auditorium – on me payait quinze dollars pour ça ! – lorsque la plus belle femme qui ait jamais engagé la conversation avec moi s'est présentée et m'a dit : « Vous tapez vite. » Elle avait raison, et comme j'étais du genre rapide, je lui ai fait la cour, je l'ai épousée et nous sommes ensemble depuis plus de quarante ans.

* * *

C'EST CE MÊME SPÉCIMEN de féminité américaine qui m'a ramené dans le présent quand elle est arrivée dans la cuisine en me disant de déplacer cette machine à écrire et de mettre la table. Nos petits-enfants venaient dîner et nous allions faire un atelier tacos, il fallait donc s'attendre à un beau chantier. L'Underwood avait des pouvoirs inexpliqués, c'était un véhicule pour mes rêves, et je l'ai donc rangée dans sa mallette et déposée vite fait bien fait sur une étagère dans mon bureau. La nuit, j'ai l'impression qu'elle brille dans le noir…

* *Après vérification, mon dossier scolaire indique que j'ai eu B– en rhétorique à Wardell-Pierce. Au temps pour moi…*

underwood

Le passé compte beaucoup pour nous

Comme un designer était en train de revisiter l'intérieur de son avion, J.J. Cox, qui devait se rendre à New York, avait été contraint de demander à Bert Allenberry de l'embarquer dans son WhisperJet ViewLiner.

« Je te croyais plus intelligent que ça, Bert ! » hurlait J.J. à son ami.

Ils se connaissaient depuis la fac, depuis l'époque où ils étaient livreurs pour FedEx et avaient du courage et des idées à revendre. Ils mutualisaient leur paye pour louer un garage sans fenêtres dans la banlieue de Salina, au Kansas, qui devint leur atelier en même temps que leur maison. Au terme de trois années et demie à trimer cent vingt heures par semaine, ils avaient construit le prototype de la soupape-relais numérique à accès aléatoire. Autant dire qu'ils avaient inventé le feu. Trente ans et 756 milliards de dollars plus tard, J.J. venait d'apprendre à l'instant que Bert avait donné six millions de dollars à une boîte nommée Chronometric Adventures pour – tenez-vous bien – des *vacances dans le temps*. Non, non, non !

Cindee, la quatrième et la plus jeune Mme Allenberry, débarrassait elle-même la faïence du petit déjeuner. Une tâche où elle excellait, car, un an plus tôt, elle était encore hôtesse à bord de cet avion. Il fallait qu'elle se dépêche, ils atterriraient dans quelques minutes. Deux inconvénients du ViewLiner : la vitesse et le vertige. Rallier Salina à New York ne prenait que soixante-quatre minutes, tout juste assez pour finir de saucer une assiette de travers de porc. En vol, le sol transparent et les hublots extralarges n'étaient pas rassurants, surtout si l'on avait peur du vide.

« J'ai cru qu'ils nous avaient fait prendre un somnifère, lança Cindee depuis la cambuse de l'appareil. On s'est réveillés avec une migraine d'enfer et la chambre était complètement différente. Tout de suite après, on a replongé et on a dormi des heures. »

J.J. n'en croyait pas ses oreilles. « Je veux comprendre l'arnaque. Tu entres dans une pièce, tu t'endors et tu te réveilles *quand* ?

– En 1939, gazouilla Bert.

– Évidemment, railla J.J. Mais ensuite tu perds connaissance et quand tu réveilles tu es *encore* en 1939.

– En plein milieu de New York. Dans un hôtel de la Huitième Avenue. » Bert regardait au travers du fuselage. La Pennsylvanie laissait place au New Jersey. « Chambre 1114.

– Et vous êtes restés toute la journée dans une chambre d'hôtel ? » J.J. avait envie de se mettre des gifles, et à son ami aussi pour lui faire retrouver la raison.

« Tout a l'air réel, poursuivit Cindee en regagnant sa place et en bouclant sa ceinture. On peut toucher les choses. On peut manger et boire. Et il y a les odeurs. Les hommes mettent de la brillantine qui pue, les femmes se maquillent trop et tout le monde fume. Et ils ont les dents tachées et de travers !

– Ça sent le café torréfié. » Bert souriait. « À cause d'une usine dans le New Jersey.

– Tu t'es réveillé en 1939, dit J.J. Et ça sentait le café.

– Ensuite Cindee m'a emmené à l'Exposition universelle. Pour mon anniversaire. On avait des billets VIP.

– Je lui ai fait la surprise. » Cindee sourit à son mari et lui prit la main. « Soixante ans, ça se fête. »

J.J. avait une question. « Tant qu'à remonter le temps, pourquoi ne pas aller voir la signature de la Déclaration d'indépendance ou la crucifixion de Jésus ?

– On ne peut aller qu'en 1939, expliqua Bert. Le 8 juin 1939. Chronometric Adventures a une franchise à Cleveland. Là on peut aller en 1927 voir Babe Ruth frapper un *home run*, mais je ne suis pas fan de base-ball.

– Babe Ruth. À Cleveland, fit J.J. avec dédain. La crucifixion.

– Il est reparti quatre fois sans moi, dit Cindee. J'en avais marre qu'on me prenne pour sa fille.

– Et j'y retourne demain. » À cette idée, Bert sourit.

J.J. éclata de rire. « Trente-six millions de dollars ! Bert, pour la moitié de ça je peux t'arranger une partie de Limbo, nu avec Adam et Ève dans le jardin d'Éden. Je te demande juste de me faire confiance.

– Mon mari aimerait bien *vivre* en 1939, dit Cindee. Mais il ne peut y rester que vingt-deux heures.

– Pourquoi seulement vingt-deux heures ? » demanda J.J.

Bert lui expliqua pourquoi. « La longueur d'onde n'est pas infinie dans le continuum espace-temps. On ne peut pas surfer éternellement sur l'écho.

– Ils fournissent de l'argent en papier et des pièces anciennes, dit Cindee. J'ai acheté une aiguille spatiale et un globe plaqués or.

– Le Trylon et la Périsphère, rectifia Bert.

– Voilà. C'est ça. Mais quand on s'est réveillés il ne restait plus qu'une pâte toute sèche.

– La faute à la singularité moléculaire. » Bert n'attachait pas sa ceinture. L'avion lui appartenait, il se moquait des règlements de l'Aviation civile.

« Pourquoi ne pas modifier le cours de l'histoire ? voulut savoir J.J. Pourquoi ne pas tuer Hitler ?

– Hitler n'était pas à l'Expo universelle ce jour-là. » Le WhisperJet commença à ralentir, le sol venait à leur rencontre. Les moteurs pivotaient avec précision, préparant l'atterrissage vertical sur le toit du 909 Cinquième Avenue. « Et en plus, ça n'aurait rien changé.

– Comment ça ?

– Tangentes dimensionnelles singulières, dit Bert en contemplant Central Park qui n'avait pas foncièrement changé depuis 1939. Il y a un nombre de tangentes infini, mais nous n'existons que dans l'une d'entre elles. »

J.J. tourna la tête vers Cindee. Elle haussa les épaules – son vieux mari était un cas désespéré.

« Ce qu'il aime, c'est voir à quoi le futur allait ressembler. Sauf qu'on *vit* dans le futur. On aurait pu croire que ça lui gâcherait la surprise », dit-elle.

Douze minutes plus tard, J.J. filait le long de la HoverLine à bord de son Antigrav, cap sur son île privée au large de Sound Beach. Bert et Cindee avaient pris leur ascenseur privé depuis la plateforme d'atterrissage et déposaient leurs affaires dans leur appartement, qui occupait six étages, du quatre-vingt-seizième au cent unième. Cindee chercha immédiatement une nouvelle tenue dans une de ses penderies. Ils étaient attendus aux vingt-cinq ans de Kick Adler-Johnson où les hologrammes des Rolling Stones donneraient un concert privé. Bert détestait Kick Adler-Johnson mais respectait néanmoins son mari, Nick, qui avait fait fortune en achetant des droits à l'air et à l'eau partout dans le monde. En outre, les vrais Rolling Stones avaient joué au Noël de l'entreprise en 2019, quand il était encore marié avec L'Audrey, épouse numéro 3. Il aurait préféré rester à la maison, mais Cindee ne voulait rien entendre.

En cet instant, Bert aurait aimé pouvoir avancer le temps jusqu'au matin, puis retrouver 1939, l'Exposition, et toutes les promesses du monde tel qu'il aurait pu être.

Pendant leur premier voyage, Cindee s'était sentie ridicule dans ses vêtements à l'ancienne mode. Bert, lui, était aux anges avec son costume croisé confectionné sur mesure par les tailleurs de Chronometric Adventures. Il s'émerveilla du plus petit détail, pendant chaque seconde des vingt-deux heures qu'ils passèrent en 1939. Comme New York semblait petite ! Les immeubles n'étaient pas bien hauts et le ciel beaucoup plus présent, les trottoirs étaient assez larges pour tout le monde et les automobiles et taxis étaient *énormes* et *spacieux*. Le chauffeur portait *une cravate* et se plaignait de la circulation sur le trajet vers Flushing Meadows, mais si *ça* c'était un embouteillage, Bert pouvait l'endurer.

L'Exposition universelle présentait le haut Trylon et l'imposant orbe baptisé Périsphère, deux merveilles architecturales uniques d'un blanc éclatant qui tranchait sur le bleu du ciel. Les avenues des Patriotes et des Pionniers en imposaient et – attention – il y avait des pavillons dédiés aux chemins de fer et aux compagnies maritimes, célébrant des technologies exigeant des moteurs aussi gros que son WhisperJet. Il y avait une machine à écrire Underwood géante, un spectacle aquatique, et Electro l'Homme mécanique, qui marchait et comptait sur ses doigts en acier ! Grâce aux tickets VIP fournis par Chronometric Adventures, Bert et Cindee n'eurent jamais à faire la queue.

Tout était immaculé. Une légère brise agitait drapeaux et fanions. Les hot-dogs coûtaient cinq cents. Les visiteurs étaient sur leur trente et un et certaines femmes portaient même des gants. La plupart des hommes avaient des couvre-chefs. Bert voulait tout voir du monde de demain, mais Cindee était mal à l'aise dans ses vilaines chaussures et refusait de manger quoi que ce soit. Ils partirent vers 15 heures pour aller boire un verre et dîner à l'hôtel Astor, dans Times Square. Cindee était pompette, fatiguée et malade à cause de la fumée de cigarette quand ils regagnèrent la chambre 1114 pour la Progression, le voyage vers le futur.

Deux semaines plus tard, Cindee s'envola avec toutes ses amies dans le WhisperJet pour un spa au Maroc, ce qui permit à Bert de repartir pour vingt-deux heures en 1939. Il commença par commander un café à Percy, le serveur du room service. Il petit-déjeuna seul au bar de l'hôtel Astor, un endroit magnifique. Il tomba sur le même chauffeur de taxi à cravate. Seul, il couvrit les secteurs de l'Exposition qu'il avait manqués, tels que la Ville de demain et la Ferme électrifiée ; il déjeuna au dôme Heinz, parcourut le temple de la Religion et s'extasia devant le paradis ouvrier qu'était l'Union des républiques socialistes soviétiques. Il écouta les conversations, étudia l'enthousiasme des visiteurs, nota l'absence de grossièretés et les couleurs vives des vêtements – aucune tenue noire à l'horizon. Le personnel de l'Exposition semblait fier de ses uniformes. Et, il fallait bien l'avouer, beaucoup de gens fumaient.

C'est lors de cette deuxième visite, sans Cindee, qu'il remarqua une petite femme charmante dans sa robe verte. Elle était assise sur un banc près du lagon des Nations, à l'ombre des sculptures massives représentant les Quatre Libertés. Elle offrait à la vue une modeste portion de jambe au-dessus de ses chaussures marron à lanières. Elle avait un petit sac à main et un chapeau décoré d'un bourgeon de fleur blanche, plutôt une casquette en réalité. Elle était en grande conversation avec une jeune fille davantage habillée pour le catéchisme que pour une Exposition universelle.

Toutes deux riaient, gesticulaient, se chuchotaient des secrets, les meilleures amies du monde passant la meilleure des journées dans le meilleur des lieux – elles en étaient l'esprit, l'incarnation féminine.

Incapable de s'arracher à ce spectacle, Bert les regarda quitter leur banc et se diriger bras dessus bras dessous vers le pavillon Eastman Kodak. Il songea à les suivre, pour voir une partie de l'Exposition à travers leurs yeux. Mais il était presque 17 heures à sa montre, ses vingt-deux heures étaient bientôt écoulées. À regret, il se replia vers la station de taxis près de la porte Corona.

Un autre taxi cravaté le ramena à Manhattan.

« C'est quelque chose, l'Exposition, pas vrai ? fit le chauffeur.

– En effet.

– Vous avez vu le Futurama ? Le voyage jusqu'en 1960 ?

– Non. » Bert, né en 1966, gloussa dans sa barbe.

« Il faut que vous voyiez ça, dit le chauffeur. C'est dans le pavillon General Motors. Il y a la queue, mais ça vaut la peine. »

Bert se demanda si la charmante jeune femme à la robe verte avait vu le Futurama. Et ce qu'elle avait pu penser de l'année 1960.

Bien que les allers-retours dans le temps ne soient pas tendres pour le corps humain, l'équipe médicale de Chronometric Adventures donna son feu vert pour le troisième voyage de Bert. L'Exposition universelle était trop vaste pour en faire le tour en deux fois, expliqua-t-il à Cindee, et c'était la vérité. Ce qu'il ne dit pas, en revanche, c'est que, lorsqu'il revint à Flushing Meadows en 1939, il passa la journée à chercher la jeune femme en robe verte.

Elle n'était dans aucun des bâtiments consacrés aux œuvres humanitaires de US Steel, Westinghouse ou General Electric. Elle n'était pas sur la place de la Lumière, dans l'avenue du Travail, la cour de la Paix, ni l'avenue Continentale. Elle n'était nulle part où chercha Bert. Si bien que, quelques minutes avant 17 heures, il fonça au lagon des Nations et, sans surprise, y trouva la femme à la robe verte, accompagnée de son amie, toutes deux assises au pied des Quatre Libertés.

Il s'installa sur un banc assez proche pour les entendre comparer leurs impressions sur les splendeurs de l'Exposition, leur accent transformant New York en *Noo*

Yawk. Elles ne parvenaient pas à fixer la suite de leur programme, avant la soirée et les prouesses techniques et colorées du spectacle aux fontaines de Lumière.

Bert essayait de rassembler le courage d'aller leur parler quand elles se levèrent et se pressèrent vers Eastman Kodak, pouffant et papotant. Il les suivit du regard, admira l'allure de la jeune femme à la robe verte, le carré de sa coiffure. Il songea à les suivre, mais l'heure tournait et il fallait qu'il regagne la chambre 1114.

Pendant des semaines, toutes les deux minutes, Bert repensa à la femme en robe verte – les mouvements de ses mains quand elle parlait, ses cheveux au carré. Il voulait savoir son nom, la connaître, ne serait-ce qu'une petite heure en 1939. Lorsque Cindee annonça qu'elle partait faire une randonnée à cheval avec Kick Adler-Johnson à Cuba, il prit rendez-vous pour un nouvel examen médical.

Il était sur son banc près du lagon des Nations à 16 h 45 et, la singularité étant ponctuelle, la femme à la robe verte et sa jeune amie s'assirent et débutèrent leur conversation. Bert donnait à la femme environ trente-cinq ans, bien que la mode de l'époque vieillît tout le monde selon les critères actuels. Elle était mieux en chair que Cindee, que la plupart des femmes de son temps, car en 1939 on s'occupait moins des calories et le sport était l'apanage des athlètes et des travailleurs. Cette femme avait une véritable silhouette ; ses courbes la mettaient en valeur.

Il avait préparé ce qu'il dirait lors de sa première conversation avec une femme qu'il voulait rencontrer depuis huit décennies. « Excusez-moi, mesdames, les aborda-t-il. Savez-vous si le Futurama est ouvert aujourd'hui ?

– Je suis désolée, répondit la jeune femme à la robe verte, je ne sais pas. Nous avons passé l'après-midi dans le parc d'attractions. Nous nous sommes amusées comme des folles !

– Avez-vous déjà essayé le Parachute, monsieur ? » La fille faisait preuve d'un enthousiasme délicieux.

« Pas encore, avoua Bert. Je devrais ?

– Il faut avoir le cœur bien accroché, dit la femme.

– Ça monte, ça monte, ça monte, dit la fille en remuant les mains. On croit qu'on va redescendre en flottant doucement. Mais non. On atterrit comme ça, *vlan !*

– C'est vrai ! » La femme et la fille riaient à gorge déployée.

« Avez-vous vu le Futurama ? demanda Bert.

– Il y avait trop d'attente, dit la femme.

– Eh bien, fit Bert en plongeant la main dans la poche de son veston croisé. J'ai ici deux tickets spéciaux que je ne vais pas utiliser. »

Bert leur tendit deux billets identiques à ceux que Chronometric Adventures leur avait donnés pour son premier voyage avec Cindee, frappés du Trylon, de la Périsphère et des lettres VIP. « Si vous les montrez aux employés au bas de la rampe – enfin, de l'*Helicline* –, ils vous emmèneront par un passage secret.

– Oh, c'est très gentil de votre part, dit la femme. Mais nous ne sommes pas du tout des VIP.

– Moi non plus, croyez-moi, rétorqua Bert. Je dois m'en aller. Utilisez-les, s'il vous plaît.

– On peut, Tante Carmen ? » demanda la fille d'une voix suppliante.

Carmen. La femme à la robe verte s'appelait Carmen. Bert trouvait que ce prénom lui allait à ravir.

« Je ne trouve pas ça très honnête, dit Carmen après un instant. Mais d'accord ! Merci mille fois.

– Oui, merci ! dit sa nièce. Je m'appelle Virginia, et voici ma tante Carmen. Et vous, comment vous appelez-vous ?

– Bert Allenberry.

– Alors merci, monsieur Allenberry, dit Virginia. Nous vous devons notre futur ! » Les deux femmes s'en allèrent sur l'esplanade de la Constitution, direction le pavillon GM qui hébergeait le Futurama. Bert les regarda partir, empli de joie, heureux d'être revenu en 1939.

Des mois durant, il rêva de la douce Carmen, la malhonnête au nom si parfait. Même lorsque son corps était dans son bureau de Salina, en réunion du conseil d'administration à Tokyo ou sur un bateau au large de Mykonos, son esprit, lui, était à Flushing Meadows, sur un banc au pied des Quatre Libertés, au début du mois de juin 1939. Lorsqu'une réunion des actionnaires exigea sa présence à *Noo Yawk*, il arrangea une nouvelle visite à six millions de dollars dans la chambre 1114.

Les événements se déroulèrent comme précédemment. Il offrit les tickets VIP à Carmen et Virginia, et elles partirent en lui devant leur futur. Mais Bert voulait passer un peu plus de temps avec Carmen – pas beaucoup, rien qu'une petite demi-heure –, si bien qu'il se posta à la sortie du Futurama. Il leur fit signe quand elles arrivèrent.

« Alors, c'était comment ? leur demanda-t-il.

– Monsieur Allenberry ! dit Carmen. Je croyais que vous deviez rentrer.

– C'est moi le directeur, j'ai décidé de changer les règles.

– Le directeur ? demanda Virginia. De quoi ?

– De tous les gens que je dirige.

– Puisque vous avez maintenant deux VIP devant vous, dit Carmen en riant, puis-je vous offrir une part de tarte ?

– Figurez-vous que j'adore ça.

– On va chez Borden's ! pépia Virginia. On verra Elsie la Vache. »

Ils s'installèrent tous les trois avec des parts de tarte à dix cents pièce, des quartiers impeccablement découpés. Carmen et Bert burent des cafés à un *nickel* la tasse. Virginia prit un verre de lait et leur parla des miracles qu'apporterait l'an 1960, si l'on en croyait les prédictions du Futurama.

« J'espère que je ne vivrai plus dans le Bronx en 1960 », dit-elle. Virginia habitait dans un appartement au-dessus de la Bronx Parkway avec sa mère (la sœur de Carmen) et son père, qui était boucher. Elle entrerait au collège l'année suivante, faisait partie du club de radio et voulait être prof quand elle serait grande, si elle avait la possibilité d'aller à l'université. Carmen partageait un appartement dans la 38e Rue Est avec deux colocataires, secrétaires dans une compagnie d'assurances. Elle était comptable dans une fabrique de sacs à main en ville. Toutes deux s'accordaient à dire que l'Exposition universelle de 1939 était encore mieux en vrai qu'aux actualités.

« Est-ce que votre femme est à New York, monsieur Allenberry ? » Bert se demanda comment Carmen avait deviné qu'il était marié, puis il se souvint de l'alliance fournie par Chronometric Adventures. Il l'avait mise par habitude.

« Non, répondit-il. Cindee est à Cuba, avec des amis.

– C'est là que Papa et Maman sont allés en lune de miel, dit Virginia. Je suis arrivée peu de temps après !

– Virginia ! » Carmen était outrée. « Ce n'est pas une façon de parler !

– Mais c'est vrai ! » Virginia avait mangé toute la garniture de sa tarte et gardait la croûte pour la fin.

« Êtes-vous mariée, Carmen ? s'enquit Bert. Je vous demande pardon, je ne connais même pas votre nom de famille.

– Perry, dit-elle. Carmen Perry. C'est très impoli de ma part. Et, non, je ne suis pas mariée. »

Cela, Bert le savait déjà car elle n'avait pas d'alliance à la main gauche.

« Maman dit que si tu ne te trouves pas un homme sans tarder, il ne t'en restera plus aucun ! dit Virginia. Tu as presque *vingt-sept* ans !

– Tais-toi, lâcha Carmen entre ses dents, puis elle piqua avec sa fourchette le meilleur morceau de croûte avant de l'engloutir.

– Eh, sale voleuse ! » Virginia riait aux éclats.

Tout en se tapotant les lèvres avec sa serviette, Carmen sourit à Bert. « C'est la vérité. Je suis la dernière poule de la basse-cour. »

Carmen n'avait que vingt-six ans ? Bert aurait juré qu'elle était plus âgée.

Après la tarte, ils allèrent voir Elsie la Vache, la mascotte de Borden's, puis ils visitèrent l'Académie des sports. Après avoir apprécié les acrobaties filmées des skieurs nautiques, Bert consulta sa montre rétro. Il était presque 18 heures.

« Il faut vraiment que je file.

– Quel dommage que vous ne puissiez pas rester pour le son et lumière aux fontaines, dit Carmen. Il paraît que c'est magnifique.

– Et il y a un feu d'artifice tous les soirs, ajouta Virginia. C'est comme si le 4 Juillet durait tout l'été.

– Virginia et moi avons trouvé un bon endroit pour le regarder. » Carmen avait les yeux rivés sur Bert. « Vous êtes certain que vous ne pouvez pas rester ?

– J'aimerais beaucoup. » Bert aurait vraiment beaucoup aimé. Carmen était la femme la plus délicieuse qu'il ait jamais rencontrée. Ses lèvres n'étaient pas trop épaisses, son sourire était ferme et malicieux, et ses yeux étaient noisette et vert émeraude, avec des reflets marron.

« Merci, nous avons passé un moment formidable ! dit Virginia. Nous avons été des VIP !

– Oui, merci monsieur Allenberry. » Carmen lui tendit la main. « Vous avez été très gentil, c'était très amusant. »

Bert prit la main de Carmen, sa main gauche, à laquelle elle n'avait pas d'alliance. « J'ai passé une excellente journée. »

Dans le taxi qui le ramenait à Manhattan, Bert crut sentir encore le parfum de Carmen – lilas avec un soupçon de vanille.

Après de trop nombreux rappels par les hologrammes des Rolling Stones, la fête d'anniversaire de Kick Adler-Johnson s'était prolongée jusqu'à 4 heures du matin. Cindee dormait, porte close et stores baissés. Bert, lui, debout à 8 heures, s'était douché et habillé et buvait à présent un café. Il petit-déjeuna de jus multivitaminé et d'un croissant protéiné, puis il commanda une SoloCar dans l'ascenseur qui l'emmenait au rez-de-chaussée.

Dès qu'il eut confirmé que sa destination était Chronometric Adventures, la voiture sans chauffeur se mit en route sur la Cinquième Avenue à la vitesse algorithmiquement sûre de 27 km/h. Elle prit la 52e Rue, dépassa le Times Square Dome, puis tourna trois fois à droite avant de s'arrêter dans la Huitième Avenue entre les 44e et 45e Rues Ouest.

Bert sortit de voiture devant un immeuble qui avait été, par ordre chronologique, le Milford Plaza, le Royal Manhattan Hotel et, en 1939, l'hôtel Lincoln. Désormais, il servait surtout d'aire de service pour le Dome, qu'il jouxtait, et abritait en outre les bureaux des autorités de Times Square.

Les locaux de Chronometric Adventures en occupaient cinq étages, du huitième au douzième, non par choix ni commodité, mais grâce aux hasards de l'histoire et aux prodiges de la science. L'immeuble conservait certains aspects architecturaux du temps où c'était un hôtel, et une chambre en particulier, la 1114, avait miraculeusement réchappé à toutes les transformations et rénovations depuis l'inauguration de l'édifice en 1928. Avec ses dimensions inchangées, la chambre possédait l'authenticité spatiale requise pour produire une ondulation d'une parfaite justesse dans le continuum espace-temps, un arc qui croise le 8 juin 1939. Les épais tuyaux et câbles et les grilles à plasma nécessaires au voyage dans le temps qui entouraient la chambre 1114 avaient été adaptés au style de l'ancien hôtel Lincoln ; tout un équipement contenant des millions de soupapes-relais numériques à accès aléatoire inventées par Bert Allenberry.

Dans l'ascenseur qui le menait au huitième étage, une voix de femme annonça « Chronometric Adventures » juste avant l'ouverture des portes. La devise de la société – *Le passé compte beaucoup pour nous* – était inscrite sur le mur et, en dessous, Howard Frye l'attendait.

« Monsieur Allenberry. Ravi de vous revoir. » C'est Howard qui l'avait préparé avant chacune de ses aventures. « Vous avez l'air en pleine forme.

– On ne peut mieux. Et vous ?

– Je sors tout juste d'un rhume. Mon fils l'a rapporté de l'école.

– Un des avantages de ne pas avoir d'enfants. » Cindee n'avait jamais laissé entendre qu'elle en voulait, L'Audrey avant elle aurait été aussi mauvaise mère que partenaire, Mary-Lynn aurait plus que tout aimé procréer, mais lorsqu'un médecin lui avait dit que la faible fertilité de Bert rendait la chose fort peu probable, elle s'était tournée vers d'autres hommes. Elle s'était remariée et avait dans la foulée conçu deux filles et un garçon. Le premier mariage de Bert, avec Barb, engendra une petite fille. Mais le divorce fut tellement lourd de ressentiment et d'acrimonie que Bert ne la revit qu'une fois majeure et à l'occasion de rares dîners à Londres, où elle menait grand train grâce à la pension qu'il lui versait.

« Voulez-vous passer à la Pré-A ? demanda Howard.

– Ne perdons pas de temps.

– Ici, nous en avons à profusion », gloussa Howard.

Dans la salle de Pré-Aventure, Bert fut une nouvelle fois examiné par l'équipe médicale. On lui préleva et scanna un échantillon de fluides, on mesura son rythme cardiaque et on testa les douze autres propriétés physiques affectées par la Progression / Reprogression. On lui administra les cinq piqûres qui renforceraient son organisme au niveau moléculaire ainsi que les médicaments antiémétiques qui le soulageraient à son arrivée en 1939. Il ôta ses vêtements ainsi que ses bagues, sa montre et la fine chaîne en or qu'il avait au cou. Les objets d'aujourd'hui ne pouvaient survivre au voyage vers hier, et leurs molécules risquaient d'entraver irrémédiablement la procédure. Une fois nu, il enfila un peignoir aux armes de Chronometric Adventures et écouta les avertissements légaux de rigueur.

D'abord il y eut la vidéo – concise et léchée – exposant les dangers et expliquant les protocoles. Ensuite il lut une brochure qui répétait, mot pour mot, ce qui venait d'être dit. Bert savait déjà que la Reprogression présentait un danger mortel, même s'il n'était jamais rien arrivé ; l'aventurier n'était soumis à aucune obligation – il occuperait sa journée à sa guise – sinon le respect de certaines procédures clés. En imposant l'empreinte de son pouce, Bert confirma – une fois de plus – qu'il comprenait et acceptait tout cela. Puis Howard arriva dans la salle de Pré-A avec le grand verre contenant le breuvage qui protégerait son système digestif des vilains microbes de 1939.

« Allez, Howard, débitez-moi votre laïus, dit Bert en portant un toast.

– À force, vous devez le connaître par cœur », répondit Howard en se raclant la gorge. Tandis que Bert buvait le liquide parfumé à la myrtille, Howard reformula en termes simples les dispositions que Bert avait déjà approuvées. « Vous avez de votre plein gré choisi Chronometric Adventures pour assurer votre Reprogression temporelle physique vers l'endroit où nous nous trouvons, à la date du 8 juin 1939, pour une durée exacte de vingt-deux heures, mesurée en temps standard. De ce même emplacement, à 19 heures le 8 juin 1939, vous progresserez jusqu'au jour actuel, dans cet endroit. Est-ce que vous comprenez ? »

Bert opina du chef.

« Chronometric Adventures ne prétend en aucun cas que votre séjour dans le passé soit dépourvu de risques. Votre aventure est régie par les lois de la physique et les règles de conduite que nous considérons communément admises.

– Si je tombe, je me casse la jambe. Si je prends un coup de poing dans le nez, il est cassé.

– Exactement. Vous serez livré à vous-même durant ces vingt-deux heures. Nous vous suggérons de respecter le programme établi en concertation avec vous. Encore une journée à l'Exposition universelle, monsieur ?

– Vous devriez y faire un tour, Howard. »

Rire d'Howard. « En 1939, New York n'était pas un endroit merveilleux pour un Afro-Américain.

– Je comprends. » Presque tous les visages noirs qu'il avait vus au cours de ses voyages dans le temps appartenaient à des bagagistes ou à des concierges. Il y avait certes des familles noires à l'Exposition, habillées pour l'occasion et visitant les mêmes pavillons, mais Bert et elles ne venaient pas y chercher les mêmes promesses d'avenir.

« En cas de changement de programme – si vous voulez voir un spectacle à Broadway ou flâner au parc –, vous ne courrez aucun risque tant que vous respecterez les protocoles de la Progression.

– Je retourne à Flushing Meadows. Le parc, ce sera peut-être pour la prochaine fois. » Bert envisagea la possibilité d'une journée à Central Park avec Carmen et se demanda comment la concrétiser. Virginia pourrait faire un tour de manège ! Ils verraient le zoo dans sa forme originelle !

« Ah, oui. *La prochaine fois.* » Howard consulta le dossier de Bert sur sa tablette. « Monsieur Allenberry, je crains que vous n'ayez atteint le nombre maximum de Reprogressions qu'autorise notre franchise.

– Pardon ? » Le verre de Bert était encore plein au tiers.

« Les résultats de votre examen Pré-A sont moins bons que lors de votre précédent voyage, expliqua Howard. Vous avez un taux élevé de trillium dans le sang et votre fluidité cellulaire est en baisse. »

Bert n'aimait pas ce que cela sous-entendait.

« Chacun a une *constitution* différente, monsieur Allenberry. D'ailleurs, nous n'avons accordé que deux ou trois forfaits à certains clients. Dans votre cas, nous nous limiterons à six.

– Pourquoi ?

– Question de dynamique moléculaire, monsieur Allenberry. L'aller-retour en 1939 est très éprouvant pour vos tissus, vos protéines, la densité de votre moelle épinière, et pour vos terminaisons nerveuses. Nous ne pouvons prendre le risque de vous épuiser. Une septième, voire une huitième aventure seraient possibles en théorie, mais notre assurance l'interdit. Voilà pour la mauvaise nouvelle. »

Bert pensait à Carmen, à Virginia, à la tarte qu'ils avaient mangée et à Elsie la Vache. Il ne referait ces choses qu'une seule fois avec elles. Mauvaise nouvelle, en effet.

« La bonne nouvelle, reprit gaiement Howard, c'est que vos aventures avec nous ne sont pas obligées de s'arrêter à New York en 1939. Il y a Nashville en 1961. Vous pourriez aller assister à un enregistrement de l'émission *Grand Ole Opry*. Et nous avons une franchise qui ouvre dans le Colorado, à Gunnison – un beau chalet en 1979. Il ne s'y passe pas grand-chose, mais la vue est splendide. »

Bert avait cessé de boire. Il pensait à Carmen, à son parfum lilas et vanille, à ses yeux noisette.

« Je suis désolé, monsieur Allenberry, c'est la règle. Le passé compte beaucoup pour nous, mais moins que votre vie.

– Dans ce cas, il va falloir que je rapporte quelque chose », dit Bert.

Bert sentit le vêtement de contention se serrer quand les techniciens de Chronometric Adventures chamboulèrent les atomes de la chambre 1114 – y compris les siens. Il avait appris à ne pas paniquer durant la Reprogression, mais n'avait pu s'habituer au froid qu'elle occasionnait, un froid tel qu'il perdit toute concentration, toute notion de l'espace. Il savait qu'il était étendu sur ce qui deviendrait un lit en 1939, mais tout chavirait. Il s'efforça de rester éveillé, alerte, pour voir la chambre remonter le temps, mais, comme chaque fois, il perdit connaissance sur-le-champ.

Lorsqu'il sentit un violent mal de crâne, il sut qu'il était revenu en 1939. Ces migraines étaient épouvantables, mais heureusement brèves. Bert s'extirpa de son vêtement de contention – sorte de combinaison de plongée une taille trop petite – et s'assit nu au bord du lit pour attendre que cessent les coups de massue dans son crâne.

Comme chaque fois, dans le placard ouvert, le costume croisé était suspendu au-dessus des chaussures et des chaussettes. Sur un cintre en fil de fer, une chemise et une cravate. Des sous-vêtements se trouvaient dans un panier sur une chaise. Sur la table de nuit, la montre, une alliance, une chevalière et le portefeuille contenant sa pièce d'identité et autres articles correspondant à l'époque, fabriqués en matériaux d'avant guerre. Il y avait de l'argent, cinquante dollars de cette étrange monnaie papier qui avait cours jadis. Il y avait aussi de lourdes pièces – un demi-dollar à l'effigie d'une dame brandissant des épis de blé en direction du soleil couchant, et des pièces de dix cents, que l'on appelait *dimes*, avec la tête du dieu Mercure. Les *nickels* valaient cinq cents, et les *pennies* avaient encore de la valeur en 1939.

Il ramassa le vêtement de contention et le rangea dans la valise ancienne posée sur le porte-bagages, le cachant jusqu'au moment où il le réenfilerait pour la Progression. Ensuite il mit la montre, comptant déjà le temps à 21 h 03. Il passa la chevalière à sa main droite, mais se souvint de laisser l'alliance où elle était.

Il vit l'enveloppe sur le bureau, dans laquelle devaient se trouver ses billets VIP – il en avait commandé trois pour cet ultime voyage en 1939.

La fenêtre donnant sur la Huitième Avenue était entrebâillée, laissant pénétrer dans une chambre encore dépourvue de climatisation l'air du soir en même temps que les bruits de la circulation dans Times Square. Bert voulait se lever, s'habiller et sortir dans la nuit, gagner la 38e Rue Est où vivait Carmen, mais son corps était trop endolori. Foutue physique. Il était fatigué et se rendormit, comme les fois précédentes.

Lorsqu'il émergea, une pâle lumière baignait la chambre et la ville était calme. Il se sentait normal, comme après un somnifère et neuf heures de sommeil réparateur. Sa montre indiquait 7 heures moins dix. C'était le matin du 8 juin 1939 et il avait douze heures devant lui pour trouver Carmen et Virginia. Il souleva le lourd combiné du téléphone, pressa l'unique touche et fut connecté au standard de l'hôtel. Une fois de plus, il demanda le room service. Au bout des mêmes cinq minutes, un serveur en livrée nommé Percy arrivait à la porte avec un plateau supportant un pichet de café en argent, un pot de lait entier, du sucre en morceaux, un verre d'eau et l'édition matinale du *New York Daily Mirror*. Les cinq fois précédentes, Bert avait donné dix cents de pourboire au serveur, suscitant un poli « Je vous remercie, monsieur Allenby ». Ce matin-là, Bert posa la pièce d'un demi-dollar dans la paume de Percy, qui en écarquilla les yeux. « Oh, monsieur Allenby, quelle générosité ! »

Le lait changea le café en un épais et divin plaisir. Bert dégusta la seconde tasse tandis que l'eau de sa douche chauffait – avec la plomberie de 1939, cela prenait quelques minutes. Une fois propre, il s'habilla. On lui avait appris à nouer sa cravate, un accessoire qui lui paraissait stupide, mais il adorait le costume croisé qui avait été taillé pour lui près d'un siècle plus tard. Le tissu était d'époque, les chaussettes n'avaient guère d'élastique et les chaussures étaient de vraies péniches, lourdes et larges mais confortables.

Dans l'ascenseur, Bert sentit cette fois encore la lotion capillaire du groom. Il ne trouvait pas qu'elle puât tant que cela.

« Rez-de-chaussée, monsieur », dit le groom en ouvrant la porte grillagée.

Bert était maintenant habitué aux divers effluves de l'hôtel Lincoln, et il les aimait – la fumée des cigares et les tapis en laine, les bouquets confectionnés par les femmes de chambre noires, le parfum rococo des élégantes s'en allant passer la journée dans Manhattan. À l'extérieur, dans la Huitième Avenue, des taxis stationnaient et des bus se dirigeaient vers *uptown*, crachant leurs vapeurs de diesel.

Bert prit à droite, puis encore à droite dans la 45e Rue Ouest, humant l'odeur du café torréfié portée par la brise à travers l'Hudson et émanant de l'usine Maxwell dans le New Jersey, un café qui était bon jusqu'à la dernière goutte.

En ce matin du 8 juin 1939, il ne petit-déjeunerait pas à l'hôtel Astor, avec sa célèbre horloge et son décor somptueux. Au lieu de cela, il écumerait les cafés du quartier dans le temps qui lui était imparti. Carmen n'habitait qu'à sept pâtés de maisons. Il se pouvait qu'elle soit tout près, qu'elle avale un rapide petit déjeuner avant de prendre le métro pour aller chercher Virginia dans le Bronx. Peut-être était-elle en ce moment même dans un *diner* de Broadway, où elle buvait un café en mangeant des donuts. Il pourrait la rencontrer immédiatement et ainsi n'aurait pas à poireauter toute la journée avant de la retrouver sur le banc au pied des Quatre Libertés.

Il écuma Times Square et les rues adjacentes, passant la tête par la porte des cafés et jetant un œil derrière les vitrines des *diners*, mais sans succès. À contrecœur, il abandonna, s'installa à un comptoir dans la Septième Avenue et commanda des œufs, des saucisses, des pancakes, du jus de fruits et du café, tout cela pour vingt cents.

Laissant un *dime* Mercure comme pourboire, Bert demanda à la serveuse en uniforme et aux lèvres trop rouges s'il était possible d'aller à l'Exposition universelle en métro.

« C'est le meilleur moyen, chéri. » Elle fourra la pièce dans la poche de son tablier et indiqua à Bert la station de l'Interborough Rapid Transit.

Son tout premier trajet en métro ne lui coûta qu'un *nickel* à tête d'Indien. Le wagon était rempli d'un méli-mélo de gens qui sentaient tous *quelque chose*, ne serait-ce que l'amidon de leurs vêtements repassés de frais. Personne ne fixait son téléphone ou sa tablette. La plupart des voyageurs lisaient les journaux du matin – des rectangles démesurés de papier imprimé, ou bien des torchons à scandales au format plus réduit. Il y avait aussi des magazines dont les pages étaient davantage composées de texte que d'images. Beaucoup de gens fumaient, certains même le cigare, et deux hommes tiraient sur des pipes. À en juger par le nombre de guides et de prospectus, ils étaient nombreux à se rendre, comme Bert, à l'Exposition universelle.

À chaque station, Bert descendait juste le temps de vérifier si Carmen et Virginia n'étaient pas sur le quai, car elles auraient très bien pu prendre l'IRT pour aller à Flushing Meadows. Dans ce cas, Bert leur aurait demandé son chemin, elles l'auraient invité à les accompagner car ils allaient tous au même endroit, et il aurait expliqué que ses *trois* billets VIP lui brûlaient les poches et qu'il aimerait ôter à ces dames le souci des files d'attente. Et, aussi facilement que cela, ce qui s'était autrefois limité à quelques heures avec Carmen deviendrait, dans le présent, une journée entière.

Mais jamais Carmen ne monta dans le train.

« Oh, regardez ! » cria un passager. Derrière la vitre étaient apparus le Trylon et la Périsphère. L'Exposition. Bert vit l'énorme globe et la tour attenante, d'un blanc éblouissant contre le ciel du matin. Tout le monde se tourna vers les deux monuments.

L'IRT débarqua les voyageurs à la porte de Bowling Green, où Bert régla les soixante-quinze cents de l'entrée et acheta un guide pour un *dime*.

Il n'était que 10 h 30 et, sauf intervention du destin, il ne verrait pas Carmen avant plusieurs heures. Il fit un tour au Home Building Center, admira les canapés-lits de la section Ameublement, et trouva hilarantes les expositions du pavillon American Radiator. Il pouffait dans sa barbe devant les installations, impressionnantes pour l'époque, de RCA, American Telephone & Telegraph, du pavillon Communication, et les prototypes de la Crosley Radio Company qui avaient leur place dans un musée.

Il fit la queue pour Democracity, le cours de sciences sociales qui se déroulait dans la Périsphère. Peu après, il papotait avec les Gammelgard, une famille de six, en comptant les grands-parents, venue en train de Topeka, au Kansas, pour passer une semaine à l'Exposition. C'était leur premier jour et Papy Gammelgard confia à Bert : « Jeune homme, je n'aurais jamais rêvé que le Seigneur me permette de voir un endroit pareil. » Bert était heureux d'être considéré comme un *jeune homme*. Grâce à ses 756 milliards de dollars, il avait pu s'offrir toutes les opérations possibles pour ne pas paraître ses soixante et un ans.

Il leur dit qu'il avait des amis à Salina, ce qui lui valut une invitation à dîner chez les Gammelgard, le jour où Bert passerait par Topeka.

Toute la matinée il guetta les femmes en robe verte, dans l'espoir de repérer Carmen. Il visita tous les bâtiments du square de l'Électricité, de la place de la Lumière et de l'avenue du Travail, où des femmes en uniforme employées par Swift & Co. proposaient une démonstration de la découpe et de l'emballage du bacon. À midi, il claqua deux *nickels* en hot-dogs chez Child's et compara la coupe de son costume avec les modes à venir, selon les prophéties de Men's Apparel. Il marcha ensuite jusqu'aux attractions et se dirigea vers la tour d'acier du Saut en parachute. Les attractions étaient l'endroit le plus populaire de l'Exposition, et la foule y était compacte et turbulente. Bert fit sans répit le tour de la zone, s'arrêtant toujours au Saut en parachute, espérant y apercevoir Carmen et Virginia qui montaient, montaient, montaient et atterrissaient, *vlan !* Mais en vain. Alors, lentement, il entama un dernier tour avant de rejoindre le cœur de l'Exposition.

Et c'est là qu'il la vit ! Pas tout de suite Carmen, mais Virginia. Il traversait le pont du côté de l'Amphithéâtre, où avait lieu le spectacle aquatique, quand un tramway à plusieurs voitures le doubla, Virginia assise sur la rambarde, et, oui, Carmen à côté d'elle ! Elles étaient donc bien dans les manèges, et se dirigeaient maintenant vers la place de la Lumière. Bert consulta sa montre. S'il réussissait à rattraper ce tramway, il rencontrerait Carmen une demi-heure plus tôt. Il se mit à courir.

Il suivit le tramway du regard tout le long de l'avenue du Travail, mais le perdit de vue au niveau du Schaeffer Center dans Rainbow Avenue. Il ne pouvait tenir la cadence. Le tram continua son chemin, passa devant la cour des États et s'arrêta sur l'esplanade de la Constitution pour décharger ses passagers et en embarquer de nouveaux. Elles ne devaient pas être loin. Suant dans son costume croisé, Bert vérifia dans les pavillons des cafés Beech-Nut, de la Palestine, du YMCA, dans le temple de la Religion et à la Works Progress Administration, mais fit chou blanc. Résigné à la singularité du continuum espace-temps, il retournait vers le lagon et les bancs lorsqu'elle apparut juste devant lui.

Tenant Virginia par la main, Carmen sortait du Brésil. Toutes deux riaient. Dieu que le sourire de Carmen était fondant. Il faillit l'appeler par son nom, mais se rappela qu'ils ne se connaissaient pas encore et resta quelques mètres en retrait, les suivant jusqu'à la rivière artificielle qui alimentait le lagon des Nations. Il n'entra pas en Grande-Bretagne sur leurs talons mais gagna son banc. Quelques minutes plus tard, Carmen ressortait avec Virginia. Pile à l'heure.

« Excusez-moi, mesdames, dit Bert sitôt qu'elles furent assises. Savez-vous si le Futurama est ouvert aujourd'hui ?

– Je suis désolée, je ne sais pas. Nous avons passé l'après-midi dans le parc d'attractions. Nous nous sommes amusées comme des folles !

– Avez-vous déjà essayé le Parachute, monsieur ?

– Pas encore. Je devrais ?

– Il faut avoir le cœur bien accroché.

– Ça monte, ça monte, ça monte. On croit qu'on va redescendre en flottant doucement. Mais non. On atterrit comme ça, *vlan !*

– C'est vrai.

– Avez-vous vu le Futurama ?

– Il y avait trop d'attente.

– Moi, je ne veux pas rater ça, dit Bert en plongeant la main dans la poche intérieure de sa veste. Et j'ai des billets spéciaux. »

Il leur montra les trois épaisses cartes frappées du Trylon, de la Périsphère et des lettres VIP. « On m'a dit qu'ils nous font entrer au Futurama par un passage secret. Sans faire la queue. J'en ai trois. Et je suis seul. Voulez-vous m'accompagner ?

– Oh, c'est très gentil de votre part. Mais nous ne sommes pas du tout des VIP.

– Moi non plus, croyez-moi. Je ne sais même pas vraiment pourquoi on me les a donnés.

– On peut, Tante Carmen ?

– Je ne trouve pas ça très honnête. Mais d'accord ! Merci mille fois.

– Oui, merci ! Je m'appelle Virginia, et voici ma tante Carmen. Et vous, comment vous appelez-vous ?

– Bert Allenberry.

– Alors merci, monsieur Allenberry. Nous allons voir le futur avec vous ! »

Tout en bavardant, ils traversèrent l'esplanade de la Constitution, passèrent devant l'immense statue de George Washington et contournèrent le Trylon et la Périsphère. Virginia raconta tout ce qu'elles avaient fait de leurs journées, c'est-à-dire principalement les attractions.

« Avez-vous vu Electro, l'Homme mécanique ? demanda Bert. Il compte sur ses doigts métalliques. »

Le pavillon General Motors était voisin de celui de la Ford Motor Company. Chez Ford, on montrait aux visiteurs comment étaient construites les automobiles, avant de leur permettre de prendre le volant sur une route qui serpentait à travers tout le bâtiment. Chez GM, on envoyait les festivaliers dans le futur, d'abord en leur faisant grimper une longue rampe, si moderne qu'elle s'appelait *Heliclide*, jusqu'à une majestueuse ouverture dans la structure qui évoquait un passage vers la Terre promise. La file de visiteurs qui attendaient de voir le Futurama semblait se compter en millions.

Mais, après avoir montré leurs billets VIP à une jolie fille en uniforme GM, Bert, Carmen et Virginia furent dirigés vers une porte au rez-de-chaussée.

« J'espère que vous n'êtes pas trop fatigués, dit la fille. Nous allons devoir monter quelques marches. »

La mécanique du Futurama bruissait et ronronnait tout autour. Une musique traversait le mur, ainsi que le murmure d'un récit.

« Vous noterez que la bande-son correspond exactement à ce que vous voyez, expliqua la fille. Chez GM, nous sommes très fiers des techniques mises en œuvre dans le Futurama. C'est extrêmement moderne.

– On va vraiment conduire une *voiture* ? demanda Virginia.

– Ce sera la surprise ! » L'hôtesse ouvrit une porte qui dévoila le point de départ de la balade – un flot de lumière et de visiteurs pénétrait par l'ouverture. « Bon voyage », leur dit-elle.

En guise d'automobiles, des chariots rappelant des canapés se suivaient à touche-touche, tous enveloppés d'une coque. Les passagers grimpaient à bord des coques qui passaient sans s'arrêter, puis s'engouffraient dans un tunnel.

Les trois intrépides voyageurs embarquèrent, Virginia d'abord, puis Carmen et enfin Bert. En un rien de temps ils furent dans le noir. Il y avait de la musique, et un narrateur leur souhaita la bienvenue en Amérique, l'Amérique de 1960. La voix était si nette qu'on aurait cru que le guide était en voiture avec eux.

Une ville apparut, un monde miniature qui s'étirait jusqu'à l'horizon. Au centre, les gratte-ciel ressemblaient à des trophées et certains étaient connectés par des ponts aériens. Le narrateur expliqua que, d'ici quelques petites décennies, les villes américaines seraient planifiées et bâties selon des critères de perfection. Les rues seraient larges et ordonnées. Des automobiles modernes – exclusivement des GM – circuleraient sur des autoroutes qui ne seraient jamais encombrées ni bouchées. Le ciel serait rempli d'aéronefs transportant marchandises et passagers vers des terminaux aussi faciles d'accès que des stations-service. Les campagnes seraient parsemées de fermes, de maisons et de centrales électriques qui fourniraient à l'an 1960 toutes les victuailles, l'espace et le courant dont auraient besoin les Américains.

Les maisons, les tours, les voitures, les trains et les avions abritaient une population heureuse et invisible qui avait dompté le chaos et la sauvagerie du passé ; on n'avait pas seulement compris comment bâtir l'avenir, on avait appris à y vivre tous ensemble, en paix.

Virginia était rivée à son siège face au spectacle du futur. Carmen lui sourit et se tourna vers Bert. Elle se pencha et lui chuchota : « Elle va connaître tout ça, et ça lui plaît. »

Ces mots se posèrent sur Bert comme autant de baisers. La narration s'était interrompue, ne restaient plus que les violons et violoncelles ondulants de la bande-son. Il huma le parfum de Carmen, cette douce senteur de lilas et de vanille. Ses lèvres demeuraient près de sa joue.

« Vous croyez que tout ça va se réaliser ? murmura-t-elle. Exactement comme ça ? »

Trouvant l'oreille de Carmen au milieu de ses boucles noires, Bert répondit sur le même ton : « Ce serait merveilleux. »

Lorsqu'ils ressortirent, les ombres de l'après-midi s'étaient allongées. En franchissant le pont des Roues au-dessus de Grand Central Parkway, Virginia annonça qu'elle aurait trente ans en 1960. « J'aimerais tant pouvoir voyager dans le temps et y aller directement ! »

Bert vérifia l'heure – 17 h 56. Dans le passé, il était déjà à bord d'un taxi, en route vers la chambre 1114. À 19 heures il était déshabillé, dépouillé de tous les accessoires qu'on lui avait fournis pour l'aventure, la montre et les anneaux, il avait enfilé son vêtement de contention et s'était allongé sur le lit avant la Progression et le départ de 1939. Il *fallait* qu'il parte immédiatement ; la station de taxis était juste devant l'entrée, de l'autre côté de Chrysler Motors. Au lieu de cela, il demanda à Carmen quand commençait le spectacle aux fontaines de Lumière.

« Pas avant la nuit, dit-elle. Hé, puisque vous avez maintenant deux VIP devant vous, dit Carmen en riant, puis-je vous offrir une part de tarte ?

– Figurez-vous que j'adore ça.

– On va chez Borden's ! pépia Virginia. On verra Elsie la Vache. »

Le temps d'un café et d'une part de tarte, il découvrit une nouvelle fois la vie de Carmen et de sa nièce – le club de radio et les colocataires dans la 38e Rue Est. Tout était exactement comme auparavant. Puis le passé bifurqua.

« Avez-vous quelqu'un dans votre vie, monsieur Allenberry ? »

Bert regarda Carmen dans les yeux. Mis en valeur par le décor de Borden's, leur vert était encore plus profond.

« Elle vous demande si vous êtes *marié* ! le taquina Virginia.

– Virginia ! Je vous demande pardon, monsieur Allenberry. Je ne voulais pas être cavalière, mais j'ai vu que vous n'avez pas d'alliance et je me suis dit qu'un homme comme vous *devait* avoir quelqu'un dans sa vie.

– J'y ai pensé, très souvent, dit Bert d'un air songeur. J'imagine que je passerai ma vie à chercher.

– Vous avez de la chance, vous les célibataires. Vous pouvez attendre que la fille parfaite se présente sans que personne ne bronche. » Elle égrena des noms de stars du cinéma et de sportifs qui n'étaient pas encore mariés, des noms qui ne disaient rien à Bert. « Mais nous, les femmes, si nous attendons trop, nous devenons des vieilles filles.

– Maman dit que si tu ne te trouves pas un homme sans tarder, il ne t'en restera plus aucun ! dit Virginia. Tu as presque *vingt-sept* ans !

– Tais-toi, lâcha Carmen entre ses dents, puis elle piqua avec sa fourchette le meilleur morceau de croûte avant de l'engloutir.

– Eh, sale voleuse ! » Virginia riait aux éclats.

Tout en se tapotant les lèvres avec une serviette, Carmen sourit à Bert. « C'est la vérité. Je suis la dernière poule de la basse-cour.

– Quel âge avez-vous, monsieur Allenberry ? demanda Virginia. Je suis sûre que vous êtes aussi âgé que M. Lowenstein, le directeur de mon école. Il a presque quarante ans. Vous avez plus que ça ?

– Jeune fille, je vais te jeter dans le lagon des Nations ! Je suis désolée, monsieur Allenberry. Ma nièce n'a aucun savoir-vivre. Elle aura peut-être appris d'ici 1960. »

Bert sourit. « Je suis comme ta tante Carmen. Le dernier coq de la basse-cour. »

Tous rirent de sa plaisanterie. Carmen posa la main sur son poignet. « Alors nous faisons la paire. »

C'est à ce moment que Bert aurait dû s'excuser. Il était 18 heures passées. S'il trouvait un taxi, il pouvait être revenu dans la chambre 1114 juste à temps pour la Progression. Mais c'était son tout dernier jour avec Carmen. Il ne verrait jamais plus la jeune femme à la robe verte.

Bert Allenberry *était* intelligent, d'aucuns parlaient même de génie. En inventant la soupape-relais numérique à accès aléatoire, il avait changé le monde et capté l'attention de tous les innovateurs qui assistaient à ses conférences à Davos, Vienne, Abu Dhabi et Ketchum, dans l'Idaho. Il avait des bataillons d'avocats qu'il menait à la baguette, des chercheurs et des développeurs qui transformaient ses caprices en réalités. Sa fortune dépassait le PIB de la plupart des pays du monde, y compris ceux où étaient implantées ses usines. Il avait donné à toutes les bonnes causes et son nom figurait sur des immeubles qu'il n'avait jamais pris la peine de visiter. Il avait tout ce qu'un homme – un homme riche – était censé avoir ou vouloir.

Sauf le temps, bien entendu.

Chronometric Adventures lui avait rappelé que, pendant vingt-deux heures, le 8 juin 1939, il pourrait faire ce qu'il lui plaisait. Mais à présent il avait envie de rester plus longtemps. Il devait bien exister une marge de manœuvre. Et puis la Progression, à moins que ce ne soit la Reprogression, ne pouvait débuter avant que son corps, la totalité de ses atomes et de ses molécules, ne soit en place dans la chambre 1114 de l'hôtel Lincoln dans la Huitième Avenue. Il comprenait pourquoi Chronometric Adventures imposait ces conditions : pour se couvrir ! Qu'est-ce qui l'obligeait à se trouver sur le lit, dans son vêtement de contention, à l'heure pile ? Il n'était pas Cendrillon. Rien ne l'empêchait de rentrer tranquillement vers minuit avant d'enfiler sa tenue et d'être aspiré. Où était le problème ?

« Avez-vous vu la capsule temporelle ? demanda-t-il à Virginia.

– On nous en a parlé à l'école. Elle a été enterrée pour cinq mille ans.

– Ce qu'elle contient est exposé au pavillon Westinghouse. Et il y a aussi Electro le robot. Et est-ce que vous connaissez la télévision ? Il faut que vous voyiez ça. » Bert se levait de table. « Si nous allions à Westinghouse ?

– C'est parti ! » Le sourire était revenu dans les yeux de Carmen.

La capsule temporelle était bourrée d'objets ridicules – des comics de Mickey, des cigarettes et une tripotée de livres imprimés sur microfilm.

Virginia fut impressionnée par la capsule et par Electro, mais c'est la télévision qui la laissa comme deux ronds de flan. Elle vit sa tante et M. Allenberry sur un petit écran, en noir et blanc, presque comme s'ils étaient les stars d'un film, sauf que leur image était miniaturisée, projetée sur un écran incorporé à un meuble pas plus grand que la radio qu'elle avait chez elle. En réalité, ils se trouvaient dans une autre pièce, devant une caméra comme elle n'en avait jamais vu, et ils étaient *aussi* devant elle. C'était un spectacle épatant. Lorsqu'ils intervertirent les rôles, Virginia leur fit coucou et parla dans le micro : « C'est moi, je suis dans la télévision, je vous dis bonjour d'*ici* et vous pouvez me voir de *là-bas* !

– Regarde-toi, dit Carmen. Comme tu es jolie ! Comme tu parais grande ! Oh, Bert ! » Elle se tourna vers lui. « Ça devrait être impossible, et pourtant ! »

Ce n'était pas à l'écran que Bert s'intéressait, mais à Carmen. Il adorait ne plus être M. Allenberry.

Un coup d'œil à sa montre lui indiqua qu'il était 19 h 06. La limite se rapprochait, ses vingt-deux heures étaient écoulées et, ô merveille, il avait bel et bien une marge de manœuvre !

Ils visitèrent les pavillons DuPont, Carrier et Petroleum Industry, où les expositions n'arrivaient pas à la cheville de la télévision. L'immeuble de verre, l'exposition American Tobacco et Continental Baking n'avaient rien de mémorable ; plus ils y tueraient de temps, plus vite arriveraient la nuit et le son et lumière.

Après avoir regardé des films de ski nautique à l'Académie des sports, il acheta des pots de glace qu'ils mangèrent avec des petites cuillères en bois.

« Voici nos places ! » Virginia réquisitionna un banc pour eux trois. Dans le soir baigné d'indigo, la vue s'étendait de la lagune jusqu'à l'immense George Washington qui se découpait sur la Périsphère, dominant la grande nation qu'il avait engendrée. La nuit tombant, les bâtiments de l'Exposition devinrent autant de lignes lumineuses tracées sur le noir de plus en plus profond. Les gratte-ciel de Manhattan éclairaient l'horizon. Les arbres du parc semblaient luire de l'intérieur, de leur propre éclat.

Bert Allenberry voulait que cette nuit dure pour l'éternité. Il voulait être assis près de Carmen au lagon des Nations, écoutant la rumeur de l'Exposition, une odeur de lilas et de vanille accentuant la douceur de 1939.

Lorsque Virginia ramassa les pots vides et alla les jeter, Bert et Carmen furent seuls pour la toute première fois. Il lui prit la main.

« Carmen, dit-il. C'était une journée parfaite. » Carmen le regardait. Oh, ces yeux noisette. « Pas à cause du Futurama, ni de la télévision.

– D'Elsie la Vache, alors ? dit Carmen, souriante et la voix hachée.

– Me permettrez-vous de vous raccompagner, Virginia et vous, après la fermeture ?

– Oh, je n'oserais pas. Ma sœur habite trop loin dans le Bronx.

– Nous prendrons un taxi. Et ensuite je pourrai vous déposer chez vous. Dans la 38e Rue Est.

– Ce serait très gentil de votre part, Bert. »

Il avait envie de la tenir dans ses bras, de l'embrasser, peut-être à l'arrière d'un taxi en bas de chez elle. Ou dans la chambre 1114. Ou mieux encore, au quatre-vingt-dix-neuvième étage de son immeuble au 909 Cinquième Avenue.

« Je suis heureux d'être venu ici aujourd'hui, sourit Bert. Ça m'a permis de vous rencontrer.

– Moi aussi je suis heureuse », murmura Carmen. Elle n'avait pas retiré sa main.

Une musique s'éleva des haut-parleurs dissimulés tout autour du lagon des Nations. Virginia revint en courant à l'instant où l'eau jaillit des fontaines vers le ciel, des geysers que les lumières changeaient en colonnes de couleur liquide. Tous les promeneurs s'arrêtèrent pour regarder. Des projections transformaient la Périsphère en une boule de nuages luminescents.

« Ouah ! » Virginia était éblouie.

« Magnifique », dit Carmen.

Les premiers feux d'artifice éclatèrent, explosèrent en cascades de comètes qui s'achevèrent en fumée.

C'est alors que Bert sentit un coup de massue contre son front. Ses yeux devinrent secs et douloureux et le grattèrent horriblement. Son nez et ses oreilles saignaient. Il ne sentait plus ses jambes et le bas de son dos sembla se détacher de ses hanches. Une douleur chaude, cuisante, lui traversa la poitrine tandis que les molécules composant ses poumons commençaient à se disjoindre. Il avait l'impression de tomber.

Le dernier son qu'il entendit fut le cri de Virginia : « Monsieur Allenberry ! » La dernière chose qu'il vit fut la terreur dans les yeux noisette de Carmen.

Olympia

Bienvenue chez nous

MUSIQUE : L.L. Cool J., « I'm Gonna Knock You Out »

FONDU ENTRANT

EXT. : LAS VEGAS. MATIN

Le Strip. Un endroit que nous connaissons tous. Les casinos. Les fontaines. Mais, regardez ça… un nouvel hôtel se découpe sur l'horizon, immense, somptueux.

L'OLYMPUS.

Plus grand que tous les autres. Meilleur, aussi. À l'OLYMPUS, les gros joueurs viennent s'ébattre et flamber avec les dieux.

GROS PLAN SUR : LES YEUX DE FRANCIS XAVIER RUSTAN

ALIAS : F.X.R. Des yeux verts tachetés d'or qui dansent de joie en permanence.

GROS PLAN SUR : ÉCRANS D'ORDINATEUR

Écran gauche : PLANS DÉTAILLÉS d'un vaste CHAMP DE COLLECTE D'ÉNERGIE SOLAIRE.

Écran central : IMAGES Google Earth de terres inhabitées et vierges, CARTES topographiques et GRAPHIQUES environnementaux.

Écran droit : IMAGES CHANGEANTES. Un homme pêchant un marlin, un homme faisant du deltaplane, un homme faisant de la varappe, un homme faisant du rafting. Steve McQueen dans *BULLIT*. Chaque fois, l'homme est F.X.R.

Sauf quand c'est Steve McQueen.

Un BANDEAU D'ACTUALITÉS défile au bas de cet écran. Des fenêtres s'ouvrent, elles indiquent ALERTE, MESSAGE, et LECTURE EN COURS, cette dernière passant de L.L. Cool J. à…

MUSIQUE : Dean Martin, « Mambo Italiano ».

Une FENÊTRE DE DISCUSSION apparaît :

MERCURY : Patron ? Votre petit déjeuner habituel ?

La FENÊTRE nous montre Mlle MERCURY. Cheveux noirs coupés court. Fins traits de rouge sur les lèvres.

F.X.R. répond en tapant sur son clavier. *F.X.R. : Déjà commandé. Nicholas va me l'apporter. MERCURY : Qui ? F.X.R. : LE NOUVEAU.*

CUT SUR :

INT. ASCENSEUR DE SERVICE

Mlle MERCURY est un spécimen époustouflant, aussi intimidante qu'une top model. Une liane d'un mètre quatre-vingts à la plastique sculptée par le Pilates. Toute de noir vêtue. C'est une femme qui ne rigole pas.

Elle a lu le texte, elle crie :

Mlle MERCURY

Comment ça, *un nouveau* ?

Voilà douze ans qu'elle est l'aide de camp de F.X.R. – un poste qui occupe chaque instant de sa vie.

Le fait qu'un « nouveau » apporte le petit déjeuner à son patron n'aurait pas dû lui échapper.

Elle pianote sur un gadget à son poignet, une grosse MONTRE / ORDINATEUR – MÉMOS, MESSAGES, AGENDA, et enfin une série de PHOTOS DU PERSONNEL. Elle les fait défiler jusqu'à ce qu'elle trouve…

NICHOLAS PAPAMAPALOS. 19 ans. Un air de confusion dans le regard, un air de gamin qui débute dans son tout premier job – ce qu'il est.

Les portes de l'ascenseur s'ouvrent, et le voici – NICHOLAS PAPAMAPALOS, en uniforme de room service de l'Olympus, pousse une table roulante chargée d'assiettes sous cloche.

Mlle MERCURY

(sourire forcé)

Mon petit Nicky !

Nicky est déstabilisé. Comment cette grande femme connaît-elle son nom ? Il entre dans l'ascenseur.

NICHOLAS

Je suis nouveau ici.

Mlle MERCURY

Ça se voit ! Regarde-toi, avec ton uniforme trop grand, en train de livrer le petit déjeuner de F.X.R.

NICHOLAS

J'ai fait quelque chose de mal ?

Mlle MERCURY

Pas encore, mon petit.

NICHOLAS

Comment vous savez que c'est pour M. Rustan ?

Mlle Mercury appuie sur le bouton du 100e étage. Les portes se referment et l'ascenseur monte lentement.

Mlle MERCURY

Parce que je suis au courant de tout ce qui se passe à l'Olympus, Nicky. Est-ce que tu sais pourquoi ?

NICHOLAS

Je suis nouveau ici.

Mlle MERCURY

Je vais te parler un peu de moi.

(puis)

Tu sais ce que je faisais jusqu'à 3 heures du matin ? Je surveillais le déménagement des cent trente-deux motos de collection de Francis X. Rustan vers un nouvel entrepôt climatisé où elles vont être conservées en parfait état de marche pour le jour où il lui prendrait l'envie d'en faire tourner une. La dernière fois, c'était en mai 2013. Il n'a pas encore inspecté les nouveaux espaces de stockage de sa collection de pianos mécaniques anciens, ni les panneaux publicitaires Burma Shave qu'il accumule depuis des années, mais ça ne m'a pas empêchée d'engager une vingtaine d'hommes pour envelopper ses motos dans du papier-bulle et les déposer délicatement dans un garage à peu près aussi grand, sophistiqué et cher que la Batcave.

(puis)

F.X.R. est un homme très riche qui fait semblant de savoir tout ce qui se passe dans son empire. *Fait semblant* est bien sûr à surligner, souligner et mettre en italique. Je vais te dire une chose que les millions d'admirateurs, de partenaires, de lobbyistes et de lèche-bottes qui gravitent autour d'*El Jefe* ne comprennent pas : il ne serait pas fichu de se faire un sandwich si on lui donnait du pain, de la viande froide et un pot de mayonnaise. Il n'a pas les pieds sur terre, parce que son cerveau déborde de tous les projets débiles qui lui rapportent des fortunes. Donc nous – toi et moi –, on est là pour lui permettre de mener la vie qu'il mène. Moi, je suis à son service vingt-deux heures par jour. Et toi, tu t'occupes de ses repas et tu les goûtes pour vérifier qu'ils ne sont pas empoisonnés. Je plaisante. À propos du poison.

Ding ! Ils sont arrivés au 100e étage.

INT. COULOIR DE SERVICE, 100e ÉTAGE
Un long couloir.

Mlle MERCURY

(toujours souriante)

Dis-moi que tu as exactement ce qu'il a commandé, sinon je t'arrache un bras.

NICHOLAS

Tout était prêt. Le granola bio sept céréales, les tranches de mangue et d'ananas, le jus de tomate et le café au lait à la cannelle. Mais ensuite…

Mlle MERCURY

(sourire envolé)
« Mais ensuite ? »

NICHOLAS

Il a envoyé un message à la cuisine il y a une demi-heure.

Mlle MERCURY

Fais-moi voir ça !

Nicholas lui fait voir sa montre / ordinateur :

F.X.R. : Alerte cuisine – Griddlecakes !

Mlle MERCURY (SUITE)

Des Griddlecakes ? DES GRIDDLECAKES ? Non non non non !

Elle soulève une cloche. Et là, sur une assiette : des griddlecakes. Autrement dit, des pancakes.

Mlle MERCURY (SUITE)

Mer… credi ! Des griddlecakes !

NICHOLAS

Avec du coulis de mûre.

Mlle Mercury est maintenant folle d'inquiétude.

Mlle MERCURY

Oh, Nicky… Nicky. C'est mauvais signe. Cette journée s'annonce mal pour moi, et je vais te dire une chose : si je tombe, tu tombes avec moi.

NICHOLAS

À cause des griddlecakes ? Mais je ne savais pas ! Je suis nouveau ici !

Mlle MERCURY

Le Patron ne commande jamais de griddlecakes, sauf quand il a une idée derrière la tête. Je vais devoir organiser une expédition en kayak au large de l'Islande pour lui et ses trente meilleurs amis. Ou bien faire installer une tyrolienne au-dessus d'une vallée au fin fond de la forêt ougandaise pour que tout le monde puisse voir les chimpanzés qui se promènent en liberté. Ou bien vérifier que tous les employés de l'Olympus portent bien leur machin…

(la montre / ordinateur)

au poignet. Et ça, ce sont de vrais ordres qu'il m'a déjà donnés. Des griddlecakes, ça veut dire que je vais me coltiner une mission que même des Martiens trouveraient absurde. Ces griddlecakes viennent de foutre en l'air une journée qui était déjà pourrie.

NICHOLAS

Pourquoi vous faites ce métier ?

Mlle MERCURY

La seule réponse que j'ai à te donner, c'est le gros chiffre en bas de ma fiche de paye.

Ils sont devant la porte de la seule chambre de tout le 100e étage.

Mlle MERCURY (SUITE)

Mets-toi près de la fausse cascade. Redresse ton badge. Et *souris*. Il aime que ses employés aient l'air d'aimer ce qu'ils font.

Elle s'interrompt. Elle inspire profondément et se confectionne un sourire radieux. Sa capacité à se transformer ainsi est effrayante.

Elle frappe... puis entre.

INT. PENTHOUSE – JOUR

C'est un endroit chic, avec une cascade artificielle, des équipements sportifs dernier cri, un écran occupant tout un mur face à une rangée de sièges de cinéma rétro. Les fenêtres offrent une vue sur presque tout Las Vegas.

Mlle MERCURY

(gaie comme un pinson)

J'apporte des griddlecakes pour le grand patron !

F.X.R. quitte son poste de travail.

F.X.R.

Ça a été rapide.

Mlle MERCURY

Vous dites toujours ça !

Nicholas dresse la table du room service.

F.X.R.

C'est vous, Nicholas ?

(lisant le badge)

Apparemment. Bienvenue à bord. Qu'est-ce qui est arrivé à O'Shay ?

Mlle MERCURY

Sa femme a accouché, vous vous souvenez ? Et, oui, j'ai déjà envoyé un nouveau berceau, un humidificateur d'air et deux nourrices à plein temps.

F.X.R. s'attable devant ses griddlecakes.

F.X.R.

Regardez-moi ça comme c'est beau. Quand on les fait à la poêle, ce sont des pancakes. Sur une plaque, ce sont des griddlecakes. Nico, ils ont été faits à la poêle ou sur une plaque ?

NICHOLAS

Je n'ai pas vu, monsieur.

F.X.R.

Monsieur ? Ici je m'appelle F.X., tout simplement.

(puis)

Je dirais que ce sont des griddlecakes.

(il verse le coulis de mûre)

Mademoiselle Mercury, je ne sais pas ce qui était prévu pour aujourd'hui, mais annulez tout.

Mlle MERCURY

La dernière fois que vous avez dit ça, vous m'avez demandé de crapahuter dans tout le Mississippi parce que vous vouliez acheter toutes les cultures de chanvre du Delta.

F.X.R.

Je crois que j'ai trouvé l'emplacement parfait pour installer le pipeline solaire.

Mlle MERCURY

Ouah. Sans blague. C'est génial.

Elle soupire et se laisse tomber sur le canapé. Elle entame des recherches Internet à petits mouvements nerveux sur l'écran à son poignet.

Mlle MERCURY (SUITE)

(pour elle-même)

La journée va être longue…

F.X.R. prend son assiette et regagne ses ordinateurs, agrandit des images sur lesquelles il braque sa fourchette dégoulinante de coulis de mûre.

F.X.R.

Il ne reste plus grand-chose de la crique de Shepperton. Une étendue plate et asséchée.

Pleine de poussière. Mais c'est un miracle de la nature qui reçoit plus de soleil que Taylor Swift de *likes* sur Facebook.

Mlle MERCURY

(sur Internet. Page Facebook de Taylor Swift)

Ouah. Sans blague. C'est génial.

F.X.R.

L'ancienne Route 88 passe à proximité.

Mlle MERCURY

C'est pas vrai ? *Je suis épatée.*

F.X.R.

Un promoteur ne va pas tarder à acheter les terres qui bordent ce tronçon de route pour se préparer à l'affluence que va engendrer le pipeline.

Mlle MERCURY

(lasse, inspecte ses ongles)

Hm hmm.

F.X.R.

Alors allons-y !

Mlle MERCURY

Allons-y où ?

F.X.R.

Sur la Route 88. Ça va être marrant ! Comme quand on a descendu l'autoroute panaméricaine pour chercher des araignées au Costa Rica.

Mlle MERCURY

Ouais. C'était super. Je me suis fait mordre.

F.X.R.

Vous vous en êtes remise.

Mlle MERCURY

Demandez à Nick de vous accompagner cette fois.

F.X.R.

Je ne peux pas trop le malmener. Il est syndiqué.
(puis)
Vous êtes bien syndiqué, Nick ?

NICHOLAS

Oui, monsieur. Euh, F.X.

Mlle MERCURY

Vous pourriez vous marier, comme ça c'est votre femme qui irait avec vous.

F.X.R.

Je n'ai pas besoin de femme. Je vous ai vous, mademoiselle Mercury. Les femmes ne supportent pas les types comme moi.

Mlle MERCURY

Mais moi oui ? J'ai déjà trop de choses à faire ici pour maintenir votre empire à flot.

F.X.R.

Un petit voyage en voiture nous fera du bien à tous les deux.

Elle lève les mains au ciel.

Mlle MERCURY

Tu vois, Nicholas ! Toi et tes griddlecakes !

NICHOLAS

Mais qu'est-ce que j'ai fait ?

F.X.R.

Mais qu'est-ce qu'il a fait ?

Mlle MERCURY

Un de ces jours je vais démissionner pour faire quelque chose de plus digne. Du ski nautique au niveau professionnel, par exemple…

(elle pianote sur sa montre)

Je fais préparer l'avion.

F.X.R.

Les avions. Le grand et le petit. Vous prenez le petit et vous nous dégotez un transport terrestre. Je vous rejoins avec le grand dès que j'ai fini mon sport.

Mlle MERCURY

Comme il vous siéra, ô Titan de l'Industrie. Quelle voiture de rêve voulez-vous ajouter à la collection ? Une Monza ? Un van de surfeur ?

F.X.R.

Ne nous faisons pas trop remarquer, mêlons-nous aux gens du coin. C'est une région que la croissance économique a oubliée.

(sort une liasse de billets)

Voilà huit cents dollars, trouvez-nous une voiture.

Mlle MERCURY

Huit cents dollars ? Pour une voiture ? Ça va être un tas de boue.

F.X.R. sort quelques billets de plus.

F.X.R.

Disons huit cent cinquante.

(sort un billet de vingt)

Nick ? C'est pour toi.

Nicholas prend l'argent.

NICHOLAS

Merci, monsieur F.X.

CUT SUR :

EXT. TERRAIN D'AVIATION PERDU AU MILIEU DE NULLE PART – JOUR

Une seule piste d'atterrissage et un bureau dans une bicoque décatie. On voit rarement des avions se poser par ici. Mais qui voilà…

Un gros jet se range auprès d'un plus petit en stationnement. Le logo de l'Olympus apparaît sur le flanc des deux appareils.

Mlle Mercury – toujours en noir de la tête aux pieds – est au volant d'un cabriolet décapoté, un modèle Buick des années soixante-dix.

Les marches du gros jet se déplient et F.X.R. en descend, dans une tenue qu'il croit être celle des gens normaux – une chemise de cow-boy à fanfreluches, rentrée dans un vieux jean style Far West, une ceinture avec une énorme boucle Marlboro et des santiags rouge feu.

Il a sur la tête une casquette John Deere à visière trop parfaitement pliée et tient un chapeau de paille à la main.

Mlle MERCURY

Hé, Duke, Bo, enfin vous, là. Est-ce que mon patron est dans cet avion ?

F.X.R.

(en référence à son déguisement)

Pas mal, hein ? Le secret, c'est l'authenticité.

Mlle MERCURY

Une chance que les danseuses du casino vous aient laissé piller leur vestiaire.

F.X.R.

(à propos de la voiture)

Elle tourne bien ?

Mlle MERCURY

J'ai consommé un demi-plein et un demi-litre d'huile entre le parking et ici. La bonne nouvelle, c'est que je l'ai eue pour sept cents balles.

F.X.R.

Mettez la monnaie là-dedans.

(le chapeau de paille)

Fondez-vous dans le décor !

Il lui enfonce le chapeau sur la tête.

F.X.R. (SUITE)

(riant)

On a fière allure, non ?

Mlle MERCURY

Une fortune pareille, et tout ce qui vous amuse c'est de vous habiller comme un pauvre mortel sans aucun goût. Si c'est ce qui vous rend heureux, on peut s'arranger. Donnez-moi tout votre argent et c'est réglé.

F.X.R. court vers le côté passager et essaie de sauter par-dessus la portière.

Il s'écrase sur le siège avant, un pied coincé sur la porte.

Mlle MERCURY (SUITE)

En route pour l'aventure !

Elle appuie sur le champignon et la voiture démarre dans un crissement de pneus, projetant du sable et des gravillons.

MUSIQUE : Hank Snow, « I've Been Everywhere »

EXT. ROUTE 88 – PLUS TARD

La Buick se traîne, seule sur la route. F.X.R. sourit dans la brise.

F.X.R.

Je devrais sortir plus souvent !

Mlle MERCURY

Vous êtes allé faire du bodyboard sur la Grande Barrière de corail il y a deux semaines !

F.X.R.

Sortir pour voir l'Amérique. Je ne connais pas assez ma terre natale. Les grandes routes. Le ciel immense. Ces rubans d'asphalte sans rien d'autre qu'une ligne en pointillés et l'horizon. J'aime ce pays ! Bon sang, qu'est-ce que je l'aime !

(puis)

Il faut savoir descendre de sa montagne, mademoiselle Mercury, ça fait du bien à l'âme. Sinon, on ne voit que le sommet des autres montagnes. Je devrais mettre ça dans un mémo pour tout le personnel.

Mlle MERCURY

Faites donc ça. Ils vont adorer.

(puis)

Alors, Cochise, où est-ce qu'on va ?

Avec sa montre, il envoie un message sur celle de Mlle Mercury.

F.X.R.

Là. Une petite ville qui s'appelle Phrygia.

(il essaie trois prononciations différentes)

102 habitants.

MONTRE : *Photos, informations à propos de Phrygia.*

F.X.R. (SUITE)

Autrefois, c'était une étape importante sur la Route 88 qui se vantait d'être la capitale de l'hospitalité américaine. On va bien voir s'ils sont hospitaliers avec des gens comme nous.

Mlle MERCURY

Et ensuite vous allez leur acheter leur dernier centimètre carré de terre.

(consultant sa montre)

Oh, miséricorde. On en a pour des heures de route. Je vais cuire !

CUT SUR :

UN ÉNORME PANNEAU – Décoloré, antédiluvien, avec des néons cassés et, à la peinture écaillée, *MOTEL OLYMPUS*…

À peine visibles, deux très grandes silhouettes, un homme et une femme, saluent de la main une circulation inexistante et, en lettres effacées par le soleil, lancent « *Bienvenue chez nous !* »

MUSIQUE : « *Que Te Vaya Bonito* », à l'accordéon.

PAROLES EN ESPAGNOL SOUS-TITRÉES
« Je ne sais pas si ton absence me tuera
même si ma poitrine est d'acier... »

CUT SUR :

EXT. MOTEL OLYMPUS, PHRYGIA – JOUR

Rien à voir avec l'hôtel de Las Vegas… Rien du tout.

À l'image de son enseigne, le motel Olympus a connu des jours meilleurs. Qu'en dire ? Au moins il est propre.

La MUSIQUE est interprétée par JESUS HIDALGO, qui joue les dernières mesures d'un air si beau qu'il sonne bien même à l'accordéon.

SOUS-TITRES : *« Mais personne ne me traite de lâche Sans savoir combien je l'aime... »*

Un couple âgé – PHIL et BEA (en effet, c'est bien eux sur le panneau) – applaudit tandis que Jesus remballe son instrument et le charge dans son vieux pick-up.

PHIL

Jamais vu un tel talent !

BEA

Chaque fois que tu joues, j'en ai les larmes aux yeux. Tu as un *don*, Jesus.

JESUS

J'adore être avec vous, monsieur Phil et madame Bea. Avec vous, je me suis toujours senti chez moi.

BEA

Parce que c'est vrai, Jesus. Chez nous, c'est chez toi.

PHIL

Bonne chance à Chesterton. Il paraît que la paye est bonne à l'usine de pare-brise.

JESUS

Merci. Je reviendrai souvent vous voir. C'est promis.

BEA

Rapporte-nous un pare-brise que tu auras fabriqué toi-même.

Jesus monte dans son pick-up et sort du parking de l'hôtel. Phil et Bea le regardent s'éloigner et disparaître. Ils demeurent silencieux quelques instants.

PHIL

Et voilà, c'était notre dernier client. Un lit de moins à faire.

BEA

Ah, ça va me manquer de ne plus entendre son piano à bretelles.

PHIL

Soixante-deux dollars de moins par semaine. Je ne comprends pas comment on peut vouloir quitter ce coin de paradis pour un trou à rats comme Chesterton…

BEA

Oh, arrête la soupe à la grimace. Va donc couper les mauvaises herbes.

Phil toise la femme qu'il a épousée. Cette femme qu'il trouve toujours si belle…

PHIL

Ne me parle pas comme si j'étais le jardinier.

(puis)

Sauf si tu as mis cette jolie robe pour jouer à séduire le jardinier…

BEA

Sors donc ta débroussailleuse et bande tes gros muscles, et peut-être que ça me donnera des idées.

PHIL

Laisse-moi vingt minutes pour nettoyer le côté sud, et ensuite rejoins-moi dans la chambre 10. Si ça se trouve, je serai nu sous la douche.

BEA

Marché conclu.

Un cabriolet Buick approche sur la route. Il a mis son clignotant.

BEA (SUITE)

Attends un peu. On dirait qu'on a de la visite.

PHIL

Zut !

(criant)

Revenez dans une heure !

La voiture entre dans le parking du motel. Oh, mais ce sont F.X.R. et Mlle Mercury ! La capote est toujours baissée. F.X.R. sourit. Mlle Mercury ne ressemble plus à rien après ces trois heures de conduite en voiture décapotée. Ils se rangent juste devant Phil et Bea.

F.X.R.

Salut la compagnie !

PHIL

Salut !

BEA

Salut à vous !

Mlle MERCURY

Sali-salut tout le monde.

F.X.R.

(accent « campagnard »)

Comme vous le voyez, nous sommes des voyageurs fatigués par une longue route.

Mlle MERCURY

Sans crème solaire.

F.X.R.

Nous aimerions nous reposer après notre périple. Nous recherchons une authentique hospitalité.

BEA

Vous pourriez essayer un motel ?

F.X.R.

Vous en connaissez un bon dans les parages ?

BEA

Laissez-moi réfléchir. Un motel… Vous cherchez un motel…

PHIL

Il y a le meilleur motel du monde à la sortie de Phrygia. L'Olympic, ou l'Olympian, un truc dans le genre.

F.X.R. regarde le panneau délavé.

F.X.R.

L'Olympus !

PHIL

Voilà !

F.X.R.

Mademoiselle Mercury ! Le motel Olympus ! C'est le destin !

Mlle Mercury tuerait pour descendre de voiture et prendre une douche.

Mlle MERCURY

Sûrement. Quand je vois ce parking, je pense *destin*.

BEA

Je m'appelle Bea. Lui, c'est Phil. Bienvenue chez nous !

Sur ce, les deux adorables petits vieux reproduisent la pose du panneau derrière eux, jusqu'au signe de la main.

F.X.R. et Mercury échangent un coup d'œil.
Phil et Bea ne bougent plus. Ils restent figés en position « bienvenue ». Un moment s'écoule. Puis un autre.
Et encore un.

Mlle MERCURY

Et donc, est-ce que vous avez des chambres libres ?

BEA

(rompant la pose)
On n'a que ça.

CUT SUR :

INT. BUREAU DU MOTEL
Une photo passée datant d'une cinquantaine d'années – Phil et Bea, jeunes, dans cette même pose. C'est manifestement le cliché qui a servi de modèle au panneau.
Le bureau est propre et confortable. F.X.R. examine la photo tandis que Bea prépare la paperasse.

BEA

Si vous avez l'impression d'être les seuls clients, ce n'est pas qu'une impression.

F.X.R.

Les affaires tournent au ralenti, je me trompe ?

BEA

Depuis qu'Eisenhower a construit les routes Inter-États.

F.X.R.

Vous tenez ce motel depuis si longtemps que ça ?

BEA

Pas tout à fait. Mais Phil et moi nous sommes ici depuis l'époque où Phrygia était classée étape trois étoiles par l'Automobile Club.

Elle lui tend un formulaire d'enregistrement et un stylo-bille bon marché.

EXT. MOTEL OLYMPUS

Mlle Mercury gare la voiture. Le moteur fait un vacarme épouvantable. Phil approche.

PHIL

Vous avez des écureuils en train de crever, là-dedans.

Mlle MERCURY

Trois ou quatre litres d'huile et elle arrêtera de grincer.

De la fumée commence à s'échapper de sous le capot.

PHIL

Un feu de forêt !

(puis)

Coupez le contact, ma jolie.

Est-ce qu'il vient vraiment d'appeler Mlle Mercury « ma jolie » ?

Mlle MERCURY

D'accord, mon poulet.

Au moment où elle éteint le moteur, quelque chose EXPLOSE. Le moulin s'arrête dans un hoquet, donnant l'impression que la voiture est animée d'une vie propre.

PHIL

Mais c'est qu'elle est vivante ! Ouvrez le capot.

Mlle MERCURY

Et comment on fait, concrètement ?

Elle trouve une manette et tire dessus. Le capot se lève, libérant une colonne de fumée.

INT. BUREAU DU MOTEL – JOUR

F.X.R. remarque la fumée tandis que Bea examine le formulaire d'enregistrement qu'il vient de remplir.

BEA

« F.X.R. » ?

F.X.R.

Présent !

BEA

Pas de carte de crédit ?

F.X.R.

Surtout pas ! J'en ai eu une, autrefois. Pour un grand magasin à Flint, dans le Michigan. Je leur ai laissé une grosse ardoise et j'ai dû quitter la ville.

Il n'a jamais rien fait de tel.

BEA

Je vois le genre.

(puis)

Si c'est en espèces, je vais vous demander de régler d'avance. Je ne vous connais pas.

F.X.R.

Combien ?

BEA

Deux chambres, ça fait trente-huit cinquante.

Il sort son portefeuille style Western, un accessoire qu'il a sélectionné lui-même.

F.X.R.

(inquiet)

Ooooohhh…

BEA

Sinon, une chambre avec lit double, c'est vingt-deux cinquante.

F.X.R.

(fouillant dans son portefeuille)

Tout ça ?

BEA

Une chambre simple avec lit double, seize cinquante.

F.X.R.

En fait, je n'ai que… douze dollars… et un peu de monnaie.

BEA

Bon, dans ce cas on va vous faire le tarif spécial « motel vide ».

EXT. MOTEL OLYMPUS – JOUR

Mlle Mercury est accoudée au capot de la voiture et Phil bricole avec une clé anglaise.

Mlle MERCURY

Est-ce que je m'y connais en voitures ? Je fais le plein, je roule et point final.

PHIL

Vous pensiez que ce serait aussi simple que ça, hein ?

(il sort la pompe à huile)

Vous savez ce que c'est ?

Elle regarde la pièce comme si c'était un rat mort.

Mlle MERCURY

Un rat mort ?

PHIL

C'est un accélérateur de fusion déshypoxifié à ailettes oxycalcitrantes.

Mlle MERCURY

Vous êtes sérieux ?

PHIL

Je peux vous en trouver un autre. Suffit que je passe un coup de fil à Tommy Boyer. Il en apportera un rechapé dès qu'il pourra.

Mlle MERCURY

Bien. Parfait.

PHIL

Je peux vous l'installer, histoire que vous puissiez reprendre la route au lever du soleil.

Mlle MERCURY

Au lever du soleil il me restera encore trois heures de sommeil, mais allez-y.

On entend un cri.

F.X.R. (H.C.)

Mademoiselle Mercury !

Les deux têtes se tournent. Bea est en train d'ouvrir la porte d'une chambre.

F.X.R. (SUITE)

Venez voir notre hébergement !

INT. CHAMBRE DE MOTEL – JOUR

Bea et Phil regardent F.X.R. qui essaie le lit pendant que Mlle Mercury inspecte la salle de bains.

F.X.R.

Loin de moi l'idée de jouer les casse-pieds, mais j'ai mal à une vertèbre depuis que je suis tombé en coupant des arbres dans l'Alberta.

Mlle Mercury lui décoche un regard noir. Il n'a jamais rien fait de tout cela.

F.X.R. (SUITE)

Ce matelas m'aura tué avant que j'aie le temps de fermer l'œil.

BEA

(songeuse)

Il n'y en a pas un plus récent dans la 3 ?

PHIL

Il n'a que quelques mois. Je vais le changer rapido.

F.X.R.

(tâtant les draps)

Et ces, hum, ces « draps » ? Beaucoup trop rêches. J'ai la peau sensible.

BEA

Je peux vous en donner des neufs.

F.X.R.

Est-ce qu'ils auront été lavés ? Il n'y a rien de pire que des draps tout neufs.

BEA

Encore pire qu'une insuffisance cardiaque. Je vais vous les adoucir.

PHIL

(soucieux)

Vous devriez aussi essayer les oreillers. S'ils sont trop fermes, ça ne vous fera pas du bien au dos.

F.X.R.

S'ils sont trop fermes, je ne pourrai plus tourner la tête demain matin.

(il essaie un oreiller et se masse la nuque)

Aïe ! Hors de question !

BEA

Les nôtres sont meilleurs et plus mous. Je vais mettre des taies propres et vous les prêter pour la nuit.

F.X.R.

Et pour finir, ce tableau, au-dessus du lit.

Un ruisseau chantant et une ferme.

F.X.R. (SUITE)

Il me rappelle un foyer d'accueil dans lequel je suis resté une éternité, à une époque. Vous en auriez un autre pour le remplacer ?

La bouche de Mlle Mercury articule sans bruit « foyer d'accueil ? »

PHIL

Dans la 12 il y en a un avec des canards.

F.X.R.

J'ai la phobie du gibier d'eau.

PHIL

Il y en a un avec des roues de chariot dans la 8.

Mlle MERCURY

Des roues de chariot ? Pourquoi peindre des roues de chariot ? Je ne comprends pas.

PHIL

Il y a un clown dans la 13.

Impossible. F.X.R. en a des frissons.

BEA

Sinon, nous pouvons le décrocher.

F.X.R.

Problème réglé.

CUT SUR :

INT. CHAMBRE DE MOTEL – JOUR

Plus tard. Phil apporte un matelas neuf. Mlle Mercury s'émerveille de la douceur des serviettes de bain et Bea enfile des taies propres sur les oreillers.

Mlle MERCURY

(complètement abasourdie)

Comment faites-vous pour avoir des serviettes aussi douces ? On dirait du vison !

BEA

Je les lave, c'est tout. Et ensuite je les étends dehors.

Mlle MERCURY

J'ai tellement hâte de prendre une douche !

BEA

Il faudra laisser couler l'eau. Elle met un moment à chauffer.

F.X.R.

Bon. Dernière chose. Comment fait-on pour se sustenter dans le coin ?

PHIL

Avant, y avait un café de l'autre côté de la route. Truman's, ça s'appelait. Ils faisaient une tarte délicieuse. Et un café encore meilleur. Fermé en 1991.

BEA

Il y a des fast-foods à Chesterton. 218 kilomètres à vol de corbeau.

PHIL

À choisir, je préférerais manger du corbeau qu'aller à Chesterton.

Mlle MERCURY

Nous sommes coincés ici. Notre oxycalcitreur est en rade.

PHIL

(se souvient et s'éclipse)
Faut que j'appelle Tommy Boyer !
Après son départ…

Mlle MERCURY

Un room service, ce serait envisageable ?

BEA

Si vous acceptez de mettre la main à la pâte.

CUT SUR :

EXT. ARRIÈRE DU MOTEL – PLUS TARD

Une mini-ferme, avec poulailler et potager. Superbement entretenue. Bea inspecte ses légumes d'un œil expert tandis que Mlle Mercury essaie de cueillir des tomates sur une treille.

Mlle MERCURY

(les lançant dans un panier)

Ok. Des tomates. Des radis. Les longs machins verts, là. Et la moitié de mes ongles.

BEA

Des avocats seraient parfaits avec ça. Il faut vraiment que je plante des avocatiers.

Mlle MERCURY

Les avocats poussent sur des arbres ?

BEA

Oui. Mais il en faut deux. Un mâle et une femelle. Sinon, pas d'avocats.

Mlle MERCURY

Les arbres… couchent ensemble ?

BEA

Une fois par semaine. Comme le vieux et moi.

Bea ÉCLATE DE RIRE. Même les poulets CAQUÈTENT de joie.

Mlle MERCURY

Ça fait beaucoup d'informations d'un coup…

CUT SUR :

EXT. BORD DE PISCINE – SOLEIL COUCHANT

Phil a installé un vieux barbecue, au-dessus duquel tourne un poulet maigrichon sur une broche. La piscine est désormais vide.

F.X.R.

Donc vous n'avez jamais eu d'enfants ?

PHIL

(secouant la tête)

Pas pu. Pas grave non plus. Autrefois, ça grouillait de gamins ici. À cause de la piscine. Y avait une douzaine de motels le long de la 88 avant que l'Inter-États nous mette sur la paille. Seulement trois avaient une piscine. J'avais mis des panneaux tous les quarante kilomètres, avec écrit « Motel Olympus – Piscine ». Devinez où les gamins demandaient à passer la nuit ?

F.X.R.

Chez Phil et Bea.

PHIL

Vous avez déjà bossé dans l'hôtellerie ?

F.X.R.

Jamais de manière légale.

Phil le regarde de travers.

PHIL

C'est un métier qui ne s'apprend pas. Ça doit venir tout seul. Faut aimer les gens et leur faire confiance. Et mentir un peu quand ceux qui ont l'air taré viennent demander une chambre. Y a pas de honte à ça. C'est de la sagesse.

F.X.R.

Vous avez l'air d'aimer l'hôtellerie.

PHIL

J'aime ce motel. Et ça ne me dérangerait pas de travailler un peu plus.

MUSIQUE : Floyd Cramer, « Last Date ».

CUT SUR :

EXT. PANORAMA. COUCHER DE SOLEIL

L'instant précis où le soleil s'éteint, disparaît derrière l'horizon.

CUT SUR :

EXT. MOTEL OLYMPUS – PLAN D'ENSEMBLE – NUIT

Le panneau n'est pas allumé, il est éclairé par une petite lampe de jardin placée à son pied.
En nous rapprochant de la piscine, nous voyons que les deux hôtes et leurs clients ont fini de pique-niquer.

PHIL

Je voudrais savoir. Depuis combien de temps est-ce que vous êtes ensemble, les enfants ?

Mlle MERCURY

Pardon ?

PHIL

Tous les deux. Vous n'êtes pas un couple ?

BEA

Phil, ça ne nous regarde pas.

Mlle MERCURY

(les yeux écarquillés)

Est-ce qu'on est un couple ? Un « couple » ? *Couple* ?

PHIL

Un homme et une femme arrivent. Ensemble. Dans la même voiture. Ils prennent une chambre ensemble. On a vu ça un million de fois…

Mlle Mercury lève les yeux au ciel. Puis elle secoue la tête. Ensuite elle a un petit rire.

Mlle MERCURY

(montrant F.X.R. du doigt)

Le jour où cet homme sera ma « moitié », moi je péterai du pain grillé.

BEA

Oh, celle-là je la garde.

F.X.R.

Comme le dit Mlle Mercury, nous avons une relation employeur / employé tout ce qu'il y a de plus convenable.

Mlle MERCURY

S'il ne dort pas sur le canapé, c'est parce qu'il n'a *jamais* dormi sur un canapé, mais moi, vous pouvez y compter !

PHIL

D'accord.

(puis)

Vous êtes une de ces homolesbiennes, mademoiselle Mercury ?

Mlle MERCURY

Non, rien d'aussi chic. Je suis seulement célibataire.

BEA

Vous n'avez pas d'homme dans votre vie ?

Mlle MERCURY

Écoutez… Vous êtes pratiquement des inconnus, vous êtes très gentils, et je vais vous expliquer cet aspect de ma vie.

(puis)

Un homme me compliquerait considérablement l'existence. En ce moment, j'ai autant besoin d'un homme que votre poulailler a besoin d'une antenne satellite. Je n'ai pas d'attaches, aucune relation. Un jour je vais tout envoyer paître, dire adieu à mon patron et opter pour la formule mari, enfants, costumes d'Halloween cousus main et *tutti quanti*. D'ici là, je suis très heureuse d'être seule et de bosser pour ce type…

(F.X.R. – qui opine)

qui me rend cinglée mais qui a de l'humour. Je gagne bien ma vie et je voyage, en Tasmanie ou dans votre jolie auberge. Je. N'ai pas. La place. Pour un mec.

Un temps de silence.

BEA

J'ai ma réponse.

Nouveau blanc. Un silence magnifique englobe tout.

F.X.R.

Écoutez ça.

Mlle MERCURY

Écouter quoi ? Je n'entends rien.

F.X.R.

Vous n'écoutez pas.

Mlle MERCURY

Oh que si j'écoute.

BEA

Le calme. Il vous parle d'écouter le calme.

Mlle MERCURY

Ah.

(elle écoute)

J'essaie, je vous assure… mais je n'entends rien.

F.X.R.

Je n'ai jamais ressenti un calme pareil, sauf une fois…

(de cette autre fois, il ne dit rien)

Et ça ne dure jamais.

PHIL

Ça dure, par ici.

BEA

C'est un calme total, merveilleux. Malgré tous les problèmes et les soucis, le silence de la nuit a quelque chose d'apaisant.

Phil regarde sa femme. F.X.R. regarde Bea. Mlle Mercury regarde la nuit.

Mlle MERCURY

Oh. Ça y est, je l'entends. Le rien. Vous parliez du rien.

(elle écoute)

Ooh. Aah.

On entend un KLAXON au loin. Des phares apparaissent et une camionnette vient se garer sur le parking du motel.

F.X.R.

Tant pis pour le silence.

BEA

C'est Tommy Boyer.

PHIL

Avec la pièce pour la voiture de la Célibataire de l'année.

(à Mlle Mercury)

Puisque vous n'êtes pas une femme chic, Tommy vous plaira peut-être.

Mlle MERCURY

(lève encore les yeux au ciel)

Mon Dieu, il vaudrait mieux que je me recoiffe.

PHIL

(crie)

Tommy !

De la camionnette descend TOMMY BOYER. C'est la créature masculine la plus époustouflante que la Terre ait portée.

Mlle MERCURY

C'est *lui* Tommy Boyer ?

(elle est subjuguée)

Doux Jésus…

Elle se met sur-le-champ à arranger sa coiffure.

Mlle MERCURY (SUITE)

Oh mon Dieu. Mon Dieu mon Dieu…

BEA

Il adore cuisiner.

Mlle MERCURY

(humidifie une mèche pour la faire tenir en place)

C'est une blague ?

Approche le sublime Tommy Boyer. Il tient une pièce mécanique.

TOMMY BOYER

Bonsoir, Bea. M'sieurs dames.

BEA

Tu as mangé, Tommy ?

TOMMY BOYER

Oui, merci. Tu voulais une vieille pompe à injection GM, Phil ?

PHIL

Ouaip. Pour la petite dame.

Tout le monde voit que Mlle Mercury a le coup de foudre pour Tommy.

TOMMY BOYER

Salut.

Mlle MERCURY

(tremblante)

Sa-salut-sali-lu !

TOMMY BOYER

On a un problème de voiture ?

Mlle MERCURY

Oui, j'ai tout le temps des ennuis avec cette satanée petite voiture.

TOMMY BOYER

C'est celle-là ? La Buick ?

Mlle MERCURY

C'est une Buick ? Oui. Notre pauvre vilaine Buick cassée…

TOMMY BOYER

Je vais voir si je réussis à la remettre en route.

Mlle MERCURY

Dacodac. Je viens vous ouvrir le capot…

(à Bea, chuchotant)

Aidez-moi, je n'arrive pas à m'empêcher de parler comme une enfant de six ans.

BEA

Tommy est divorcé depuis trois ans. Il a une petite fille. Il a arrêté de fumer l'été dernier. Il lit beaucoup.

Mlle MERCURY

Pigé. Merci.

Et elle s'éloigne avec Tommy Boyer.

PHIL

Et voilà, encore la magie du motel Olympus.

BEA

(se levant)

Je vais débarrasser. Vous, les hommes, restez vous tourner les pouces, comme toujours quand les femmes commencent à ranger.

PHIL

D'accord.

(puis, à F.X.R.)

Envie de faire le tour du propriétaire ?

CUT SUR :

EXT. MOTEL OLYMPUS – BORDURE DU TERRAIN – NUIT

Phil et F.X.R. arpentent le périmètre du terrain du motel.

PHIL

(montrant du doigt)

J'espérais pouvoir faire quelque chose des quatre hectares là-bas, mais ils n'ont jamais rien donné. À une époque, j'ai même failli y mettre une maison des serpents.

F.X.R.

Une maison des serpents ?

PHIL

Ouais. Y a des panneaux le long de la 88 – « Visitez la maison des serpents : 140 miles. » « Maison des serpents : 62 miles. Air conditionné ! » Mais là, Bea m'a fait remarquer que je ne savais pas trop comment on élève des serpents. Du coup on s'est contentés du motel.

F.X.R.

C'est un joli motel. Chouette, accueillant. J'aime beaucoup le nom.

PHIL

On finit par devenir tarés à force de rester là. On va chacun de notre côté à Chesterton une fois par semaine, histoire de passer à la banque, faire du shopping. Utiliser le wi-fi chez Theo's, le café. Reconnecter avec le monde extérieur pendant deux ou trois heures.

F.X.R.

(songeur)

C'est la vraie vie.

(reprend sa personnalité « campagnarde »)

J'essaierai, quand j'aurai un de ces ordinateurs pliants.

Ils continuent à marcher, Phil lui jetant de drôles de regards.

PHIL

Y a pas beaucoup de prénoms qui commencent par X, à part Xavier.

(puis)

Francis Xavier Rustan.

F.X.R. s'arrête. Il sait qu'il est découvert.

PHIL (SUITE)

Bea vous a grillé quand vous avez signé le registre. F.X.R. ? Vous avez déjà entendu parler des noms d'emprunt ?

F.X.R.

(a laissé tomber le côté « campagnard »)

Je vous demande pardon d'avoir été malhonnête avec vous.

PHIL

Vous ne l'avez pas été. À part en arrivant dans une voiture de pauvre alors que vous êtes riche et célèbre.

(puis)

Un voyage d'affaires incognito ?

F.X.R.

Euh, non.

PHIL

Vous avez déposé la marque Olympus et vous allez nous coller un procès ?

F.X.R.

Ce n'est pas comme ça que je fonctionne.

PHIL

C'est rare.

F.X.R.

Je cherche des terres et du soleil.

PHIL

Ce n'est pas ce qui manque dans la région. La terre vous coûtera de l'argent. Le soleil, c'est gratuit.

(puis, pointant du doigt)

Notre propriété va de là jusque là-bas. On n'en a plus pour très longtemps, à en croire les médecins et le bon sens. On aimerait bien finir nos jours dans un endroit aussi agréable que celui-ci l'a été.

F.X.R.

Donc, je vous fais une offre ?

PHIL

(l'arrêtant de la main)

Vous parlerez affaires avec Bea. C'est elle la patronne.

(puis)

Je vais rentrer boire une tasse d'Ovomaltine.

F.X.R. regarde le vieil homme s'éloigner.

CUT SUR :

EXT. MOTEL OLYMPUS, PARKING – NUIT

La capote de la Buick est remontée. Mlle Mercury éclaire Tommy Boyer et lui passe des outils.

Mlle MERCURY

Alors comme ça, les outils en métrique ne sont pas pareils que les outils standards ?

TOMMY BOYER

Y a pas photo.

(puis)

Ok. Essayez de démarrer ?

Elle saute derrière le volant.

Mlle MERCURY

En voiture Simone !

Elle tourne la clé. La Buick reprend vie dans un rugissement.

Mlle MERCURY (SUITE)

Wahou ! Vous avez dû lire un paquet de livres pour savoir aussi bien réparer les voitures !

F.X.R. approche.

Mlle MERCURY (SUITE)

Patron ! Tommy et moi on va faire un tour en voiture… pour la tester.

TOMMY BOYER

Ah bon ?

Mlle MERCURY

Faut bien qu'on voie ce qu'elle donne sur un bout de la 88 ! On en a pour un moment. Pas la peine de nous attendre. Mais de toute façon vous n'auriez pas attendu. Que je rentre. Après avoir testé la voiture…

(enfin, à Tommy)

Vous prenez le siège passager ?

Tommy monte en voiture et boucle sa ceinture. Mlle Mercury allume la RADIO et enclenche la MARCHE ARRIÈRE. Tommy et elle s'éloignent dans la nuit.

MUSIQUE : The Carpenters, « We've Only Just Begun »

INT. BUREAU DU MOTEL – NUIT

On entend une MACHINE À ÉCRIRE. F.X.R. entre et trouve Bea qui tape sur le clavier d'une Olympia.

F.X.R.

Il paraît que vous avez de l'Ovomaltine ?

BEA

Sur le réchaud.

F.X.R. repère une casserole de lait, une tasse, un pot, et se prépare une boisson maltée.

BEA (SUITE)

Je vous arnaque un peu sur les bâtiments, en sachant que de toute façon vous allez tout détruire.

(puis)

Vous comptez acheter toutes les terres du coin ?

F.X.R.

Si je peux.

BEA

Alors nous serons votre premier achat. C'est un peu un honneur pour nous.

F.X.R. regarde la photo de Bea et Phil, qui a inspiré le panneau en panne à l'extérieur.

F.X.R.

Quel âge est-ce que vous aviez à cette époque ?

Bea voit qu'il regarde la photo.

BEA

J'avais dix-neuf ans. Phil vingt-trois. Notre lune de miel. En Grèce. L'île était tellement chaude et paisible qu'on n'avait plus envie de partir. Mais il a bien fallu. Il est entré dans l'Air Force. J'ai fini mes études. On était en voiture sur la 88 quand on a vu un endroit dans lequel engloutir toutes nos économies. Ça a plutôt bien marché.

Elle retire la feuille de la machine et la tend à F.X.R.

BEA (SUITE)

Vos avocats y mettront leur patte, mais en gros voilà ce que ça donne – à prendre ou à laisser.

Il ne jette même pas un coup d'œil au papier.

F.X.R.

Vous n'êtes jamais retournés en Grèce ? Jamais pris de vacances ?

BEA

Nous tenons un motel. C'est tous les jours les vacances.

CUT SUR :

EXT. MOTEL OLYMPUS, PHRYGIA
– PARKING – PLUS TARD

F.X.R. plie la feuille de papier et la range dans sa poche de poitrine tout en regagnant sa chambre. Derrière lui, les lumières du bureau s'éteignent et le faible projecteur cesse d'éclairer le panneau.

Il s'arrête dans l'embrasure de la porte de sa chambre, son regard se perd dans la nuit calme…

FONDU SORTANT.

MUSIQUE : *« Mi Reina y Mi Tesoro »*.

SOUS-TITRES : *« Maintenant je sais*
Que je l'aime pour de vrai… »

FONDU ENTRANT

EXT. MOTEL OLYMPUS, PHRYGIA – DÉBUT DE SOIRÉE

Le soleil est bas et la lumière du jour vire au bleu.

*SOUS-TITRES : « Je me tuerai au labeur
Pour conquérir son cœur... »*

Une FÊTE. Une GUIRLANDE LUMINEUSE suspendue au-dessus du parking donne un aspect magique à la nuit tombante.

Jesus Hidalgo est présent avec son GROUPE, ils jouent et des COUPLES dansent. Toute sa famille élargie est là, des ENFANTS sautent dans la piscine récemment remise en eau.

Tommy Boyer est venu avec sa FILLE et les COPINES de sa fille, elles font de la CORDE À SAUTER avec Mlle Mercury ; cette dernière semble changée, elle porte un jean décontracté et un dos-nu.

Des OUVRIERS s'affairent autour de leurs camions, rangent leurs outils, s'en vont après une longue journée de travail.

Nicholas, le serveur du room service, met la touche finale à un dîner splendide, digne de la piscine extérieure du paquebot dans *La croisière s'amuse*.

Des GENS DU COIN sont venus de partout, même de Chesterton, munis de leurs chaises longues.

F.X.R. a revêtu un élégant costume sport. Il discute avec UNE DEMI-DOUZAINE D'ARCHITECTES au-dessus d'un plan.

Dans deux fauteuils, aux places d'honneur, se trouvent Phil et Bea, un bandeau sur les yeux.

BEA

Oh, ils m'avaient manqué, lui et son piano à bretelles !

PHIL

Si j'en crois mes oreilles, on va voir un sacré cirque quand ils vont nous enlever ces machins !

Tandis que Bea ondule au gré de la mélodie mexicaine, un contremaître, COLLINS, s'approche et murmure quelque chose à l'oreille de F.X.R., qui congédie alors promptement les architectes.

F.X.R.

Mademoiselle Mercury ! Nous sommes prêts.

Mlle MERCURY

(tournant la corde à sauter)

Mademoiselle Mercury ? C'est qui ça ?

F.X.R.

Pardon. Une vieille habitude.

(nouvelle tentative)

Diane ! Nous sommes prêts.

Mlle MERCURY

Ok, F.X. ! J'arrive !

(à la fille de Tommy)

Viens, Lizzie. On va voir le spectacle.

Jesus termine son morceau et s'incline.
Le groupe est applaudi.
F.X.R. va trouver Phil et Bea.

F.X.R.

Vous voyez quelque chose ? Soyez honnêtes.

PHIL

Non !

BEA

Vous ne nous avez pas préparé un peloton d'exécution, j'espère.

F.X.R.

Diane, il fait assez sombre, non ?

Mlle MERCURY

Je crois que oui.

F.X.R.

Bien. Monsieur Collins !

Collins se tient près de l'interrupteur général.

COLLINS

J'éteins !

Collins ÉTEINT toutes les lumières du motel. L'endroit baigne à présent dans l'obscurité.

F.X.R.

Ok. Vous pouvez enlever votre bandeau.

Ils enlèvent leur bandeau.

PHIL

Je ne vois rien.

BEA

Qu'est-ce que je dois regarder ?

PHIL

Où est le cirque ?

F.X.R.

(crie)

Que la lumière soit !

Collins lève un autre commutateur. Soudain, des néons rouges, bleus et dorés éclaboussent le parking et tous ceux qui s'y trouvent.

Le visage de Mlle Mercury est ébloui par tant de beauté. Près d'elle, Tommy Boyer tient sa fille par la main.

TOMMY BOYER

Ouah…

Les invités, rayonnants, lèvent des yeux ébahis vers le ciel.

Mlle MERCURY

Mon Dieu ! Quelle lumière merveilleuse !

FERMETURE SUR : Phil et Bea, muets, pendant que les lumières d'un spectacle de magie céleste jouent sur leur visage…

LE PANNEAU

Phil et Bea, en grand format, nimbés de couleurs éclatantes et d'or, saluent le monde tels deux géants jumeaux contre le ciel nocturne. « Bienvenue chez nous ! » disent-ils, les bras ouverts, enjoués, accueillants, jeunes.

Le panneau est magnifique. Réellement magnifique.

Bea prend la main de son mari et la serre. Ils se regardent dans les yeux.

BEA

C'est comme si on allait vivre ici pour toujours…

Entendant cela, F.X.R. lève les yeux vers le panneau. Les couleurs jouent sur son visage à lui aussi.

CUT SUR :

EXT. MOTEL OLYMPUS – PLAN D'ENSEMBLE

Le panneau domine la vision du motel Olympus.

Et puis…

Le paysage se change lentement en un…

CARREFOUR ANIMÉ.

Des immeubles poussent de façon très ordonnée dans le désert, authentiques bijoux d'architecture.

Le CHAMP DE COLLECTE D'ÉNERGIE SOLAIRE OLYMPUS a été bâti et s'étire jusqu'à l'horizon.

Phrygia est devenue une charmante petite ville…

Autour de ce panneau, ce phare…

Autour de Bea et de Phil, qui, pendant des générations encore, souhaiteront à tous ceux qui passent la *Bienvenue chez nous*.

FONDU AU NOIR.

Va voir Costas

Ibrahim avait tenu parole. Pour le prix d'une bouteille de Johnnie Walker Red Label, il en avait apporté deux à Assan, qui étaient très certainement volées mais l'un comme l'autre s'en moquaient. Par les temps qui couraient, les alcools américains valaient plus cher que l'or, plus cher encore que les cigarettes américaines.

Les bouteilles tintant au fond de son sac à dos, Assan, dans son costume rayé bleu presque neuf, écumait les nombreuses tavernes de la cité portuaire du Pirée en quête du chef mécanicien du *Berengaria*. Tout le monde connaissait l'amour du chef pour la saveur et les effets du Johnnie Walker Red Label. Tout le monde savait également que le *Berengaria* appareillait pour l'Amérique avec une cargaison.

Assan trouva le chef à la Taverna Antholis, où il essayait de savourer son café du matin. « J'ai déjà un machiniste, dit-il à Assan.

– Mais je connais les bateaux. Je parle plusieurs langues. Je sais me servir de mes mains. Et je suis modeste. » Assan sourit à sa petite plaisanterie. Pas le chef. « Vous avez qu'à demander à ceux du *Despotiko*. »

D'un geste de la main, le chef commanda un autre café.

« T'es pas grec, dit-il.

– Bulgare, lui répondit Assan.

– C'est quoi, cet accent que tu as ? » Durant la guerre, le chef avait beaucoup commercé avec les Bulgares, mais celui-ci avait un drôle de débit.

« Je viens des montagnes.

– T'es pomak ?

– C'est un problème ? »

Le chef secoua la tête. « Non. Les Pomaks sont discrets et courageux. Vous en avez bavé pendant la guerre.

– Tout le monde en a bavé pendant la guerre. »

Le garçon apporta son café au chef. « Combien de temps t'as passé sur le *Despotiko* ?

– Six mois.

– Tu veux que je t'engage pour mettre les bouts quand on sera en Amérique. » Le chef n'était pas idiot.

« Je veux que vous m'engagiez parce que vous marchez au fioul. Le machiniste n'a qu'à vérifier la bulle dans le tube, pas à mettre du charbon. Quand on manie une pelle trop longtemps, on sait plus faire autre chose. »

Le chef alluma une cigarette sans en offrir à Assan. « J'ai déjà un machiniste. »

Assan fouilla dans le sac entre ses pieds, en sortit deux bouteilles de Johnnie Walker Red Label, une dans chaque main, et les déposa sur la table à côté du café du chef. « Tenez. J'en ai marre de les trimbaler. »

Après trois jours de mer, le chef commença à avoir des problèmes avec une partie de l'équipage. Le steward chypriote avait une patte folle et ne débarrassait pas assez vite après les repas. Le matelot soriano était un menteur, il prétendait avoir contrôlé les dalots alors qu'il n'avait rien contrôlé du tout. La femme d'Iasson Kalimeri l'avait – encore – plaqué, si bien que son sang, déjà chaud, lui montait encore plus vite à la tête. Toutes les conversations dégénéraient en disputes, même pour des histoires de dominos. Assan, lui, ne causait aucun problème. Jamais il ne glandait avec une clope au bec, il était toujours à nettoyer une soupape ou à passer un coup de brosse métallique sur la rouille. Il jouait paisiblement aux cartes et aux dominos. Et, ce qui était peut-être sa plus grande qualité, il passait sous le radar du capitaine. Le capitaine remarquait tout, le chef le savait. Mais il ne remarqua pas Assan.

Passé Gibraltar, le bateau croisa dans les lourdes eaux de l'Atlantique. En mer, le chef se levait tous les matins de bonne heure pour inspecter le *Berengaria*, guettant tout pépin possible. Ce jour-là, comme d'habitude, il monta sur le pont car il y avait là toujours du café, puis redescendit. Il trouva tout en ordre jusqu'à la chaufferie, où il entendit parler bulgare.

À genoux, Assan massait les jambes d'un homme adossé à la cloison, un homme noir de crasse et de graisse, ses vêtements moites lui collant à la peau.

« Je peux marcher, laisse-moi m'étirer », dit l'homme en faisant quelques pas chancelants sur la plateforme métallique. Lui aussi parlait bulgare. « Ah. Ça fait du bien. » Il but une grande lampée à une bouteille d'eau puis engloutit une épaisse tranche de pain enveloppée dans un bandana.

« Ça y est, on est dans l'océan, dit Assan.

– Je l'ai senti. Le bateau, il tangue. » L'homme termina le pain et but un peu d'eau. « Encore combien de temps ?

– Peut-être dix jours.

– J'espère que ce sera moins.

– Tu ferais mieux d'y retourner, dit Assan. Tiens, ta boîte. »

Assan lui tendit une boîte à biscuits vide, et récupéra en retour une conserve qui avait contenu du café mais, à en juger par l'odeur, servait maintenant de pot de chambre. Assan la couvrit avec le bandana, puis il passa une bouteille d'eau à l'homme qui se faufila dans un trou, un espace étroit ouvert en soulevant une plaque de la plateforme. Après quelques contorsions, l'homme y entra et disparut. À l'aide d'une barre à mine, Assan souleva la plaque métallique et la remit en place, comme une pièce de puzzle.

Le chef ne rapporta pas ce qu'il avait vu au capitaine. Il regagna sa cabine et fixa les deux bouteilles de Johnnie Walker Red Label, une pour Assan et l'autre pour son ami caché dans cinquante centimètres sous la plateforme. Sur les navires faisant route vers l'Amérique, les clandestins étaient monnaie courante et la vie était plus simple lorsque les yeux ne voyaient rien et que personne ne posait de questions. Bien sûr, en conséquence, il arrivait parfois qu'on débarque un cercueil plein.

Ah, quel monde. Mais il semblait un peu moins pire après qu'on avait débouché la première bouteille et bu un verre. Si quelqu'un découvrait l'homme tapi dans l'espace obscur entre les ponts, le chef sentirait le vent du boulet et devrait en plus se fader toute la paperasse du capitaine. Tout reposait sur Assan. Si le capitaine ne découvrait jamais rien, eh bien, le capitaine ne découvrirait jamais rien.

Deux tempêtes ralentirent le *Berengaria*, après quoi il dut patienter deux jours au mouillage avant qu'un pilote du port arrive enfin sur sa petite embarcation, escalade l'échelle et monte sur le pont pour le guider dans le port. Il faisait nuit quand il fut amarré au quai, un navire parmi tant d'autres. Le chef vit Assan au bastingage, qui regardait une ville se découper sur l'horizon.

« C'est Philadelphie. La Pennsylvanie. L'Amérique.

– Combien de kilomètres jusqu'à Chee-ca-go ? demanda le Bulgare.

– Encore plus qu'entre Le Caire et Athènes.

– Tant que ça ? Merde alors.

– Philadelphie, ça ressemble au Paradis, hein ? Mais quand on arrivera à New York, tu verras ce que c'est, une vraie ville américaine. »

Assan s'alluma une clope, en offrit une au chef.

« Elles sont meilleures en Amérique. » Le chef fuma en zyeutant le Bulgare qui ne lui avait pas causé d'ennuis. Pas le moindre. « Demain ils vont fouiller le bateau.

– Qui ?

– Des gros bonnets. Ils vont tout retourner pour voir si on n'a pas de clandestins. Des communistes. »

Au mot de *communistes*, Assan cracha par-dessus bord.

« Ils vont compter les têtes, poursuivit le chef. Si les chiffres ne collent pas, c'est la merde. S'ils ne trouvent rien, on décharge et on va à New York. Je t'emmènerai chez le barbier. Encore mieux que les barbiers turcs. »

Assan garda le silence un moment. « S'il y a des communistes sur le bateau, j'espère qu'ils les trouveront », dit Assan, et il cracha une nouvelle fois par-dessus bord.

Sur sa couchette, Assan faisait semblant de dormir tandis que d'autres hommes d'équipage allaient et venaient. À 4 heures du matin, il s'habilla sans bruit et sortit dans la coursive, s'assurant à chaque tournant qu'il restait inaperçu. Il descendit à la chaufferie et se servit de la barre à mine pour soulever la plaque de la plateforme métallique.

« Maintenant », dit Assan.

Ibrahim se hissa hors du trou, les coudes et les genoux à vif et ensanglantés après tout ce temps passé dans cet espace sombre et exigu entre le pont et la coque du navire. Combien de jours était-il resté là-dedans ? Dix-huit ? Vingt ? Qu'est-ce que ça pouvait faire ? « Attends, je prends ma boîte, chuchota Ibrahim d'une voix cassée.

– Laisse-la. On y va. Tout de suite.

– Une seconde, Assan, s'il te plaît. Mes jambes. »

Assan massa les jambes d'Ibrahim aussi longtemps qu'il en eut le courage, puis il aida son ami à se lever. Ibrahim n'avait été debout que quelques minutes par jour. Son dos le faisait atrocement souffrir et ses genoux tremblaient.

« Faut qu'on y aille, dit Assan. Reste deux mètres derrière moi. On attendra à tous les tournants. Si tu m'entends parler avec quelqu'un, planque-toi où tu peux. »

Ibrahim acquiesça et le suivit à petits pas.

Une échelle menait à une trappe menant à une pièce qui menait à une nouvelle trappe et à une nouvelle coursive et à une nouvelle échelle. Au sommet, une autre coursive et encore une échelle, qui ressemblait toutefois davantage à un escalier. Assan tira une lourde porte en acier et s'arrêta. Ibrahim huma l'air frais pour la première fois en vingt et un jours, depuis que le *Berengaria* avait quitté Le Pirée.

« C'est bon », chuchota Assan.

Ibrahim sortit et fut enfin dehors, béni par la nuit à laquelle ses yeux essayaient de s'accommoder. L'air était doux, un air d'été. Ils étaient au bastingage côté bâbord, dos au quai, l'eau douze mètres plus bas. Quelques heures plus tôt, le machiniste pomak avait attaché une aussière, anonyme parmi toutes les autres, au barreau inférieur du bastingage. « Descends par là. Contourne le quai à la nage et trouve un moyen de remonter.

– J'espère que je sais encore nager », dit Ibrahim. Il riait comme si c'était une plaisanterie.

« Il y a des buissons par là. Cache-toi dedans jusqu'à ce que je vienne te chercher demain.

– Et s'il y a des chiens ?

– Deviens leur ami. » Cela aussi fit rire Ibrahim tandis qu'il escaladait le bastingage, serrant l'aussière.

Le chef était avec le capitaine dans l'aile tribord du poste de pilotage, ils buvaient leur premier café de la journée. Les dockers avaient débardé le plus gros de la cargaison et les quais grouillaient de camions, de grues et d'ouvriers.

« On va aller à l'hôtel Waldorf », disait le capitaine quand le chef vit Assan descendre du bateau par l'échelle de coupée, chargé de son sac à dos qui avait autrefois contenu des bouteilles de Johnnie Walker Red Label. Il portait, en outre, un paquet sous le bras. En principe, les hommes d'équipage revenaient à bord avec, sous le bras, des paquets remplis de marchandises qu'ils ne pouvaient acheter qu'en Amérique. Mais Assan, lui, *partait* avec un paquet.

« Des steaks comme ça. » Le capitaine écartait le pouce et l'index pour montrer combien son steak serait épais. « Ils font de sacrés steaks, au Waldorf Astoria.

– C'est une bonne adresse », répondit le chef tandis qu'Assan disparaissait dans des fourrés.

Assan ne trouva pas trace d'Ibrahim et redouta que les gros bonnets américains n'aient aussi cherché des communistes et des clandestins dans les buissons. Rechignant à appeler, il hurla comme un chien. Ibrahim lui répondit de la même manière et sortit des fourrés torse nu, tenant à la main ses chaussures couvertes de graisse.

« C'est un gros chien, ça, dit-il en souriant. Ça s'est bien passé cette nuit ?

– Je me suis fait un matelas avec des roseaux, dit Ibrahim. C'est confortable. Et il a fait bon. »

Assan ouvrit le paquet, découvrant des vêtements, du savon, de la nourriture et un nécessaire de rasage. Il y avait aussi un journal plié, retenu par une ficelle. À l'intérieur, en drachmes, se trouvait la part d'Ibrahim de ce qu'ils avaient économisé sur leurs petits boulots en Grèce. Ibrahim empocha les billets sans les compter. « C'est combien, un billet de train pour Chee-ca-go ?

– Combien pour aller d'Athènes au Caire ? Fais du change à la gare. »

Une fois Ibrahim repu et lavé, Assan le fit asseoir sur un rocher et approcha le rasoir de son visage car, faute de miroir, Ibrahim ne pouvait le faire seul.

Depuis l'aileron de passerelle, le chef inspectait les fourrés à la jumelle. Dans une brèche entre les branches agitées, il aperçut Assan en train de raser un homme qu'il ne reconnut pas. Un problème avait quitté le navire sans déranger le capitaine. Et sans nécessiter de cercueil. Assan était un malin.

Pendant qu'Ibrahim peignait ses cheveux mouillés, Assan essaya de nettoyer les chaussures de son ami. « Je peux pas faire mieux », dit-il en les lui rendant.

Ibrahim piocha une drachme dans sa poche et la plaqua dans la paume d'Assan. « Tiens. Un cirage parfait pour des chaussures parfaites. » Assan s'inclina et les deux hommes éclatèrent de rire.

Ils marchèrent ensemble jusqu'à la sortie du chantier naval, se mêlant à tous ceux qui allaient et venaient. Ils virent des voitures énormes, des camions grands comme des maisons qui tiraient de grosses charges en faisant grincer leur boîte de vitesses, et ils virent d'autres bateaux, certains plus gros et plus neufs que le *Berengaria*, d'autres des rafiots rouillés. Ils virent des hommes qui mangeaient des petits pains fourrés avec des saucisses près d'un stand dont Assan parvint à déchiffrer l'enseigne – il avait appris l'alphabet américain –, H O T D O G S. Les deux Bulgares étaient affamés mais aucun n'avait d'argent américain. Au bout du chantier il y avait un portail gardé par une guérite, mais les Américains passaient sans s'arrêter.

« Assan, on se reverra un jour à Chicago », dit Ibrahim. Puis, en anglais, il ajouta : « *Tenk choo berry mich.*

– J'ai rien fait, à part vider ton pot », dit Assan, et il prit une cigarette dans son paquet avant de le laisser à

Ibrahim. Il la fuma tout en regardant son ami franchir le portail, adresser au garde un simple signe de la tête, et disparaître en direction des gratte-ciel de Philadelphie.

Une fois remonté à bord, Assan s'activa toute la matinée et n'alla à la cambuse que vers la toute fin du premier repas, quand elle fut presque vide. Il glana un restant de pain, de légumes et de soupe et s'installa à une table. Le Chypriote boiteux lui apporta un café.

« Première fois en Amérique ? demanda-t-il à Assan.

– Ouais.

– L'Amérique c'est le top, tu peux me croire. À New York, y a tout ce que tu veux. Attends un peu de voir.

– Les gros bonnets. Quand est-ce qu'ils viennent à bord ? demanda Assan.

– Quels gros bonnets ?

– Les Américains qui vont fouiller le bateau. Chercher des cocos. Nous causer des problèmes.

– De quoi tu parles ?

– Ils vont vérifier qu'on est le bon nombre. C'est le chef qui me l'a dit. Y a des gros bonnets qui vont venir fouiller tout le bateau.

– Qu'est-ce qu'ils cherchent ? » Le Chypriote alla se servir un café.

« Ils vont vérifier nos papiers, non ? Nous mettre en rang et vérifier nos papiers ? » Assan avait si souvent été mis en rang pour subir un contrôle d'identité qu'il ne s'étonnait pas que l'on fasse de même en Amérique.

« C'est le capitaine qui s'occupe de ça. » Le Chypriote avait sifflé la moitié de son café. « Hé, je connais un bordel à New York. Viens avec de l'argent demain et je nous arrange ça. »

Dans son village, Assan avait vu des films en noir et blanc, images tremblotantes sur un mur blanc. Parfois c'étaient des films américains, dans lesquels des cowboys à cheval tiraient avec des pistolets qui crachaient de longs panaches de fumée. Son préféré avait été un film d'actualités montrant des usines, des chantiers et un immeuble qui s'élevait vers le ciel dans une ville nommée Chicago ; à Chicago, il y avait beaucoup de hauts immeubles et des rues pleines de berlines noires.

Mais New York, New York semblait ne pas avoir de fin, elle soufflait dans le ciel nocturne une brume qui dorait les nuages bas et faisait scintiller l'eau, la changeait en fumée colorée. Un vent chaud soufflait tandis que le navire remontait lentement le large fleuve, et la ville défilait tel un rideau de pierres précieuses ; une masse d'un million de fenêtres éclairées, des tours étincelantes pareilles à des châteaux, et les phares jumeaux des voitures, de tant de voitures bruissant dans tous les sens comme des insectes. Assan se tenait au bastingage, ses vêtements ondulaient dans le vent, il avait la bouche grande ouverte et les yeux écarquillés.

« Merde alors », dit-il à New York, New York.

Le lendemain matin, le chef le trouva à la chaufferie.

« Assan, mets ton beau costume bleu. J'ai envie de me faire raser.

– J'ai du boulot ici.

– Moi je te dis que non et je suis le chef. On y va. Et laisse ton argent ici, histoire de ne pas te le faire piquer dès le premier jour. »

Des voitures filaient dans les rues, souvent peintes en jaune avec des mots imprimés sur les flancs, et s'arrêtaient en catastrophe aux carrefours, déchargeant des gens et en embarquant d'autres. Des lampes dans des boîtes montées sur des poteaux brillaient en rouge, en vert et puis en jaune, et à nouveau en rouge. Il y avait des panneaux partout, fixés à des poteaux, aux murs et aux fenêtres ; tant de panneaux qu'Assan abandonna l'idée de les déchiffrer. Des Américains qui avaient l'air riches marchaient à grands pas. Ceux qui n'avaient pas l'air riches se pressaient aussi. Trois hommes noirs, les muscles saillant sous leur tee-shirt maculé de sueur, portaient une grosse caisse en bois dans l'escalier d'un immeuble. Partout il y avait des cris et de la musique et des moteurs et des voix qui sortaient des radios.

Un jeune homme sur une moto rugissante roulait si vite qu'il faillit percuter Assan et le chef sur un passage clouté. Aux actualités, Assan avait vu des policiers sur de gros vélos motorisés, mais ce jeune homme n'était pas un policier. N'importe qui pouvait donc avoir ce genre d'engin en Amérique ?

Ils passèrent devant un kiosque vendant des journaux, des bonbons, des boissons, des cigarettes, des magazines, des peignes, des stylos et des briquets. Deux minutes plus tard ils en dépassèrent un autre, qui vendait les mêmes articles. En fait, il y avait des kiosques un peu partout. Un flot de voitures, de gens, de bus bondés, de camions et même de chariots tirés par des chevaux s'écoulait dans des artères qui se prolongeaient à perte de vue.

Le chef avançait vite. « À New York, faut marcher comme si tu étais en retard à un rendez-vous important, sinon les voleurs te repèrent. » Ils traversèrent quantité de rues et tournèrent à de nombreux carrefours. Assan portait sa veste rayée bleue sur le bras. Il transpirait et la tête lui tournait, elle était trop pleine d'Amérique.

Le chef s'arrêta au coin d'une rue. « Attends voir. Où est-ce qu'on est ?

– Vous ne savez pas ?

– Je réfléchis au meilleur itinéraire. » Le chef regarda alentour et aperçut quelque chose qui le fit rire. « Vise un peu ça ! »

Assan leva la tête vers une fenêtre au dernier étage d'un immeuble. Il y vit un drapeau, planté tel un panneau – le drapeau bleu et blanc de la Grèce, avec la croix de l'Église et les bandes de la mer et du ciel. Un homme en bras de chemise et cravate desserrée était penché à la fenêtre, il hurlait dans un téléphone et agitait un cigare.

« Y a vraiment des Grecs partout, hein ? » Le chef rit encore puis il ouvrit la paume de sa main. « Regarde. New York, c'est pas une ville compliquée. Elle a la forme de ta main. Les avenues sont numérotées, elles sont longues et elles vont du bout de tes doigts jusqu'à ton poignet. Les rues aussi sont numérotées, elles traversent ta paume. Broadway, c'est la ligne de vie, en diagonale. Tes deux doigts du milieu, c'est Central Park. »

Assan étudia la paume de sa propre main.

« Et ça, fit le chef en désignant deux panneaux en X sur un poteau, ça nous dit qu'on est au croisement de la 26ᵉ Rue et de la Septième Avenue. Donc on est pile ici, tu vois ? » Le chef indiqua un point sur le plan qu'était sa main. « La 26ᵉ et la Septième. Tu comprends ?

– Comme ma main. Merde alors. » Assan avait l'impression de comprendre. Ils se remirent en route sur le côté ombragé de la Septième Avenue, puis ils bifurquèrent. Le chef s'arrêta devant un escalier menant à un salon de coiffure en sous-sol.

« C'est ici », dit-il, et il descendit vers la porte.

Le salon était réservé aux hommes, contrairement à ceux du vieux pays. Lorsqu'ils entrèrent, toutes les têtes se tournèrent vers eux. La radio ne diffusait pas de musique, mais la voix d'un homme qui discourait par-dessus le brouhaha d'une foule. Par moments, la foule criait ou l'acclamait. Sur les étagères étaient alignées des bouteilles contenant des liquides de couleurs diverses. On fumait des cigarettes, si nombreuses que les cendriers sur pied débordaient de mégots.

Le chef s'adressa en anglais au vieux coiffeur – il y en avait un second, plus jeune, peut-être son fils – et prit une chaise sur le côté. Assan s'assit près de lui, écouta parler anglais et feuilleta des magazines illustrés de bandits armés et de femmes en robe moulante. Trois Américains attendaient aussi, puis l'un d'eux s'installa devant le jeune coiffeur, dans un grand fauteuil confortable de cuir et d'acier. Un client paya, dit une phrase qui fit rire tous les hommes, sortit et remonta les marches. Lorsque le client suivant fut coiffé, il fit lui aussi une blague, donna des pièces au coiffeur et s'en alla.

Le chef prit place dans le grand fauteuil en cuir et se mit à parler, montrant Assan du doigt comme pour expliquer quelque chose. Le coiffeur regarda Assan et dit : « *Yoo bet-cha.* » Il mit un drap blanc sur le chef, qu'il serra et attacha derrière le cou, puis il le rasa. Trois fois avec la serviette chaude, la mousse et le rasoir, un rasage aussi propre que ceux dispensés par les Turcs à Constantinople. Ensuite il coiffa le chef, finissant la nuque et le contour au rasoir. Les hommes riaient et échangeaient des histoires, et le chef utilisait tellement de mots anglais qu'il devait le parler couramment, songea Assan. Les Américains riaient et regardaient Assan comme s'il était au fait de leurs plaisanteries.

Quand le chef fut propre et sentit l'eau de Cologne épicée, il paya le barbier avec des billets de banque, dit quelque chose en anglais et désigna Assan. Le coiffeur répéta « *Yoo bet-cha* » et fit signe à Assan de venir dans le fauteuil.

Tandis que le coiffeur l'enveloppait de son drap, le chef parlait en grec.

« J'ai déjà payé ton rasage. Et ça, c'est pour toi. » Le chef tendit à Assan une liasse de billets pliée en deux. De l'argent américain. « Un type intelligent comme toi, un type bien, il s'en sortira en Amérique. Bonne chance. » La dernière vision qu'Assan eut du chef fut celle de ses chaussures qui grimpaient les marches menant à la rue.

Assan marchait, appréciant la douceur de ses joues et humant l'eau de Cologne, pendant que la nuit de cette fin d'été tombait sur New York et que les lumières s'imprégnaient d'une chaleur nouvelle. Il vit nombre de choses fabuleuses : une vitrine derrière laquelle tournaient des dizaines de poulets sur des broches mécaniques, un homme vendant des petites voitures à ressort sur un carton équipé d'un garde-fou en bois pour éviter que les jouets ne passent par-dessus bord, et un restaurant dont tout un mur était vitré, à l'intérieur duquel des Américains étaient assis à des tables ou sur de hauts tabourets à un comptoir. Des serveuses virevoltaient, portant sur leur plateau des repas complets et des assiettes de gâteaux et de pâtisseries. Assan passa devant un long escalier qui s'enfonçait sous terre, encadré par des ferronneries, qu'une foule de gens montaient et descendaient, avec une urgence qui compliquait la tâche des pickpockets.

Les immeubles cessèrent et le ciel s'ouvrit, et de l'autre côté d'une rue grouillante apparurent des arbres. Assan devina qu'il était arrivé à ses doigts du milieu, à Central Park. Il ne savait pas comment traverser la large chaussée mais suivit le mouvement de ceux qui s'avançaient. Près d'un muret arrondi, un homme avec un chariot vendait des H O T D O G S et soudain Assan eut très, très faim. Il sortit l'argent que le chef lui avait donné et trouva un billet portant le numéro 1. Il le tendit à l'homme qui le bombardait de questions auxquelles Assan n'avait pas de réponse. Le seul mot qu'il reconnut fut Coca-Cola, le seul qu'il connaissait en anglais.

L'homme lui donna un sandwich à la saucisse dégoulinant de sauce rouge et jaune et de filaments d'oignons humides, et une bouteille de Coca-Cola. Puis il rendit à Assan une poignée de pièces de trois tailles différentes, que ce dernier empocha avec sa main libre. Assan s'assit sur un banc et dégusta le plus exquis des repas. Son Coca-Cola encore à moitié plein, il retourna trouver l'homme. Il lui tendit les pièces, l'homme en prit une des plus petites et lui confectionna un nouveau sandwich richement garni.

Le soleil s'était couché, le ciel était noir et les lampadaires brillaient tandis qu'Assan arpentait les sentiers du superbe parc tout en terminant son Coca-Cola. Il vit des fontaines et des statues. Il vit des hommes et des femmes en couple, qui se tenaient la main et riaient. Une femme fortunée promenait un chien minuscule, le chien le plus amusant qu'Assan ait jamais vu. Pour rire, il faillit hurler à la lune en direction du toutou, mais il songea que la femme pourrait se plaindre à un policier, or il voulait plus que tout éviter qu'on lui demande ses papiers.

Sur le côté du parc, par une percée dans un mur, Assan retrouva la ville. Il était tard à présent, et des gens traversaient la rue, affluaient vers le parc avec des couvertures et des oreillers. Assan voyait qu'ils n'étaient pas comme la riche femme au petit chien, c'étaient des familles à la peau claire ou foncée, des enfants qui gloussaient et des hommes et des femmes fatigués d'avoir travaillé toute la journée. Tout à coup Assan se sentit épuisé, lui aussi. Il retourna dans le parc à la suite d'une famille et arriva à une grande prairie où des gens étalaient des couvertures et s'apprêtaient à dormir à la belle étoile par cette nuit chaude et moite. Certains dormaient déjà. D'autres pressaient leur progéniture et se préparaient des couchages près des arbres, en bordure de la pelouse.

Assan se dégota un coin où l'herbe était moelleuse. Il ôta ses chaussures et se servit de sa veste en guise d'oreiller. Il s'endormit au son de la circulation distante et des conversations paisibles entre maris et femmes.

Assan se débarbouilla dans un bâtiment en pierre abritant des toilettes publiques. À petits coups, il épousseta son pantalon et sa veste de costume et secoua sa belle chemise, puis il se rhabilla en se demandant où il marcherait aujourd'hui.

C'est alors qu'il pensa à l'homme qui criait au téléphone, celui qui avait fait rire le chef, qui était à la fenêtre avec le drapeau grec. Où était-il, déjà ? Il regarda la paume de sa main et le plan qui s'y trouvait, se souvint que le chef avait dit 26e Rue et Septième Avenue et sut où trouver l'homme.

Il n'y avait personne à la fenêtre au croisement de la 26e et de la Septième quand Assan arriva, mais le drapeau grec était bien là. Tout près, dans une entrée, il vit un petit panneau avec un autre drapeau et des mots en grec : Société hellénique internationale. Assan poussa la porte et s'engagea dans l'escalier.

Il faisait déjà chaud et l'on étouffait dans le bureau, malgré la porte entrebâillée et les fenêtres entrouvertes. Assan entendit de la musique – un air lent et une voix qui répétait des lettres et des mots. *Ai... ai... ai... espace... ess... ess... ess... espace*. Le claquement d'une machine à écrire accompagnait les mots. *Dé... clac... dé... clac... dé... clac*. Par la porte, Assan ne vit qu'une table encombrée et des fauteuils.

Eff... clac... eff... clac... eff... clac... espace... clong. Assan entra. Dans la minuscule pièce se trouvait une fille, assise devant une petite machine à écrire verte posée sur une table riquiqui. Elle se concentrait sur les doigts de sa main gauche, enfonçait les touches correspondant aux instructions données par le disque. Assan garda le silence pour ne pas troubler la séance.

« *Tikanis.* »

Assan fit volte-face. L'homme qui la veille criait au téléphone arrivait, portant un sac en papier. « Qui êtes-vous ? demanda l'homme en grec.

– Assan Chepik.

– Vous n'êtes pas grec ?

– Non, bulgare. Mais je viens de Grèce. J'ai vu le drapeau. »

L'homme tira du sac un gobelet en carton rempli d'un liquide sentant le café, ainsi qu'un gâteau rond avec un trou au milieu. « Vous auriez dû me prévenir, Assan, je vous aurais apporté un petit déjeuner ! » L'homme éclata de rire. « Dorothy ! Un autre café pour Assan, s'il vous plaît. »

Ell... ell... ell... espace. « Je viens de commencer ma leçon !

– Faites une pause. Les Bulgares voient rouge quand ils ont faim. » L'homme se tourna vers Assan. « Dorothy va vous chercher un café. Enfin, ce qu'ils appellent café dans ce pays. »

———

Assan sirotait une boisson chaude, principalement composée de lait et de sucre avec un arrière-goût de café. Dorothy était retournée à sa machine et tapait en rythme avec le disque. *U... u... u... espace... i... i... i... espace.* Demetri Bakas, puisque tel était le nom de l'homme, posait des questions à Assan. Assan lui parla de son poste sur le *Berengaria*, lui expliqua qu'il était arrivé la veille, mais ne dit rien d'Ibrahim caché sous la passerelle qui avait débarqué dans la ville baptisée Philadelphie.

Assan ne dit rien non plus des quatre années suivant la fin de la guerre, de toutes ses tentatives pour passer la frontière entre la Bulgarie et la Grèce. Il ne dit rien du matin où son frère avait commis l'erreur d'allumer un feu pour chauffer de l'eau. Ils étaient dans les montagnes, avaient dormi entre deux rochers et prévoyaient de reprendre la route sans traîner, mais Assan avait du café dans la poche. Son frère en voulait juste une petite tasse, pour l'énergie disait-il, mais ce qu'il voulait réellement c'était le goût d'un café chaud en ce matin froid. Les chasseurs de primes communistes qui les pistaient avaient repéré la fumée du feu. Assan chiait derrière un bosquet d'arbres. Depuis son abri, il avait vu son frère résister et un communiste lui tirer une balle dans la tête. Il ne parla pas non plus à Demetri de l'homme qu'il avait dû tuer. Il se désaltérait à un ruisseau qui courait près d'un sentier lorsqu'un habitant de la région avait manqué de trébucher sur lui. L'homme portait sur sa veste râpée l'insigne du Parti, et l'expression de son regard ne laissa aucun doute à Assan. L'homme repartit en courant vers le premier village pour raconter qu'un traître s'enfuyait, mais Assan le poursuivit, le frappa avec une pierre et balança son corps dans un fossé. Et Assan tut aussi la fois où, enfin arrivé à Athènes, il s'était fait un ami qui lui avait donné l'adresse d'une maison où vivaient les réfugiés comme lui. Lorsque Assan trouva la maison, il fut roué de coups, jeté dans un camion banalisé et ramené en Bulgarie, menotté à d'autres victimes du faux frère. Assan ne dit rien du capitaine communiste qui l'avait ligoté à une chaise, lui avait hurlé des questions et, les réponses n'étant pas à son goût, avait usé de ses poings puis d'instruments spéciaux tout en hurlant sans cesse les mêmes questions. Assan ne dit rien du camp ; rien des prisonniers exécutés ou pendus devant ses yeux.

Il ne dit rien de la fille qu'il rencontra après sa libération, ni de leur brève romance, ni de la faim qui les tenaillait en permanence. Il ne dit pas qu'elle s'appelait Nadezhda ni qu'elle était tombée enceinte, et il ne parla pas de leur mariage quelques mois avant la naissance d'un garçon, son fils, Petar. Il ne dit rien des souffrances de sa femme pendant l'accouchement, ni de la sage-femme qui ne parvint pas à arrêter le saignement. Sans le lait de sa mère, le garçon ne survécut pas un mois. Demetri ne sut rien de Petar, le fils d'Assan.

Assan ne dit pas qu'il avait été arrêté pour avoir volé des bouteilles vides, alors même qu'il n'avait rien volé. Son nom figurait sur une liste et il fut envoyé une fois de plus en prison. Il ne dit rien de sa quatrième tentative d'évasion, de son arrestation, de son année en camp de travail, de sa rencontre avec Ibrahim et de la nuit où un train qui passait les avait séparés des gardes de l'autre côté de la voie, et il ne dit pas comment ils avaient balancé leurs pelles et sauté dans la rivière. Il ne parla pas du fermier qui les avait retrouvés plusieurs kilomètres plus loin, trempés et gelés, et qui aurait pu les dénoncer au représentant du Parti mais qui leur avait offert un repas chaud pendant que leur uniforme séchait. Il leur avait aussi donné de l'argent – vingt levs chacun.

Assan et Ibrahim achetèrent des billets de car à destination des montagnes près de la frontière grecque. Lorsque des policiers montèrent à bord pour contrôler l'identité des voyageurs, ils n'eurent pas de papiers à montrer. Mais, coup du sort, leurs uniformes de prisonniers étaient identiques à ceux des hommes de troupe, les insignes et écussons en moins. Quand Assan expliqua qu'ils se rendaient à l'hôpital militaire car ils étaient porteurs du typhus, le policier écarquilla les yeux et s'en alla sans demander son reste.

Ils passèrent la frontière haut dans les montagnes. À Athènes, ils gagnèrent quelques drachmes à la force du poignet, de la pelle et de la pioche, pendant presque une année entière, jusqu'à ce qu'Assan décroche son poste de machiniste sur le *Despotiko*, alimentant la chaudière en charbon au gré des trajets reliant Le Pirée aux nombreuses îles helléniques.

Assan ni dit rien de tout cela, uniquement qu'il avait été machiniste sur le *Berengaria*, où il contrôlait la bulle d'huile dans le tube, puis qu'il avait mis les bouts et se retrouvait maintenant en Amérique.

Demetri savait qu'Assan lui cachait des choses, mais il s'en moquait. « Tu sais ce que je peux faire pour toi, avec ce bureau ?

– M'apprendre à taper à la machine ? » Dorothy en était à *Maj... clong... Cu... clac... espace... clong... Maj... clong... Double-vé... clac... espace... clong.*

Demetri partit d'un grand rire. « Nous connaissons des gens formidables qui nous aideront à te venir en aide. Ça prendra un peu de temps. Mais autant que je te le dise tout de suite : au premier problème avec la justice – avec la police –, tout deviendra infernal. Tu comprends ?

– Oui. Bien sûr.

– D'accord. Alors. Tu vas apprendre l'anglais. À cette adresse, il y a des cours gratuits. Vas-y le soir. Tu entres, tu t'inscris, et tu ouvres les oreilles. »

Assan nota l'adresse.

« Est-ce que tu as des objets de valeur que tu peux vendre ? De l'or, ou quelque chose de joli que tu as rapporté du pays ?

– Rien. J'ai tout laissé sur le bateau.

– C'est aussi ce que mon père avait fait. En 1910. » Demetri sortit un cigare de sa veste. « Reviens dans quelques jours, on aura des vêtements pour toi. Dorothy ! Prenez les mesures d'Assan pour des pantalons. Et aussi pour des chemises !

– Dès que j'ai fini ! » Dorothy ne quittait pas son clavier du regard. *Maj. Té. Espace. Maj. Gé. Espace. Clong-clac-clong-clac...*

« Tu as déjà commencé à chercher du travail, Assan ? » Demetri plongea son cigare dans la boule de feu produite par une énorme allumette.

Assan n'avait pas commencé.

« Va là-bas. C'est *downtown.* » Demetri nota quelque chose sur un autre bout de papier qu'il donna à Assan.

« Costas. D'accord. » Assan quitta le bureau au moment où le disque s'arrêtait et où Dorothy changeait de face pour la deuxième leçon.

———

L'adresse se situait tout en bas de la paume d'Assan, là où les rues n'avaient pas de numéro et partaient dans tous les sens. Il passa le plus clair de sa journée à errer au milieu des pâtés de maisons biscornus, à tourner en rond et à repasser constamment aux mêmes endroits. Enfin, il découvrit un petit restaurant dont l'enseigne indiquait « Olympic Grill », entouré par une frise en clé grecque. Il y avait en tout et pour tout quatre tables collées au mur et des banquettes en cuir, un comptoir et huit tabourets. Toutes les places étaient prises et il faisait chaud. Une femme tenait le comptoir, trop occupée pour s'intéresser à Assan jusqu'au moment où elle considéra qu'il était planté là depuis trop longtemps. En grec, elle lui aboya : « Va attendre dehors, crétin !

– Je suis venu voir Costas, dit Assan.

– Quoi ? hurla la femme.

– Je suis venu voir Costas ! répondit Assan sur le même ton.

– Chéri ! appela la femme, tournant le dos à Assan. Y a un crétin qui te cherche ! »

Costas était un homme trapu à la moustache broussailleuse. Il n'avait pas le temps de parler à Assan, mais il le fit tout de même.

« Qu'est-ce que tu veux ?

– C'est vous, Costas ?

– Qu'est-ce que tu veux ?

– Un travail, dit Assan en riant.

– Oh Seigneur, s'écria Costas. Fiche-moi le camp. » Il fit volte-face.

« C'est Demetri Bakas qui m'envoie.

– Qui ? » Costas débarrassait une table pendant qu'un client réglait son addition.

« Demetri Bakas. Il m'a dit que vous auriez du travail pour moi. »

Costas s'interrompit et regarda Assan dans les yeux, sa petite taille l'obligeant à se pencher en arrière pour dévisager le Bulgare.

« Va te faire foutre ! » Les clients qui parlaient grec levèrent le nez de leur assiette. Ceux qui ne parlaient qu'américain continuèrent à manger. « Et ne remets pas les pieds ici ! »

Assan tourna les talons et alla donc se faire foutre.

Le retour jusqu'aux deux doigts médians de Central Park lui prit un temps fou. L'air était si chaud et lourd que sa chemise lui collait au dos et ne séchait pas. Il marcha et marcha le long d'une avenue, puis des gyrophares illuminèrent un endroit où neuf rues semblaient se percuter en une tornade de passants, de bus, de voitures jaunes et même de militaires à cheval, à moins que ce n'aient été des policiers. Assan ne s'était jamais retrouvé au milieu de tant de gens qui tous allaient quelque part.

Dans un grand café, il commanda pour quelques pièces un nouveau H O T D O G et un gobelet en carton rempli d'un jus de fruits glacé et sucré, la boisson la plus délicieuse qu'il ait jamais bue – encore meilleure que le Coca-Cola. Il mangea debout, comme la plupart des autres clients, alors qu'il aurait tué pour se déchausser. De l'autre côté du triangle de rues et d'humanité, il identifia un cinéma aux lumières mouvantes qui se pourchassaient sans répit. Assan vit qu'une place coûtait quarante-cinq cents. Quatre petites pièces et une plus large, plus épaisse, avec une vache bossue gravée sur une face. Soudain il eut envie de s'installer dans un bon fauteuil, d'enlever ses chaussures et de regarder un film. Il espérait que le film parlerait de Chicago.

La salle de cinéma ressemblait à une cathédrale, des hommes et des femmes en livrée orientaient le flux des clients, couples qui papotaient et groupes de jeunes hommes, une foule qui parlait fort et riait à gorge déployée. Les colonnes étaient semblables à celles du Parthénon d'Athènes, au mur étaient accrochés des anges modernes plaqués d'or, et un rideau rouge foncé cascadait sur trente mètres de hauteur.

Assan ôtait ses chaussures au moment où le rideau s'ouvrit et où un court-métrage débuta sur un écran aussi vaste que la coque du *Berengaria*. Une musique retentit tandis que des mots tournaient et viraient sur l'écran, apparaissant et disparaissant si vite qu'Assan ne put en déchiffrer la moindre lettre. Dans ce film, des hommes et des femmes se disputaient. Puis un autre lui succéda, avec encore plus de musique et de mots volants. Dans celui-là, il y avait des boxeurs et des ciels pleins d'avions. Dans le troisième, une femme très sérieuse disait des choses très sérieuses, puis elle pleurait, puis elle courait dans une rue en criant un nom, et puis c'était tout. Quelques instants plus tard, des couleurs explosèrent sur l'écran et un homme dans un drôle de costume de cow-boy, qui n'était pas un vrai cow-boy, et une femme splendide aux cheveux noirs et aux lèvres d'un rouge absolu chantaient et disaient des choses qui suscitèrent des rires tonitruants dans la cathédrale. Malgré tout, Assan ne tarda pas à s'endormir profondément.

Le lendemain, la Société hellénique était déserte. Toute la ville était calme, il y avait moins de gens à surgir des escaliers sortant des tunnels et nombre d'immeubles étaient vides. Assan trouva l'adresse des cours d'anglais, un bâtiment dans la 43e Rue, mais il n'y avait là personne avec qui parler anglais.

Il retourna donc au parc, et alors il eut l'impression que tous les immeubles des alentours s'étaient déversés dans les bosquets, sur les chemins et sur les berges du lac. Partout des enfants et des familles – dans le zoo, sur les barques, filant sur des chaussures à roulettes, écoutant un concert, jouant avec des chiens, lançant, attrapant et frappant des balles et des ballons de toutes sortes. Assan aimait surtout les chiens et les regarda un long moment.

Lorsque le ciel s'assombrit en fin d'après-midi, les familles plièrent bagage, les jeux cessèrent et le parc se vida. La pluie suivit peu après, poussant Assan à trouver un porche où il finit par passer la nuit, partageant l'abri avec une poignée d'autres hommes qui dormaient sur des cartons et n'avaient que leur blouson pour se couvrir. Aucun d'eux ne parlait les langues qu'Assan connaissait. Ils ne paraissaient pas du tout heureux, mais Assan avait déjà été coincé sous la pluie et cela ne l'affectait pas. Il s'était planqué sous des ponts, les vêtements trempés, avait marché pendant des jours, avait même fui des hommes qui avaient un air aussi misérable que ces types. Alors ça ? Ça, ce n'était rien.

Le lendemain matin, il se réveilla avec un chat dans la gorge.

« Ce pantalon devrait être à votre taille, dit Dorothy en grec. Les bottes aussi. Allez les essayer dans les WC du couloir.

– C'est quoi les WC ? » Assan n'avait jamais entendu ce mot.

« Les toilettes. Les cabinets. »

Le pantalon lui allait assez bien. Les bottes, usées, étaient parfaites pour ses petits pieds, et en plus elles étaient déjà cassées. Dorothy lui donna des chaussettes, quelques chemises, deux pantalons épais – autant de vêtements agréables après tous ces jours dans son costume rayé, que Dorothy prit pour le faire nettoyer.

« Où est passé le Bulgare qui était là vendredi ? » Demetri arriva avec un sachet de gâteaux ronds percés au milieu et du café américain sucré. « Assan ? Dans cette tenue, tu pourrais vivre dans le New Jersey ! »

Dorothy s'assit devant sa machine à écrire et lança un autre disque. Le tempo de la musique était plus rapide – *Maj té hach eu espace cu u i cé ka espace* – et Dorothy martelait les touches.

« Est-ce que tu as vu Costas ? » demanda Demetri.

Assan but un peu de café et croqua une bouchée de gâteau, qui lui fit mal à la gorge mais qui avait bon goût. « Ouais. Il m'a dit d'aller me faire foutre. » Assan jeta un coup d'œil en direction de Dorothy qui, heureusement, n'avait pas entendu sa grossièreté.

« Ha ! Il n'a pas dû aimer tes vêtements. Mais maintenant, on dirait que tu viens d'Hoboken, tu ressembles à Sinatra en week-end. » Assan ne voyait pas du tout ce que cela voulait dire. « Costas me doit un service, donc tu vas y retourner et lui expliquer que tu viens de ma part. Tu le lui avais bien dit, non ?

– Il s'en fichait.

– Dis-lui que tu viens de ma part. »

Assan refit le chemin jusqu'à *downtown* et, lorsqu'il arriva à l'Olympic Grill, seules la moitié des places étaient prises. Perché sur le tabouret le plus éloigné de la porte, Costas lisait le journal, une tasse de café devant lui, en balançant ses petites jambes comme un enfant. Assan approcha, attendit que l'autre lève le nez de son canard. Mais en vain.

« Demetri a dit que vous auriez un travail pour moi. »

Costas continua sa lecture. « Hmm ? » fit-il en écrivant un mot au stylo sur un bloc-notes. La page était couverte de mots.

« Demetri Bakas. C'est lui qui m'envoie. »

Sans bouger, Costas déplaça son attention du journal et de la liste de mots à Assan.

« Qu'est-ce que c'est que cette histoire ?

– Demetri Bakas. Il m'a dit de venir vous demander un travail. Parce que vous lui devez un service. »

Costas reprit sa lecture et ses notes. « Je lui dois que dalle. Tu commandes ou bien tu dégages.

– Il m'a dit de venir vous voir. »

Costas descendit de son tabouret, des flammes dans les yeux. « D'où c'est que tu viens ? demanda-t-il.

– Je suis bulgare, mais je viens d'Athènes.

– Eh ben retournes-y ! Je peux rien faire pour toi ! Tu sais où j'étais pendant que tu te branlais la nouille dans ta ferme pleine de merde en Bulgarie ? Ici ! En Amérique ! Et tu sais ce que je faisais ? Je me faisais botter le cul, rien que parce que je pensais à ce restaurant !

– Mais Demetri m'a dit d'aller voir Costas. Alors je suis venu.

– Je l'emmerde, et toi tu peux retourner te faire voir chez les Grecs ! J'ai des flics qui viennent manger ici ! J'ai un seul mot à dire pour qu'ils t'éclatent la tête. Si tu remets les pieds ici, t'auras affaire à eux ! »

Assan ne se fit pas prier pour décamper. Que pouvait-il faire d'autre ? Il préférait éviter les ennuis avec la police.

Il régnait une chaleur d'enfer. Le rugissement des voitures et des bus était celui d'une tempête. Les jacasseries de ceux qui avaient un travail et moins de soucis que d'argent dans les poches saturaient les oreilles d'Assan. Sa gorge le brûlait et il avait des sacs de sable à la place des jambes.

Sur le chemin de la 43e Rue et des cours d'anglais, il s'arrêta sur un minuscule triangle d'herbe et d'arbres car une vague de douleur le submergeait. La migraine s'était mise à cogner dans son crâne, juste au-dessus des yeux. À une fontaine, les mains en coupe, il recueillit de l'eau et but ce qu'il réussit à retenir, mais le feu dans sa gorge ne passait pas. Il vit deux hommes qui partageaient un banc à l'ombre, un banc assez grand pour quatre, et il eut envie de s'asseoir au plus vite. Puis un coup aussi violent qu'invisible à l'estomac le plia en deux et la maladie jaillit de ses entrailles.

Un homme lui posait des questions qu'il ne comprenait pas, un autre le menait par l'épaule vers l'ombre et le banc, et une troisième personne, peut-être une femme, lui donnait un mouchoir pour s'essuyer les lèvres. On lui tendit une bouteille d'eau gazeuse tiède, avec laquelle il se rinça la bouche. À cause de cela on lui cria dessus, mais Assan ne répondit rien. Il appuya la tête contre le banc et ferma les yeux.

Il croyait avoir dormi quelques minutes, mais lorsqu'il rouvrit les yeux, les ombres étaient plus longues et la population du square avait changé. C'étaient maintenant des Américains qui ne prêtaient pas attention à un homme faisant la sieste sur un banc.

Assan plongea la main dans sa poche. Ses billets américains avaient disparu. Il lui restait quelques pièces, rien de plus. Le chef l'avait prévenu, s'il s'immobilisait, un voleur lui ferait les poches. Il demeura assis un long moment, la tête douloureuse.

L'après-midi se changea en soirée, et il n'avait aucune envie de remonter jusqu'à Central Park, mais un policier le regarda d'un sale œil en passant. Alors il se mit en marche. Une heure plus tard environ, il dormait sous un arbre du parc, avec pour oreiller son pantalon de rechange enroulé.

Il y avait du monde dans le bureau de Demetri, des costumes et des mallettes en cuir remplies de papiers. Aucun Grec. À la fenêtre, Demetri hurlait dans le téléphone, en anglais, comme la première fois où Assan l'avait vu. Deux hommes en costume rirent à une de ses phrases, d'autres allumèrent des cigarettes. Un homme souffla des ronds de fumée. Assan entendit Dorothy qui tapait, *clac clac clac*, sans l'aide du disque.

« Deux secondes, dit Demetri en voyant Assan, une main sur le combiné. Dorothy a ton costume. Dorothy ! »

Tous les yeux se tournèrent vers Assan, ses vêtements froissés et sa longue barbe, encore un des pauvres hères qui débarquaient régulièrement dans le bureau de Demetri. Dorothy arriva avec le costume sur un cintre en fil de fer, la veste et le pantalon bleu vif impeccables, la chemise pliée en carré à la manière d'une serviette de table. Assan récupéra ses vêtements et battit en retraite, remerciant d'un hochement de tête. Face au regard des hommes dans le bureau, il s'était senti petit, comme au pays quand des soldats le fouillaient, le malmenaient et vérifiaient ses papiers plus longtemps que nécessaire, comme la fois où les gardes l'avaient fait lever et répondre aux mêmes questions en boucle, ou quand, avec les autres prisonniers du camp, on les mettait en rang pour un appel qui durait des heures.

En descendant l'escalier jusqu'à la rue, il entendit les éclats de rire des hommes et la reprise du *clac-clac-clac* de Dorothy sur sa machine à écrire.

Costas comptait la réserve de monnaie dans sa caisse quand un homme en costume propre à rayures bleues s'assit sur un tabouret au comptoir. Ce serait bientôt le coup de feu du déjeuner, le défilé des habitués jusqu'à 15 heures, et Costas devrait rendre beaucoup de monnaie. Après cela, il aurait le temps de lire son journal et d'allonger sa liste de mots nouveaux. Ce n'était pas difficile d'apprendre l'anglais quand on étudiait le journal tous les jours et qu'on pouvait écouter bavasser des clients américains.

Comme sa femme essuyait les tables, c'est Costas qui demanda à l'homme en costume : « Qu'est-ce que je vous sers, mon vieux ? »

Assan déposa quelques pièces sur le comptoir, ses dernières. « Un café, s'il vous plaît. Américain, sucré, avec du lait. »

Costas reconnut Assan et s'empourpra. « C'est une plaisanterie ?

– Je ne plaisante jamais.

– Demetri t'a encore dit de venir ici ?

– Non. Je suis juste venu boire un café.

– Mon cul, t'es pas venu boire un café ! » Costas était tellement furieux qu'il fêla un mug en l'abattant devant le percolateur. « Nico ! » cria-t-il.

Un garçon, pas plus grand que lui, sortit de la cuisine. « Ouais ?

– Ramène-moi des mugs ! »

Nico apporta un plateau de lourds mugs prévus pour le café américain. Forcément le fils de Costas. Tous deux étaient identiques, à vingt ans et dix kilos près.

Costas balança presque le café brûlant sur les genoux d'Assan. « Ça fera un *nickel* ! » dit-il en prélevant une pièce épaisse sur le comptoir, celle avec la vache bossue. Assan ajouta du lait et du sucre et remua lentement.

« Tu débarques chez moi et tu crois qu'il y a du boulot qui t'attend juste parce que t'as réussi à venir en Amérique. » Costas était appuyé au comptoir, les yeux au même niveau que ceux d'Assan. « Tu vas chialer dans les jupes de ce connard de Corfiote et lui il te dit "Va voir Costas", et moi je devrais te payer pour que tu bosses pour moi ? »

Assan buvait son café.

« Comment tu t'appelles ?

– Assan.

– Assan ? C'est même pas grec et ça vient quémander du travail.

– Aujourd'hui je suis venu boire un café. »

Costas se balançait sur ses talons, avec l'air fâché du type qui serait capable de bondir par-dessus le comptoir et de déclencher une bagarre. « Je suis censé être assez riche pour faire travailler tout le monde, c'est ça ? "Costas roule sur l'or ! Il a un restaurant ! Ses affaires marchent à fond et il chie du travail tous les matins ! Viens en Amérique, tu bosseras pour lui !" Mon cul, oui ! »

Le mug d'Assan était presque vide. « Je peux en avoir un autre, s'il vous plaît ?

– Non ! Fini pour toi ! » Costas regarda Assan dans les yeux un long moment. « Bulgare, hein ?

– C'est ça. » Assan avait terminé son café et posa le mug sur le comptoir.

« Allez, ça va, dit Costas. Enlève-moi cette jolie veste et va l'accrocher au fond. Nico va t'apprendre à récurer les casseroles. »

La Gazette de Notre Ville avec Hank Fiset

VOTRE EVANGELISTA, *ESPERANZA*

UN PETIT CAOUA, camarade ? Le café, je suis complètement accro. C'est que je suis journaliste, et une rédaction qui se respecte, ça carbure au café. Ici, au *Tri-Cities Herald*, les cafetières sont remplies à ras bord, même si la plupart des gens préfèrent sortir dans les endroits chicos qui fleurissent partout, là où des baristas vous servent des expressos aromatisés à six dollars la gorgée. Si vous faites la tournée des dispensaires de caféine de nos trois métropoles conjointes, vous découvrirez que le petit noir du matin est torréfié, préparé, pressurisé et servi avec un style irréprochable. Essayez Amy's Drive-Thru, un ancien boui-boui à tacos dans Miracle Mile. Vos yeux se décolleront de leur orbite avec son triple expresso serré et son piment-touillette… Corker & Smythe, le café de l'ancienne banque Kahle de Triumph Square, propose depuis peu des cafés à emporter, mais ce n'est pas de gaieté de cœur. Mieux vaut s'installer au comptoir pour déguster leur nectar dans un profond mug en porcelaine. Kaffee Boss a trois adresses, dont l'une au coin de Wadsworth et Sequoia, où l'on sert une clientèle locale dans des bocaux gainés de cuir. Là, quoi que vous fassiez, surtout ne demandez pas de lait ou de crème. Ce sont des puristes et ils se feront un devoir de vous le rappeler. Java-Va-Voom, sur Second Boulevard, à East Corning, a quelque chose d'unique : son bruit. Il y a le *frssshhh* de la mousse qui monte, le brouhaha des employés et des clients, et le fond musical, agréable et tamisé, comme la bande originale d'un film dans l'appartement voisin. De temps à autre s'y ajoutent les claquements d'une machine à écrire.

* * *

ESPERANZA CRUZ-BUSTERMENTE, qui vit dans la bourgade voisine d'Orangeville, est conseillère clientèle dans une banque de la ville, même si, pour nombre de gens, ce n'est là que son *deuxième* métier. Par ici, on la voit surtout comme une *evangelista*, une dactylo qui met sa machine au service des autres. Au Mexique, les bonnes sœurs aidaient leurs ouailles en dactylographiant des documents importants – candidatures, récépissés, papiers officiels, archives fiscales, et même lettres d'amour pour les analphabètes et tous ceux qui n'avaient pas accès aux merveilles technologiques qu'étaient alors les machines à écrire. Comme beaucoup d'autres, les parents d'Esperanza ont appris à taper à la machine grâce aux bonnes sœurs, ce qui leur a ensuite permis de gagner leur vie en composant les messages, missives et notes diverses qu'on leur commandait. Personne n'a fait fortune, mais ils ont fait avancer le schmilblick.

* * *

ESPERANZA A UNE TABLE au Java-Va-Voom où, avec son grand americano au lait de soja, elle travaille sur sa machine, une pile de feuilles blanches toujours à portée de main. Voilà déjà un moment qu'elle y a installé son bureau. Pour ceux qui ne seraient pas familiers du bruit et du rythme d'une machine à écrire, les martèlements d'Esperanza nécessitent un temps d'adaptation. « Au début, des gens se sont plaints, me raconte Esperanza. Je tapais à toute vitesse et on me demandait pourquoi je n'utilisais pas un ordinateur, c'est plus facile et plus silencieux. Une fois, deux policiers sont arrivés et j'ai cru que quelqu'un les avait appelés à cause de moi. En fait, ils venaient juste chercher un *latte*. »

* * *

POURQUOI PRÉFÉRER l'analogique ? « Ma boîte mail a été piratée », m'explique Esperanza. Par qui ? Les Russes ? La Sécurité nationale ? Un faux prince nigérian ? « Aucune idée. On m'a volé toutes mes données. J'ai mis des mois à m'en remettre. » Depuis, elle se sert le moins possible d'Internet et a un vieux téléphone à clapet avec lequel elle peut envoyer des textos, mais elle préfère la méthode traditionnelle : passer et recevoir des appels. Elle n'a jamais besoin de demander le mot de passe du wi-fi. Quant à Facebook, Snapchat, Instagram et consorts, elle se vante presque d'avoir tout arrêté. « Après le piratage, quand j'ai quitté les réseaux sociaux, j'ai gagné pratiquement six heures par jour ! Avant, je regardais mon téléphone toutes les cinq minutes. Sans parler du temps que je passais à jouer à SnoKon, où j'attrapais des boules de neige colorée dans un seau triangulaire pour marquer des points. » Seul aspect négatif : « J'ai dû apprendre à mes amis comment me joindre. » Mais qu'écrit-elle, au juste, sur sa machine ? « Des lettres ! J'ai une grande famille. J'envoie une lettre et un billet de cinq ou dix dollars à mes neveux et nièces pour leur anniversaire. J'écris des mémos pour mon travail, et ensuite je les photocopie ou bien je les réécris et je les envoie par mail au bureau. Et ça… » Elle me montre le document le plus propre, le plus parfaitement formaté que l'on puisse rêver. « C'est ma liste de courses. »

* * *

CERTAINS CLIENTS s'adressent à Esperanza pour ses services de petite bonne sœur. « La machine fascine les enfants. Je les laisse taper leur nom pendant que leur mère passe commande. Les plus grands écrivent des paroles de rap et des poèmes. » Et les adultes succombent aussi. « Plus personne n'a de machine à écrire, du moins en état de marche. Mais les lettres tapées à la machine ont quelque chose de spécial. Des gens viennent me voir avec des lettres écrites à l'ordinateur et me demandent de les rendre uniques. Avant la Saint-Valentin ou la Fête des mères, il y a la queue sur tout le pâté de maisons. Si je faisais payer, je serais aussi riche qu'une bonne fleuriste. » Pour ce type de services personnels, il arrive qu'Esperanza accepte qu'on lui offre un café. Normal le matin, déca l'après-midi.

* * *

« **UN JOUR, UN TYPE** qui attendait son café a commencé à me parler d'une vieille machine qu'il avait balancée et qu'il regrettait. Il allait faire sa demande en mariage. Avec une lettre tapée à la machine, c'est un moment qui deviendrait éternel. Je n'avais pas le choix, j'ai pris une feuille blanche et il a commencé à dicter. J'étais la sténographe de l'amour. On a fait six versions différentes. » Et en quels termes a-t-il déclaré sa flamme ? « Ça ne vous regarde pas. » Est-ce qu'elle a dit oui ? « Je ne sais pas. Il a relu sa lettre une dizaine de fois pour être sûr d'avoir bien choisi les mots. Ensuite il l'a emportée en même temps que son cappuccino vanille et on ne l'a plus jamais revu. »

* * *

SA MACHINE À ÉCRIRE portative permet à Esperanza de proposer ses services de dactylo n'importe où, mais le Java-Va-Voom reste sa *Plaza Centrale*. « On me supporte, ici, et l'ambiance me stimule. J'aime avoir du monde autour de moi. Et à force, j'ai pu en aider certains. » Oh, *Evangelista* Esperanza, si vous saviez à quel point !

Steve Wong est parfait

Aujourd'hui, les vidéos font le tour du monde en quelques nanosecondes et nous nous émerveillons devant des petits cochons qui sauvent des petits agneaux de la noyade. Quoique, attendez, je crois que cette vidéo était un *fake*. En revanche, ce qu'a fait Steve Wong était bien réel et il y avait des témoins.

J'explique : un soir où nous sommes allés au bowling, Steve a réalisé un nombre invraisemblable de *strikes*, et mérite donc le respect de tous les amateurs sérieux. Pourtant, ceux qui n'ont pas pu assister *de visu* à la performance de Steve pourraient être tentés de croire qu'Anna, MDash et moi avons tout inventé.

Le score de Steve n'a pas été falsifié et ne doit rien non plus à la chance. Il a été capitaine de l'équipe de bowling au lycée de St. Anthony, avec laquelle il a remporté les tournois juniors du Surfside Lanes. Il a même réussi une partie parfaite – douze *strikes* consécutifs pour un total de 300 points – à seulement treize ans. Il a été cité dans les journaux et le Surfside lui a filé tout un tas de trucs gratuits.

Pour l'anniversaire de la naturalisation de MDash, nous l'avons emmené au bowling. Nous l'avons persuadé que c'était une grande tradition américaine, que tous les immigrants, vietnamiens comme chiliens, allaient au bowling pour fêter leur première année de citoyenneté, et qu'il devrait en faire de même. Il nous a crus. Steve Wong a apporté un gant de pro pour la main qui lui sert à lancer, et aussi ses chaussures fabriquées sur mesure. Nous, nous avions des modèles de location pourris aux lacets dépareillés, entreposés dans des cases humides derrière la caisse, tandis que ses godasses étaient uniques, jaune et marron, avec STEVE et WONG inscrit sur le bout et trois X à chaque talon – XXX – représentant la dernière case du tableau de score de cette fameuse partie parfaite. Il les transportait dans un sac assorti, aux mêmes nuances jaune et marron hideuses. Nous les avons frottées comme des lampes magiques, dans l'espoir d'invoquer un génie. Lorsque nos bières sont arrivées, j'ai crié que mon vœu s'était réalisé.

MDash n'avait jamais joué au bowling dans son village natal, en Afrique subsaharienne, alors nous lui avons réservé une piste et avons demandé au personnel d'installer les rails empêchant les boules des enfants de rouler dans les gouttières. Ses lancers ricochant d'un rail à l'autre, il touchait systématiquement des quilles et termina avec un score maximal de 58. Mon record s'éleva à 138 – tout à fait respectable, vu le nombre de Rolling Rocks que j'avais sifflées. Anna, évidemment, s'est si bien concentrée sur ses mouvements qu'elle m'a battu de six quilles avec 144 points. Transportée par la joie de sa victoire, elle a serré MDash dans ses bras fins et musclés en l'appelant « notre ami américain ».

Mais ce soir-là, ce sont les prouesses de Steve Wong qui ont créé la surprise. Ses trois parties – 236, 243 et un record de 269 – ont ôté tout intérêt à nos rivalités. Il a été si fort que nous avons fini par ne plus nous émerveiller des *splits* qu'il convertissait en *spares*. Il a même réussi onze *strikes* d'affilée sur deux parties. Je l'ai menacé de lui voler son gant et de le brûler.

« La prochaine fois, j'apporterai ma boule, nous a-t-il dit. Je ne la trouve plus.

– Mais tu gardes toujours ces chaussures à portée de main ? »

Nous y sommes retournés la semaine suivante, tous les quatre. J'ai aidé Steve à chercher sa boule. Je suis passé le prendre à Oxnard dans sa maison trop grande et nous avons fouillé le garage et trois placards. La boule et sa housse – en joli cuir jaune et marron – étaient cachées derrière un vieil étui de machine à écrire cabossé à motif écossais, tout en haut de l'ancien placard de sa sœur, à côté d'un carton contenant une centaine de poupées Barbie au sourire niais et à la taille trop fine. La boule, dans la même étrange combinaison de couleurs, évoquait une sphère de faux vomi des magasins de farces et attrapes. L'idéogramme chinois signifiant *éclair* était imprimé entre les trois trous pour les doigts. En arrivant au Ventura Party Center, il l'a mise dans une machine qui servait à polir les boules de bowling. Et il a aidé Anna à choisir un gant qui soutenait bien le poignet.

MDash jouait encore sur une piste pour enfants à côté de la nôtre – sur quatre parties, il culmina à 87 points. J'en ai remporté 126 dans la première, puis j'ai arrêté de m'en préoccuper car nous avions déjà joué la semaine précédente ; or, de mon point de vue, quatre parties de bowling dans l'année, c'est bien suffisant. Et Anna ? Possédée, une fois de plus ! Elle a changé trois fois de boule au cours de la première partie avant de revenir à son choix initial. Grâce à son nouveau gant, à sa concentration sur la course et le moment du lancer, et au petit ventilateur au-dessus du retour des boules qui lui permettait de se sécher la paume, elle a flirté toute la soirée avec les 200 pour finalement décrocher un 201. Elle était de si bonne humeur qu'elle a même bu un peu de ma bière.

Quant à Steve Wong, avec son orbe étincelante aux trous découpés à sa taille, il a assuré le spectacle. Ses années d'expérience se sont révélées dans la grâce de son jeu de jambes, dans l'arc de son geste, dans le mouvement de sa main qui s'envolait vers l'écran des scores. Il avait l'équilibre d'un danseur, pied droit en porte-à-faux derrière la chaussure gauche, le bout déposant sur le parquet un baiser marron et jaune. Il n'est jamais descendu en dessous de 270 ce soir-là, et a fini avec un score de… 300.

Vous avez bien lu. Sur l'écran clignotait PERFECT GAME PERFECT GAME PERFECT GAME tandis que le directeur sonnait une vieille cloche de marine derrière son bureau. Les autres joueurs – pour qui le bowling n'était pas de la rigolade – sont venus lui serrer la main, lui ont donné des claques dans le dos et ont payé toutes les Rolling Rocks que j'ai commandées, prouvant ainsi que ses chaussures étaient bel et bien magiques.

Nous avons encore remis ça quelques jours plus tard – à la demande de MDash. Il en avait rêvé. « Dans mon sommeil, je vois la boule noire qui fonce sur la quille 1 pour renverser toutes les autres, mais elles ne tombent pas comme je le veux. Je veux toutes les faire tomber ! » Dépasser les 100 points était devenu sa quête mystique. Ce n'était que son troisième passage sur la piste et déjà il bazardait les rails pour enfants, envoyant *illico* cinq boules d'affilée dans les gouttières.

« Bienvenue dans l'équipe universitaire », lui ai-je dit avant de rater la 9 et la 10 de trente bons centimètres. J'ai récolté un trou à 8. Anna a sauvé un *spare* en frappant la 7, si bien qu'elle me battait déjà. Et ensuite, Steve Wong a fait un *strike*.

Une crue éclair commence toujours par une goutte de pluie sur une pierre. Un feu de forêt s'annonce par une légère odeur de fumée. Au bowling, une partie parfaite n'est possible que si l'on inscrit un X dans la petite case de la *frame* numéro 1, la première d'une série de douze. Steve Wong a déroulé neuf *strikes* à la suite, de sorte que, pour la dixième et dernière *frame* de notre première partie – MDash affichait 33 points, moi 118 et Anna 147 –, une trentaine de personnes s'étaient amassées autour de notre piste (dès la sixième *frame*, les autres parties s'étaient interrompues pour regarder ce qui s'annonçait comme la seconde partie parfaite de Steve Wong coup sur coup – chose aussi rare et merveilleuse que les doubles arcs-en-ciel).

Il a ouvert la dixième *frame* avec un *strike*. La foule a exulté et Anna a crié : « C'est bien mon grand ! » Puis les voix se sont tues, Steve a pris son élan et les dix quilles sont tombées une nouvelle fois, c'était son onzième *strike* et il ne lui en manquait plus qu'un pour recréer la perfection. Sans vouloir faire de mauvais jeu de mots, il aurait eu les boules de le rater. Le dernier lancer de Steve s'est accompli dans un silence religieux. Lorsque PERFECT GAME PERFECT GAME PERFECT GAME est apparu sur l'écran, on se serait cru au Nouvel An en même temps qu'à l'inauguration du pont de Brooklyn, aux premiers pas de Neil Armstrong sur la Lune et au moment où Saddam Hussein a été sorti de son terrier. La Wongmania nous a emportés et nous ne sommes repartis qu'à 3 heures du matin. 3 heures pile. 3:00. Vous pigez l'astuce ?

Si nous avions disputé une autre partie ce soir-là, vous ne seriez peut-être pas en train de lire ceci. Steve aurait peut-être marqué 220 points, après quoi il serait allé jouer au flipper. Mais la destinée est une maîtresse frivole. Quatre jours plus tard, profitant d'une partie offerte en récompense de ses vingt-quatre « 10 d'un coup » consécutifs, nous avons passé une nouvelle soirée gênante à regarder MDash qui tentait de dépasser les 33 points sans rails. Mais la soirée s'est métamorphosée lorsque Steve Wong a lancé *Éclair* et fait un *strike*. Puis un autre. Et ensuite, eh bien, nom d'une pipe en bois, comme on dit dans les bowlings de toutes les villes portuaires.

Steve a enchaîné les *strikes*, parlant de moins en moins, jusqu'à atteindre un niveau de concentration qui le coupait du reste de l'univers. Il ne disait rien, ne s'asseyait jamais, ne regardait pas derrière lui. Des gens écrivaient à leurs partenaires de se ramener fissa. Il y a eu une distribution de pizza. Les caméras d'une quantité de téléphones ont été allumées et une famille de six personnes a débarqué, les petits en pyjama, tirés du lit parce que maman et papa n'avaient pas réussi à trouver de baby-sitter et ne voulaient pas rater une nouvelle partie parfaite. Pour la troisième fois consécutive, Steve Wong n'inscrivait que des X au tableau. Dans une atmosphère de miracle et de magie, il a marqué sans fléchir 30 points par *frame* à sa quatrième, sa cinquième et – tenez-vous bien – sa sixième partie. D'affilée.

Nous étions bouche bée, la voix cassée d'avoir tant crié, tous les trois massés autour du petit bureau entre les lignes 7 et 8, entourés par une foule de cent quarante personnes au bas mot. J'avais arrêté de jouer. Anna s'est mise à faire les cent pas au lieu de jouer la cinquième *frame* de la deuxième partie, ne voulant pas risquer d'abîmer la piste et d'interrompre l'enchaînement de Steve. Seul MDash a continué, envoyant deux fois plus de boules dans les gouttières que dans les quilles.

Des hourras s'élevaient au milieu de silences impressionnants et lourds de souffles retenus. Le « C'est bien mon grand ! » d'Anna est devenu le cri d'encouragement général à chaque *strike* de Steve, mais aussi, charitablement, à chaque lancer réussi de MDash. Lorsque le soixante-douzième *strike* de Steve Wong est venu parachever sa sixième partie parfaite, l'homme de la soirée est resté près de la ligne de faute, se frottant les yeux, dos à la foule en délire qui hurlait, tapait du pied et entrechoquait ses bouteilles de bière et ses gobelets de soda. Aucun de nous n'avait jamais assisté à un pareil exploit – que certains auraient trouvé insignifiant, après tout le bowling n'est qu'un jeu. Mais franchement ! Quel que soit le domaine, six *parfaits* sont un souvenir indélébile.

Cherchez donc des vidéos de la soirée sur Internet, vous verrez un Steve de marbre pendant qu'amis et inconnus le fêtent comme un député fraîchement élu. Lisez les commentaires : environ 90 % de la horde anonyme y voit un *fake*, mais ne faites pas attention à eux. Le lendemain, Steve était harcelé par des médias qui lui réclamaient ses impressions, des photos et des interviews. Il est passé aux actualités locales, les quatre chaînes le filmant chacune leur tour sur la piste 7 où il se tenait raide comme un piquet, incarnation de la gêne devant un objectif. Est-il vrai que vous avez réussi toutes ces parties parfaites ? Qu'est-ce que ça fait, de réussir toutes ces parties parfaites ? À quoi est-ce que vous pensiez ? Est-ce que vous pensiez qu'un jour vous marqueriez autant de *strikes* ? Oui. C'est chouette. À essayer d'en réussir une autre. Non.

Toutes les équipes de journalistes lui ont demandé de terminer l'interview par un lancer. Il les a régalées de quatre *strikes*, devant les caméras, sur demande. La série continuait. Pour couronner le tout, ESPN l'a invité dans une émission intitulée *Alley Nation*. On lui offrait mille sept cents dollars s'il venait et, s'il réussissait *encore* une partie parfaite, il remporterait un chèque géant de cent mille dollars.

On serait tenté de croire que ces quelques journées ont été amusantes et grisantes. Mais Steve est le dernier descendant d'une longue lignée de Wong humbles et discrets. Par conséquent, il s'est refermé comme une huître. MDash l'a vu à Home Depot, planté dans le rayon outils électriques où, au lieu de réapprovisionner les lames de scie sabre, il fixait deux lames différentes comme si les étiquettes étaient écrites dans une langue étrangère. Il se réveillait la nuit avec des nausées. Lorsque nous sommes passés le chercher dans mon petit van Volkswagen pour l'emmener à ESPN, il a failli oublier *Éclair* et ses chaussures personnalisées.

Le tournage avait lieu au bowling Crowne Lanes, à Fountain Valley – une trotte, si bien que nous avons fait une pause dans un In-N-Out Burger avant de prendre l'autoroute. Dans la file d'attente du drive-in, Steve a fini par nous confier ce qui le tracassait. Il n'avait pas envie de jouer à la télé.

« T'as quelque chose contre l'argent gratuit ? lui ai-je demandé. Moi, la fois où j'ai été le plus près de gagner cent mille balles, c'est quand j'ai eu deux bons numéros au Loto.

– Le bowling, ça devrait être un plaisir, a répondu Steve. Un bon moment dans un contexte informel. On lance chacun notre tour et on se fiche du score. »

MDash voulait qu'il demande à recevoir sa récompense en dollars d'argent.

Steve a ruminé tout le temps que nous avons poireauté avant de commander. Il y a toujours du monde au In-N-Out. « J'ai arrêté la compétition à St. Anthony quand c'est devenu officiel, quand on a dû s'inscrire et signer les feuilles de score. Garder notre moyenne. Ça n'avait plus rien de marrant. C'était stressant. Et ça l'est encore aujourd'hui.

– Stevie, mon petit Stevie, regarde-moi, a dit Anna en se retournant et en prenant son visage entre ses mains. Calme-toi ! Aujourd'hui, rien ne t'est impossible !

– Tu as lu ça dans un bouquin de développement personnel ?

– Tout ce je te dis, c'est de profiter de cette occasion pour te marrer avec un grand M. Aujourd'hui, Steve Wong, tu vas passer à la télé et tu vas te marrer. Te mar-rer.

– Ça m'étonnerait, a répondu Steve. Non, non, non, non, non. »

Crowne Lanes avait accueilli des tournois pro. Il y avait des tribunes et des banderoles ESPN, des projecteurs et un paquet de caméras. En voyant les gradins remplis de passionnés, Steve a laissé échapper un juron, chose rare chez lui.

Une femme épuisée avec un micro-casque et un porte-bloc est venue à notre rencontre.

« Lequel de vous est Steve Wong ? » MDash et moi avons levé la main. « Super. Vous irez sur la piste 4 quand Shaker Al Hassan et Kim Terrell-Kearny auront terminé. Le gagnant prendra le gagnant du match Kyung Shin Park / Jason Belmonte en finale. D'ici là, vous n'avez rien à faire. »

Steve est sorti se dégourdir les jambes sur le parking, Anna sur ses talons jacassant que ça devait être vraiment *marrant* de bosser à ESPN. MDash et moi avons acheté des sodas puis nous nous sommes assis dans le carré VIP pour voir Kyung Shin Park battre Jason Belmonte de douze points en une fort belle démonstration de l'art du jeu de quilles. Pour la partie suivante, MDash était à fond derrière Shaker Al Hassan – il connaissait beaucoup d'Al Hassan dans son pays natal –, mais Kim Terrell-Kearny (une pro féminine) l'a emporté 272 à 269. Pendant que les caméras étaient déplacées vers la piste 4 et que les techniciens réglaient l'éclairage, la foule des spectateurs s'agglutinait et Anna est venue nous chercher.

« Steve est en train de vomir sur le parking, nous a-t-elle annoncé. Entre les camions de la télé.

– Le trac ? ai-je demandé.

– À ton avis ?

– Je vais prendre un selfie avec Shaker Al Hassan », a dit MDash.

J'ai retrouvé Steve assis sur un muret près de l'entrée, la tête dans les mains, comme assailli par la fièvre et la nausée.

« Hé, Steve, ai-je dit en lui serrant l'épaule. Voilà ce qui va se passer. Tu vas lancer *Éclair* un certain nombre de fois, et tu vas rentrer plus riche de mille sept cents balles. Du calme. Respire.

– Je vais pas y arriver. » Steve a relevé la tête, les yeux perdus vers l'horizon au-delà du parking. « Tout le monde veut que je sois parfait. Ramène-moi à la maison. »

Je me suis assis à côté de lui. « Je vais te poser une question. Ce bowling, il est pareil que tous les autres bowlings du monde, il a des lignes de faute et des flèches peintes sur le sol, non ? Est-ce qu'il y a bien dix quilles à l'autre bout de la piste ? Est-ce que ta boule va disparaître et revenir vers toi comme par magie ?

– Ah, je vois. Le discours d'encouragement.

– Réponds à mes judicieuses questions.

– Oui. C'est vrai. Oh mon Dieu, je me rends compte que tu as raison. Tout va aller comme sur des roulettes maintenant que tu m'as remis dans le droit chemin. » Steve parlait d'une voix atone. « Je suis spécial, je peux réussir tout ce que je désire et mes rêves se réaliseront si je me dis *Carpe diem*.

– C'est bien mon grand », ai-je répondu. Nous sommes restés là quelques minutes. La femme épuisée avec le micro-casque est sortie nous crier que Steve Wong pouvait entrer en piste.

Il a passé les doigts dans ses cheveux de jais et il s'est levé en lâchant un chapelet de jurons qui ne lui ressemblaient pas. Heureusement que ses parents n'étaient pas là pour l'entendre.

Lorsque Steve a enfilé ses immondes chaussures, une vague de « hé… c'est *lui*… » a parcouru la foule. Sa légende l'avait précédé sur Internet. Quand le présentateur d'*Alley Nation* l'a annoncé devant les caméras, des applaudissements ont retenti dans tout le bowling. Même les pros se sont tournés vers la piste 4.

« Steve Wong, a entonné le présentateur. Six parties parfaites à la suite. Soixante-douze *strikes* d'affilée. Mais certains se demandent encore si cette incroyable série ne serait pas le résultat d'un montage ou d'images retouchées par ordinateur. Qu'avez-vous à répondre à cela ? » Le présentateur flanqua le micro contre les lèvres de Steve.

« Je comprends, c'est la règle sur Internet. » Les yeux de Steve allaient et venaient entre le présentateur, l'assistance, nous et le sol – si vite qu'il paraissait faire une attaque à force de trop se concentrer.

« Est-ce que vous pensiez atteindre un jour le niveau technique et physique qui vous permettrait de réussir autant de *strikes* ?

– Je joue uniquement pour le plaisir.

– Le record officiel du nombre de *strikes* consécutifs est détenu par Tommy Gollick avec quarante-sept, mais vous prétendez avoir enchaîné vingt-quatre *Turkeys*. Une partie du monde du bowling se demande comment c'est possible. »

Je me suis tourné vers le type à côté de moi, qui, avec sa chemise aux armes de Crowne Lanes, devait être un citoyen de l'*Alley Nation*. « C'est quoi, des *Turquie* ? lui ai-je demandé.

– Trois *strikes* de rang, gogol. Et y a pas moyen que ce crétin en ait fait plus de vingt. » Suite à quoi il a crié *Arnaque !* de toutes ses forces.

« Steve Wong, comme vous l'entendez, certains mettent en doute vos affirmations, mais aussi la parole du directeur de votre bowling, le Ventura Party. »

Steve parcourut la foule du regard, ne distinguant probablement que les yeux noirs des incrédules. « Je vous l'ai dit. Je joue pour le plaisir.

– Eh bien, comme je le dis toujours, au bowling, la valeur se compte au nombre des quilles abattues. Steve Wong, avancez vers la ligne et montrez-nous de quoi vous êtes capable aujourd'hui. Et n'oubliez pas, mesdames et messieurs, il y a forcément un bowling près de chez vous : lancez-vous ! »

Steve est allé chercher sa boule tout en enfilant son gant, pendant que de notre côté ça hurlait et ça braillait « C'est bien mon grand ! » Une partie du public sifflait. Steve a poussé un soupir si profond et expressif que nous avons vu ses épaules tomber, et pourtant nous étions loin, perchés sur la dernière rangée. Quand il a pris *Éclair* entre ses mains et plongé les doigts dans les trous sur mesure, nous qui le connaissions avons senti que ce n'était pas une partie de plaisir.

Malgré tout, ses mouvements conservaient leur grâce, son lancer a été aisé et fluide, d'un petit coup de poignet il a appliqué l'effet que nous avions vu si souvent, les doigts de sa main libérée se sont envolés pour chercher le plafond, et le bout de son pied droit a tapé le sol juste à côté de sa chaussure gauche, les XXX aux talons.

Grondement. Fracas. *Strike*. « Coup de bol ! » résonnant dans tout Crowne Lanes. Steve, dos au monde, se rafraîchissait la main en attendant le retour d'*Éclair*. Boule en main, il s'est remis en place et a recommencé. Grondement. Fracas. S*trike* numéro 2.

Puis ont suivi les *strikes* 3 à 6, pour un score de 120 à la quatrième *frame*. Steve avait retourné la foule en sa faveur, mais je doute qu'il s'en soit aperçu. Il n'a pas jeté le plus petit coup d'œil dans notre direction.

Un journaliste demandait à Shaker Al Hassan ce qu'il pensait du style de Steve. « Superbe, surnaturel », a répondu l'autre à tous les citoyens de l'*Alley Nation*.

Au cours des strikes 7, 8 et 9, tous les pros sont venus se prononcer sur l'équilibre de Steve, sa mécanique corporelle, son sang-froid dans ce que Kyung Shin Park a appelé le « Tunnel » et que Jason Belmonte surnommait la « ligne du destin ». Selon Kim Terrell-Kearny, un compétiteur aussi posé avait toute sa place au niveau professionnel.

Quand les dix cases barrées d'un X sont apparues sur les écrans, le présentateur était époustouflé – il a d'ailleurs déclaré : « Je suis époustouflé par cette performance, c'est un exemple pour tous les joueurs du monde ! » La foule, debout, encourageait Steve comme au temps des gladiateurs. Son onzième lancer a été un moment irréel, un ballet onirique, la boule comme tombée du ciel a atterri dans la poche entre les quilles 1 et 3 et *boum*, les huit autres ont été emportées.

À un *strike* de la partie parfaite, des cent mille dollars et de l'immortalité médiatique, Steve est allé d'un pas tranquille au retour des boules sans que rien chez lui ne trahisse une quelconque émotion – ni espoir, ni angoisse, ni peur. Ni plaisir non plus. Si je me fiais à l'arrière de sa tête, son visage devait être un masque mortuaire aux yeux ouverts.

Quand il a plaqué sa boule contre son cœur avant de prendre son élan, quelque chose de plus englobant que le silence est tombé sur Crowne Lanes – une absence totale de bruit, comme si l'atmosphère de la salle avait été aspirée, privant les ondes sonores de tout effet. Les ongles d'Anna s'enfonçaient dans le bras de MDash et dans le mien, et ses lèvres articulaient les mots *C'est bien mon grand.*

L'instant précis du douzième et dernier lancer de Steve a été imperceptible, pareil au lent décollage d'une fusée, d'un objet si lourd que rien ne bouge malgré l'allumage des réacteurs, les flammes et la fureur. À la nanoseconde où *Éclair* a touché le parquet, un rugissement a explosé, et il n'aurait pas été plus puissant si tous les membres de l'*Alley Nation* avaient atteint ensemble l'orgasme avec l'amour de leur vie. Le moteur d'un jet F-86 n'est rien comparé au vacarme qui enflait à en soulever le toit tandis que l'orbe jaune et marron décrivait son arc. Quelques centimètres avant l'impact, Crowne Lanes était englouti dans un mur de son.

Le choc de la boule dans la poche entre les quilles 1 et 3 s'est produit ailleurs, un coup de tonnerre à des centaines de kilomètres de là. Nous avons vu un éclair blanc, le sourire d'un géant soudain édenté, et les dix quilles se sont dispersées en s'entrechoquant, ne laissant qu'un espace nu et des soldats abattus, au nombre de dix.

Sur la ligne de faute, Steve scrutait le vide irréprochable à l'autre bout de la piste tandis que d'autres quilles étaient automatiquement remises en place. Quand le présentateur a hurlé dans son micro-casque : « Steve Wong est parfait ! », notre ami est tombé à genoux avec l'air de remercier un dieu qu'il connaissait personnellement.

Mais non, il défaisait simplement le lacet de sa chaussure gauche – STEVE. Il l'a enlevée et en a posé le bout sur la ligne de faute. Il a fait de même pour la droite – WONG –, de sorte que les XXX apparaissent à l'image.

En chaussettes, il s'est dirigé vers le retour des boules et a récupéré la sienne. Portant *Éclair* à deux mains tel un vulgaire pavé, il l'a mise sur ses chaussures en un geste qui signifiait pour Anna, MDash et moi : « C'est fini. Je ne jouerai plus jamais. »

Lorsqu'il a lancé son gant dans l'assistance – provoquant une mêlée parmi les chasseurs de souvenirs –, Kim Terrell-Kearny est accourue pour l'embrasser sur la joue, après quoi les autres pros lui ont serré la main et ébouriffé les cheveux.

Une fois que nous nous sommes dépêtrés de la foule des passionnés – tous devenus fans de Steve –, Anna s'est mise à pleurer. Elle a pris Steve Wong dans ses bras et sanglotait si lourdement que nous avons craint qu'elle ne s'évanouisse. MDash répétait en boucle quelque chose dans sa langue natale, probablement un superlatif. J'ai porté un toast à Steve avec une bière que j'avais dénichée dans une glacière près d'une caméra, puis j'ai attrapé tout son matériel et l'ai fourré dans son sac de bowling.

Nous sommes les seuls à l'avoir entendu dire : « Je suis content que ce soit terminé. »

Ensuite, aucun de nous n'a plus joué au bowling pendant plusieurs mois, même si cela n'avait rien de délibéré. J'avais sur la jambe une grosseur de la taille d'un *dime* qui gonflait et me faisait flipper, et j'ai pris rendez-vous pour me la faire enlever, découper, peler comme une patate. Rien de bien méchant. MDash a changé de boulot et tourné le dos à sa future carrière chez Home Depot au profit d'un poste chez Target, son nouveau lieu de travail séparé de l'ancien par un vaste parking commun. Il a marché jusqu'à l'autre magasin, changé de polo et n'a jamais regretté sa décision. Anna a pris des cours de pêche à la mouche à l'étang municipal Stanley P. Swett, dont nous n'avions jamais entendu parler et que nous n'aurions jamais trouvé sans Google Maps. Elle a voulu me convaincre de l'accompagner, mais je range la pêche à la mouche dans la même catégorie que la luge – c'est sympa, mais pas pour moi.

Le calme est revenu dans la vie de Steve Wong. Il a calculé la part de ses gains qui reviendrait aux impôts et pris ses dispositions. Il est retourné au travail, a dû accepter les selfies avec les clients pendant un moment, et a dit à MDash que quitter Home Depot pour Target équivalait à émigrer de son pays subsaharien vers la Corée du Nord (c'est le discours que tient la direction envers la concurrence). Un sujet que Steve n'abordait jamais, c'était le bowling.

Mais un soir, nous y sommes allés, c'était gratuit pour nous, et les habitués se faufilaient jusqu'à Steve pour serrer la main qui avait commis toutes ces parties parfaites. Nous sommes arrivés les premiers, Steve et moi. J'étais passé le chercher, mais il est sorti de chez lui les mains vides !

« Crétin ! ai-je dit quand il est monté dans le van.

– Quoi ?

– Retourne prendre tes affaires. Tes chaussures, ton sac et *Éclair*.

– D'accord », a-t-il fait après un long silence.

Le temps qu'Anna puis MDash nous rejoignent, j'avais bu une Rolling Rock et Steve glissait des *quarters* dans un jeu vidéo de motocross. Nous avons porté son équipement jusqu'à la ligne qui nous avait été attribuée, enfilé nos chaussures de location et choisi nos boules, Anna les soupesant toutes. Quand nous avons crié à Steve que nous étions prêts, il était en pleine course sur sa machine et, sans tourner la tête, il nous a fait signe de commencer sans lui. Finalement, nous avons disputé deux parties, tous les trois. Anna a remporté les deux, j'ai perdu, et MDash fanfaronnait avec sa médaille d'argent.

Steve est venu regarder les dernières *frames* de la seconde partie. Nous hésitions à en refaire une car il était déjà tard et nous n'étions que jeudi soir. J'avais envie de rentrer, MDash voulait battre Anna et gagner l'or, et elle voulait briser nos rêves pour la troisième fois dans la même soirée. Steve s'en fichait, il a dit qu'il s'assiérait devant la ligne voisine et boirait peut-être une ou deux bières.

« Tu ne veux pas jouer avec nous ? » Anna n'en croyait pas ses oreilles. « Depuis quand est-ce que t'es coincé comme ça ?

– Allez, Steve, a supplié MDash. Pour moi, l'Amérique, c'est toi et le bowling.

– Mets tes chaussures, l'ai-je menacé. Sinon tu rentres à pied. »

Steve est resté un moment sans bouger, puis il nous a traités de connards et a troqué ses chaussures de ville contre ses odieux godillots de bowling.

J'ai ouvert les hostilités, marquant un minable 4 sur mon premier lancer avant de rater les quilles restantes de quelques millimètres. MDash a failli en crever de rire. Sa première boule n'a laissé que trois rescapées qu'il a ensuite dégommées pour attraper le *spare*.

« Ce soir, a-t-il sifflé à Anna, tu vas mourir !

– Ne nous énervons pas, a-t-elle répliqué. Personne ne meurt au bowling, sauf en cas de tornade. » Puis elle a abattu neuf quilles avant de fermer la *frame* d'une main experte sur son deuxième lancer – MDash et elle étaient à égalité.

Après eux, Steve Wong a soupiré en sortant sa boule personnalisée de son sac personnalisé, l'instrument de sa légende. Il se peut que j'exagère en disant que tous les joueurs se sont interrompus pour regarder un maître à l'œuvre, que le silence s'est fait d'un coup, que tout le monde se demandait si l'*Éclair* frapperait encore et ouvrirait une nouvelle série de parties parfaites, prouvant que Steve Wong était bien le dieu de la piste. Je crois que c'était dans ma tête.

Immobile, il a une nouvelle fois porté la boule contre son cœur, les yeux rivés sur le triangle de dix quilles blanches. Puis il a amorcé son swing, trotté jusqu'à la ligne de faute et lâché *Éclair*, levant la main jusqu'au ciel. Son pied droit a tapé le sol derrière son talon gauche, exposant six X à tous les regards. La boule a tournoyé sur les longues lignes du parquet étincelant, une trajectoire incurvée qui la menait droit vers la poche entre la 1 et la 3, droit vers le *strike*.

Remerciements

Merci à Anne Stringfield, Steve Martin, Esther Newberg et Peter Gethers – toute la belle-famille de ces noces de mots.

Mention spéciale à E. A. Hanks pour son crayon bleu et son regard honnête et acéré.

Sans oublier un coup de chapeau à Gail Collins et Deborah Triesman.

Merci enfin à toutes les équipes de Penguin Random House qui ont scruté, aimé, amélioré et rendu présentables ces histoires.

Casting des caractères

Avec, dans les rôles typographiques principaux, par ordre alphabétique :

American Typewriter

Cheltenham

Courier

Frutiger LT

ITC Officina Sans

Prestige Elite

STENCIL

Times New Roman

Table

RÉALISATION : NORD COMPO À VILLENEUVE-D'ASCQ
IMPRESSION : CPI FRANCE
DÉPÔT LÉGAL : NOVEMBRE 2018. N° 138741 (3030041)
IMPRIMÉ EN FRANCE